雲五文庫
漢譯叢書

聖多瑪斯・阿奎納
論真原

王雲五◎主編
王學哲◎重編
呂穆迪◎譯述
高凌霞◎審校

臺灣商務印書館

重印好書，知識共享　「雲五文庫」出版源起

商務印書館創立一百多年，臺灣商務印書館在台成立也有六十多年，出版無數的好書，相信許多讀者朋友都是與臺灣商務印書館一起長大的。

由於我們不斷地推出知識性、學術性、文學性、生活性的新書，以致許多絕版好書沒有機會再與讀者見面，我們對需要這些好書的讀者深感愧歉。

近年來出版市場雖然競爭日益劇烈，閱讀的人口日漸減少，但是，臺灣商務基於「出版好書、匡輔教育」的傳統理念，我們從二〇〇八年起推動臺灣商務的文化復興運動，重新整理絕版的好書，要作好服務讀者的工作。

二〇〇八年首先重印「文淵閣本四庫全書」，獲得社會熱烈的響應。我們決定有計畫的將絕版好書重新整理，以目前流行的二十五開本，採取事前預約，用隨需印刷方式推出「雲五文庫」，讓一小部分有需求的讀者，也能得到他們詢問已久的絕版好書。

臺灣商務印書館過去在創館元老王雲五先生的主持下，主編了許多大部頭的叢書，包括「萬有文庫」、「四部叢刊」、「基本國學叢書」、「漢譯世界名著」、「罕傳善本叢書」、「人人文庫」等，還有許多

沒有列入叢書的好書。今後這些好書，將逐一編選納入「雲五文庫」，再冠上原有叢書的名稱，例如「雲五文庫萬有叢書」、「雲五文庫國學叢書」等。

過去流行三十二開本、或是四十開本的口袋書，今後只要稍加放大，就可成為二十五開本的叢書，字體放大也比較符合視力保健的要求。原來出版的十六開本，仍將予以保留，以維持版面的美觀。

二〇〇九年八月十四日是王雲五先生以九十二歲高齡逝世三十週年紀念日。為了紀念王雲五先生主持商務印書館、推動文化與教育的貢獻，這套重編的叢書，訂名為「雲五文庫」，即日起陸續推出。如果您曾經等待商務曾經出版過的某一本書，現在卻買不到了，請您告訴我們，臺灣商務不惜工本要為您量身訂作。這樣的作法，為的是要感謝您的支援，讓您可以買到絕版多年的好書。讓我們為重讀好書一起來努力吧。

臺灣商務印書館董事長王學哲
總編輯方鵬程謹序
二〇〇八年十二月十二日

讀前的準備：淺識數點

一、清康熙帝嘗以為「天主」是「萬有真原」。故此，《論真原》就是《論天主》。本書理想的讀者是不通外文、稍通中華儒學和理學的老成教友。所謂「老成教友」是累世奉教的家庭出身、信德根深蒂固、深入骨髓的教友。原書的著者，是本著這樣的心境，供給深思的資料。書內用理智的推論，證明並玩味公教信仰的真理，直接證明某些真理合乎理性；間接、或證明反對的意見不合理性，或證明超性奧理、不違反理性。本書第一卷，論證天主是萬物的生存之源：即是萬物的第一原因；所論及的真理都是人類理智推理可以證明的。同時，既證明結論，又反駁錯誤，安定信眾的信心，開釋理性的疑難，解答哲學和宗教的問題，幫助信友欣賞自己信仰的真理。老成的教友，是本書心目中最理想的讀者。當然，新入教或根本不信教的人，如願設身處地，站在教友立場，用教友觀點，閱讀本書，有知音之明，也能領略到一些原著所要傳達的思想和心情。否則「郢書燕說」、越說越不通。「有話說與知人」。讀書欲知人言，應有知人之明。「他人有心，予忖度之」。如不忖度人心，情意難通。

二、《駁異大全》：神學教授、聖經博士、宣講兄弟會（道明會）亞坤、多瑪斯兄弟、聖師、約在西元一二五八至一二七二年那數年間作了全書四卷的一部書，原文拉丁，歷史所載本書題名數種：或名

《駁異集》，或名《駁異書》，或名《駁異專論》，或詳名《論公教信仰駁異大全》，或更詳名《論公教信仰的真理駁異大全》。現代精良版本，一致採用最後這個詳細的書名：因為有大多數古抄本作根據。往代有名的主要版本，例如第十五、六世紀的威尼斯版、科侖版、里昂版、十九世紀的魏外斯版、巴而瑪版、羅馬（伍柴犁、和富老倉）版；二十世紀的「教宗良第十三論製的校勘版」，又十六世紀、教宗比約第五論製的《多瑪斯全集》，也都採用這個書名。學界習慣簡稱為《駁異大全》。此書首卷前五十四章，作於第一次在巴黎大學作教授的時期，其餘作於在義國教廷作神學主講時期，隨教廷遷居，歷經羅馬、維太堡、阿拿尼、峨巍垛數城。原著親筆墨寶，羊皮紙殘本，現存於羅馬梵蒂岡圖書館，缺卷一：前二十六章，卷二：第一至九章、六十一至十一章，卷三：第一至四十二章，三十九至六十三章；並缺卷四全卷。**按頁數計算，現存者僅佔全數四分之一強，缺頭少尾，並失掉了原有的書名。後代抄本印本，書名不一致，無法和真名對證，關係下面第三號問題，相當可惜。**

現代西文譯本，主要者：有西班牙、拉丁兩文對照，瑪德里公教作家文庫出版；法拉對照，一九六一年，巴黎雷迭樂書局出版；英文譯本、紐約（道不羅德印書局），一九六二年第七次重印；另一英文譯本，一九二三至一九二九年，出版於倫敦；義文譯本，一九三〇年，出版於都靈（國際出版社）；德文翻譯，一本，題名《反外教人大全》，一九三五至一九三七年，出版於萊波棲；另一本，比較精進，題名《駁異大全至高真理之辯護》，一九六一年，瑞士蘇黎世（趨立克、思陶法和爾書局）出版。這些翻譯，根據了「教宗良論製的校勘本」。其中巴黎、瑪德里、蘇黎世三處的譯本，比較精良，後來居上，有了承揪更新的方便。此外，尚有其他譯本眾多，不克盡述。筆下拙譯，主要根據「良校勘本」，參考上述各種版本和譯本，同時參考有名的《費拉辣註解》，這部註解，是錫方濟神父所作：一五一七年脫稿，一五二四年威尼斯初版，原文拉丁，附載於「良校勘本」內。錫方濟神父，姓錫而物斯德肋，名方濟各，號費拉辣，生於祖鄉義國費拉辣城，入宣講兄弟會（即是道明會），曾任會長，一五三八年九月十九日去世，享壽僅五十四歲。傳世作品中，首推此書，次則《亞里斯多德分析學後編詮解》。

三、駁異是駁什麼？歷史上，為答覆這個問題，有三個意見。第一個意見認為是反駁阿拉伯人的宗教，主要是回教。根據伯多祿·馬西料一三一三年著，《亞辣功王國雅各伯第一大事錄》，紀載宣講兄弟會總會長聖雷義門，請託多瑪斯兄弟，為本會青年傳教士寫一本反駁外教人的辯道集。這裡所謂的「外教人」，指當時遷入西班牙的阿拉伯人和非洲人，特別指毛祿人。他們信奉回教。第二個意見認為是反駁阿拉伯人的哲學，主要是反駁在義法班等拉丁地區，漸趨盛行的亞維羅學派；根據駁異的「異」字、在當時巴黎的學界，有這樣的指義。以上兩個意見的根據，顯然都相當微弱。

第三個意見，認為以上兩個意見，不合於原書著者在書內親自聲明的宗旨，尤不合於書中的內容。

本書卷一，第一章及二章，清楚聲明了，宗旨不是作什麼反攻異教的心理戰；反駁各教錯誤，這樣的論戰，有邏輯方面的困難；為能反駁異教，先應精通異教；為能精通異教，只靠博學多識不夠，還需要是異教出身，有異教生活的經驗，或至少和異教人群同居共處，有社會和文化生活的實際關係；並且精確瞭解異教思想。原著聲明：這樣的工作，是古代聖師之所能作，但「已非吾人現代之所能」！這裡的「吾人現代」，便是指原著當代的，累世奉教的老成教友，連原著本人在內。

為此，本書宗旨不是反駁阿拉伯的宗教和哲學，也不是反駁任何異教或哲學，但直接目的僅是滿盡

「上智的任務」，根據理性和《聖經》，證明公教信仰的真理；同時，用邏輯的假設，想出和每條真理相矛盾、或相衝突的論句，進而證明它們內身含蘊的自相矛盾，或自相衝突，或不合情理的地方。如此，上智的任務，是用直證和反證的許多種論法和論式，依照邏輯推演的法則，推證出真理必然的顛撲不破的結論。根據矛盾律和衝突律，直證真理和反駁錯誤，是上智邏輯（理性），一個任務的兩方面：同時並發，猶如明長暗消，彼此不分先後。但上智的任務，首要在直證自己的真理，不在吹毛求疵，挑剔別人的錯誤。真理既明，錯誤自消。攻錯者，不必真。攻真者，必不真。**上智崇尚直證真理，不專務「攻乎異端」。這一點，代表聖多瑪斯上智的高明和「老教友」心術的聖善。**

在內容方面，本書主要是直證真理：逐條列舉，如網在綱，有條不紊，**嚴守邏輯（理性）推演的法則：有真確的定義，有顯明的原理，有千真萬確的結論：既證真理，同時反駁設想可知的種種錯誤。聖多瑪斯的成績，證驗人類理智的設想力，是天主造物主神明的肖像：範圍廣大，思路深邃，遠超出阿拉伯的哲學和宗教，也超越一切文化體系，時代和地區的界限。**取材方面，吸收公教內外，所知各教各家的資料：善者有善用：可以勸善；惡者有惡用：可以懲惡。書中材料，大多取資於希臘和阿拉伯的哲學名著：足證其宗旨，不是反駁異教，而是參考眾哲：藉以滿盡上智的任務。既是參考眾哲便不是反駁眾哲，而是重視與研討（參考《卷二：旨趣和用法，時代》）。

上述三個意見，誰是誰非，學界辯難已久，尚無定論。為能善用本書，暫從第三意見，似乎更是穩妥。

所謂《駁異大全》、實乃《真理大全》，不是心理戰、宣傳戰、或冷戰的精神火藥庫；不是反抗阿拉伯文化或反抗任何其他文化；根本不是消極的反動；而是積極的進取，吸收羅馬、希臘、阿拉伯、猶太，以及中亞、北非各地區的思想，用純理性的推論，辨別是非善惡，宣洩智人心胸的真理感、和至善愛。上智和理性的規則，超越種族，超越文化，超越社團門戶，超越思想派系，但和人心的天良，同樣廣大。是則是之，非則非之。上智的任務，惟在察知是非。本書聲明的宗旨，說中了人類心同理同的事實。誰不知「是非之心，人皆有之」?!本書的內容，是當代原著所知上述各地文化大系思想，匯合而孕生的結晶。宗旨和內容，都不是伐異黨同的論戰，而是用冷靜的上智，根據邏輯的規則，審察前提和結論，評定論法和論式有效無效，必然或不必然，可能或不可能，適合情理，或不適合。問題是求真理，不是爭門戶，也不是鬧黨派。

本書慣用的論法，首重因果、同異、分合、比例等等關係內，相關名辭間或論句間的推演法；次用定言論句的三段論法；同時，兼用假言論句，（複句內，前後句、前引後隨、引隨關係）的論法。推演法和假言論法，近似後代的辯證法。以上各種論法都可約歸於「名辭間或論句間、關係上的」推論法。每種論法，分「明證必然」和「辯證或然」的程度，又分直證和反證的許多論式。論法論式的眾多、超過古今學校慣用的邏輯（論理或理則）課本。

所謂「大全」，不是「大畧而不全」，也不是大綱或撮要；而是極廣大、盡精微，彷彿明清諸朝的《性理大全》或《性理精義》一類的書。聖多瑪斯，畢生約二十年著書，大小共一百一十六部，約一千五百萬言。其中《神學大全》、《神學大綱》、和《駁異大全》，是三部純理論而有系統的著作，記錄著者成熟的思想，反映中世紀黃金時代，人文發達的盛況，是歷史上，世不二出的傑作。《神學大全》和《神學大綱》、是作者生前沒有作完的兩部書。《駁異大全》（拉丁本八開七百來頁、三十五萬言）：比《神學大全》小四倍，比《神學大綱》大六倍，全部四卷，從頭至尾，是原著親筆作完了的書：三書相比較，這是駁異大全獨有的優點。神學大全是教科書，用課堂辯論體裁。本書是大眾讀物，用直敘的論說文體裁；理論的規律同樣精確而嚴明：都有學術的價值，不是宣傳品，也不是文藝的消遣品，然而為審思明辨、徹底深究，是極好的參考資料。

四、形上與形下：原書包含當代舊物理學、天文學及其他自然科學的許多學說和見解：大部分來自亞里斯多德。書內往往簡稱為「大哲」（清朝順治年間，利類斯翻譯《神學大全》，題名《超性學要》，簡稱亞氏為「亞里」，是中世末期，中亞、北非和全歐學界獨尊的哲學家）。根據現代科學的水準去批評，那些舊學說，有許多錯誤或幼稚的地方：但在形下的、物質的、基本事實和經驗上，也包含一些真理，幫助人類理智，上進而建立理性推證的知識。理性形上的真理，依其廣義，包括數理、邏輯、哲學、神學，絲毫不因形下百科知識的幼稚或興廢，而受影響：因為兩個境界的知識，形上和形下，出發點，雖然在物質的經驗上是相同的，但注意點從最初的開始便完全不相同，開始以後，前進的方向，更是不相同。例如：面對著一堆火，物理學觀察物理；數學家觀察數理，哲學家觀察真善美聖的實理。形上的理性，下學而上達。形下的百科，卻是下學而下達：下學於物質經驗，下達於物質技術的精巧：越進步，越向下深入物質的精微和功效。哲學和神學，開始也下學於物質經驗，但方一接觸物質事實，便如輕燕掠水，向上高飛：分別真假、盈虛、美醜、善惡、是非、有無、生死和聖狂等等形上實理；進而分門別類，比較觀察、釐訂品級、反省思量、溯本追源、追究至真、至實、至善等等盈極形容辭，所指的第一原因：萬善之理，匯萃於生存之理：萬物生存，蔓延如流，必有生存之源。這樣的思想，便是形上的想法。形下和形上的真理，既然境界不同，動同也不同，在學術方法和系別領域裡，便是並行不悖的；在人生實際的公共福利上，是並育而不相害，而且是互相補益的。技術百科是形下物質生活的工具。理智形上的醒悟，卻指出人本體生活，真善美聖的意義，來源和歸宿。宇宙萬物，是生存的川流。宇宙萬事是生存的效用。宇宙以上的第一原因，至真至善，是宇宙萬物生存的真源，並是人生歸宿所仰望的目的。公教信仰真理的體系，在《駁異大全》裡，便是敘說這些萬物生生，人生短促，何處來，何路去，何處歸的生存問題：實乃是一個「生存論的思想之大系」。本著這番心理的準備，去讀這部書，便能領略其立言的本旨。知識知真理，不分形上形下，都是體驗與理論並重。體驗用直覺和神悟。理論用數理和邏輯。理論可用語言或文字。體驗卻往往是口筆難宣，或莫可名言的。同時，完全沒有真切的體驗，語言文字，都是空虛的。文字的翻譯、註釋、講解，主要目的是引領讀者和原書著者，在字義和辭義的背後，感覺到同樣的原始經驗，接觸同樣的基本事實，由共同的體驗，進而妙悟同樣的理解。翻譯分許多種，所用的方法不同。翻譯本書，所用的方法，不是直譯，也不是義譯，而是介乎兩者之間的一個譯法：無以名之，強名之曰直解。本質如何，略指如下：

五、直解：方才說了，直解是翻譯的一種，不是直義，也不是義譯，而是直接托出原文字義和辭義背後所根據的經驗和事實，及所欲傳達的理解。理想的目的，是引領讀者和原書著者，心交神會，體驗到共同的感觸，理會出相同的智見。比較文字的距離，直譯切近原文：直接模仿，或仿造名辭，傳達原文的字義和辭義。義譯遠離原文，不常傳達字義和辭義，而只限於傳達和原文近似的大義。直解卻介乎直譯和義譯兩者之間，不常傳達字義和辭義，但也不只是傳達大義，而是直接根據原文的字義和辭義，傳達原文在自己的字義和辭義背後，志在傳達的本旨。看到了文字內，字義、大義和立言本旨，三者之間的分別，便可看到直譯、義譯和直解，三者互有的不同。立言本旨，是原文的實義：是文字的目的。文字的本身及其字義或辭義，卻是工具。比較達義的效能，為便利不通原文的讀者，直解既勝於直譯，又優於義譯：因為直解、直接傳達實義，輕快容易，直接了當；同時比義譯所傳達的大義，更切合原文。就訓詁方法而論，直譯所選取或仿造的名辭和辭句，往往在最後依賴原文，非用原文語言的訓詁，無法講明其指義：有時因讀者聯想本國語言的含義，而生出許多歧義或誤解。直解所選用的字句，不用原文語言的訓詁，但只用譯辭的，即是讀者本有語言的訓詁，便能依照上下文所指定的思路，傳達原文的實義。在這一點上，直解優於義譯：因為義譯，不但不傳達確切的實義，而且在傳達大義時，引讀者心內發生的印像和聯想，往往和原文本義相離較遠，甚至和原文神情，及啟示作用，完全沒有關係。

本書的直解，避免義譯，盡量接近直譯，惟以訓詁獨立為限止：就是不依賴原文語言的訓詁，只用譯辭語言本有的訓詁，辭義足以自明，並與原文在實義上確切符合。在此標準和條件的限制下，直解原文本義，能直譯時，直譯，字句相合；不能直譯時，便直解：字句不相對，實義卻相合。同時，直解是直接逐字逐句，根據字句的辭義，傳達原文的實義，不是用許多屈折周轉的話，講說或註疏。故此，**直解仍是翻譯方法的一種：通過原文，直達實義**。翻譯，在工作的艱難上，甚於著作。作者著作，談論所知，言所欲言。譯者，察尋未知，言所應言，所費的研究和思索，兼涉異時異地文化的許多方面，遠比著書，更是繁複冗長而鉅重。譯述的用途，在乎溝通不同時代和地區的心靈經驗：因積累匯合，而孕生新進的知識：促成人文的進步。大眾語，用大眾版的印刷，廣傳心智生命的種籽，培植新生命的根芽，作輸送文化福利的孔道。為便利大眾語讀者，本書先出大眾版。大眾語的語系，也要因傳達系統完整的思想，而發展自己的新生活。

六、大眾版，不是學術版，但也不是庸陋浮淺。只是省略歷史的、考據的、訓詁的、語言心理的、邏輯的、哲學和神學的種種學術性的裝備，同時卻把那各種學術性研究所得的精粹，都實用在正文裡；必要者，附錄在腳註內，或填寫在正文裡許多圓括弧中：減省篇幅，便利排印，尤其便利閱讀；並且思想和語言，雙方的生命，都將賴大眾語的乳養而發育。

七、圓括弧的用法：本書內圓括弧裡，包含原文所無，後代研究者所加的材料；大多數是譯者直解正文時，為申明原文實義，特意添加的；誦讀時，或讀之，或不讀之，文辭同樣貫通。

八、目錄：下文有全書四卷的總目錄，並有第一卷的詳細目錄。每段有總題。各章有分題。這一切不見於原文，都是筆者自擬填入，根據內容，標明要點，平列一目了然的概觀，代替應作而初版試印暫且不作的緒論。許多問題，本應在緒論詳述，但因篇幅限止，並因西方有趣的材料，不見得有益於東方，故此一概省略，尚望讀者見諒；尤望各位讀者，勿吝賜教，幸得再版改善，知所依循，為促進文化交流，為愛真理至善，為謀福人類同胞，並為敬禮古聖先賢，願大眾讀者，感激多方的協作。謹祝開卷有益。

呂穆廸謹識　一九六五、八、十四

聖多瑪斯著　駁異大全：生存論之大系

目錄

單純：生存的精一 67

性體：生存的本體　91

真理：生存的含蘊　205

序論：宗旨與方法

第一章 上智的任務

我喉嚨，默想真理。我嘴唇，痛惡邪惡。（箴：捌，七）（註一）

上智的任務是治理。（《形上學》序，二章）大哲認為命名指實，應依大眾用語。（《辯證法》卷二，一章）依照大眾用語，「智人」二字，指示「善於治理的人」。對於智人，大眾有這樣的觀念。故此，大哲也有同樣的名論：「智慧的任務是治理。」（註二）

治理事物，追求目的；大小法則，應以目的為依歸。治理得法，莫過於適合目的。事事物物，各有目的，乃是所應得的至善。試觀專科技術，有治本者，有治末者。治本者，治理治末者。治本者，治理目的。治末者，治理工具。治本者，位置重要。例如醫學治本，醫治健康。藥學治末，配製藥料。健康是目的，藥料是工具。又例如航海術，治本：駛船渡海。造船術治末，建造船隻。渡海是目的，船隻是工具。又例如兵法治本：出奇致勝。驕射治末，騎馬射擊。勝利是目的。騎射及其他武備和軍需，都是工具，受兵法的統治。

治本的專科學術，是總科，是主科。治末的，是分科，是副科。總科，主科，統領分科副科，追求總科的目的。總科的專家，統領分科和副科的專家，有理由被人尊稱為「智人」。（註三）每科的專家，是本科一科的「智人」。最高的總科專家，是治理百科的「智人」。依其絕對意義，「智人」是專指「研究宇宙萬物最後目的的人」。宇宙萬物的最後目的，乃是宇宙萬物最初的原始。為此，大哲有一名論說：「智人的任務，是研究至高無上的原因」。（註四）猶如（聖保祿）也說：如同精明的總工程師奠定基礎。（《格》一：三，十）

每物的最後目的，定於自己的第一原因。第一原因，創造萬物，推動萬物。按下面（卷二、二十三—二十四章）的證明，第一原因，是靈智。萬物的最後目的，是靈智的美善。此乃真理。智慧的首要任務，在於研究真理。故此，天主上智，採取人的肉體降來人世，是為顯揚真理，自證說：「我降生的理由，和入世的目的，是證明真理。」（若：拾捌，三七）大哲，（《形上學》卷二，一章，九八一頁右；四章，九九三頁右）也有一個定論，指明第一哲學，是真理的科學。它研究的真理，不是別的，卻只是一切真理的原始，屬於萬物生存的第一本原。生存之原的真理，是一切真理之原。在成立的原因和情況上，事物的真理，和事物的生存，比例相同。（註五）

如有兩者，互相衝突，不能相容，第三者，追求其一，則必排拒其二。（註六）例如醫學治病，追求健康，排除疾病，依同例，智人的審思明辯，首論第一本原，次及萬物，也是講求真理，攻斥謬誤。章首所引經訓，出自（天主）上智之口，適足證明智人的雙重任務：講明審思所得的天主真理；攻斥違反真理的謬誤。故曰：「我喉嚨，默想真理」，指第一項首要任務。又曰：「我嘴唇，痛惡邪惡」，指第二項次要任務。邪惡指示違反天主真理的謬誤。真宗教是正道至善。謬誤是違反真教的，故名邪惡。真教、孝順（天主），邪惡、故名忤逆。智人天職、崇正抑邪。（註七）

註一：此處箴言兩句，聖多瑪斯引自「拉丁通本」。現今《日路撒淩聖經》、法文翻譯原文本義：「我的口、宣講真理。我的嘴唇、吐棄邪惡。」請比較各種中文譯本。

註二：智慧，或名上智；在希臘古代神話，指上智女神，學識之母；在公教，教父遺著和神學中，有時指「聖母瑪利亞的象徵」，有時指聖神七恩中的上智之恩；有時指「神學」，特別是指聖多瑪斯的《神學大全》所代表的「超性神學」或「聖學」，在倫理學，是指四樞德中的智德總類下一個分類：上智；在神學的聖三論中，指「天主三位的第二位」，天主之子，是天主聖言，也是天主的上智；在《古經》指《智慧篇》；在亞里斯多德書中，指「第一哲學」，即是後代所謂的《形上學》；希臘原字，本是指「物理學諸書以後的一些書」，討論自然界各科物理以上的萬類公理；後代編輯人，將這些書，編排在自然界物理諸書的後面。參看柏林柏克爾（標準）版九八〇頁。亞里斯多德在那些形上學書內，有時用「第一哲學」指「神學」：討論與物質絕異而分離的，所謂「絕離實體」，即是無物質的神靈實體。多瑪斯筆下「大哲某書」或「某某書」不提著者，都是指亞氏之書。

註三：總科專家，彷彿是統領全部建築工程的總工程師，或某類工業總部的技師，統領總科以內所包括一切分科和部門。每一部門的專家，是一部門的「智人」。總科專家，是總科的「智人」：猶言精通學術的明家。相似「儒者、士人、君子、大師、鴻儒、博士」之類；又相似現代專門指導某科或某系的研究主任。

註四：這裡的「智人」指「形上學家」和「神學家」。

註五：真理與生存。物有真理，必已有生存。物有生存，同時必有真理。物無真理，則無生存——生存即「存有」，或拉丁文之 esse（審校者註）。物無生存，則無真理。有真理者，真實。無真理者，虛妄。真實者，現實生存圓滿：有生存的盈極。無生存的盈極，便不真實。在思想的次第上，物先有生存，而後有真理。在實體的次第上，物之生存與真理：有則並有，無則並無；並且兩者所有的主辭和賓辭，可以共有，也可以交換互有。兩者共有相同的原因和效果。在概念上，兩者不同，但不可相無，在生存上，兩者同是一物。有生存的盈極，便有真理的盈極，盈極是美善至極，完滿無缺。

生存，是絕對的。存在是相對的。存在，是在某境界佔領位置，是物既有生存以後，對外發生的關係。生存，卻在物的本身內部，建立物之實體：是此實體，自己絕對的、肯定自己實有時，所必具備的憑藉。「實有」是「現實存在」。「無有」是沒有存在。有存在，是向所在的境界發生關係。不存在，是斷絕關係。關係是附性的，依附實體。實體自我之建立，賴有生存。物先有生存，而後有生活。生活只限於生物。生存卻普及萬物。物各有性。性者生也。非性無物：非生無物。那裡有物，那裡便有物性，並有生存。生存的意義，廣於生活，深於生活。凡是實有之物，都有生存。實體生存，是自立生存，附性生存，是依附實體。「生存、生活、存在、實有」四個名辭，意義互不盡同。必需在這個假設和條件下、才能看到，在物以內，生存和真理，互有的關係。在漢文「生」字的本義，廣於生物的「生活」，深於浮淺靜止的「存在」。「生、存」兩字合成一辭，庶幾能傳達「物之生存，即是物之真理」的本體論和形上學的意義。

在上述的意義和限制下，「生存」是多瑪斯思想體系中最重要的兩個字。

註六：衝突定律——一般所謂的矛盾率（審校者註）有兩種：一是規定論句互相衝突時，在真假問題上，彼此對立的推演關係；一是規定事物互相衝突時，在本體的生存問題上，彼此不相容的關係；並在人的知識問題上，彼此同類，同時被知，和是非善惡，彼此對立的關係。前一種是邏輯的衝突律。後一種是本體論和認識論的衝突律。聖多瑪斯此處所舉出的衝突律，顯然是後一種。邏輯的衝突對立，是兩個論句，句量相同，都是全稱，句性卻不同，一肯定一否定的對立。這樣的論句，不能同真，但能同假：故既知一句真，則知另一句必假；反之，則不必。本體的衝突對立，是兩個事物，在生存情況上，互不相容：例如健康和疾病，不能同時並存於同一主體內。既知某人健康，則知某人無病，這是必然的；但反之，也是必然的，既知某人有病，則知某人必不健康。本體與邏輯不同。

註七：「崇正抑邪」，根據「衝突律」，在邏輯、在本體論、在認識論各方面，都有共同的一個首要意義，就是：「崇正，必是抑邪」。但反之，「抑邪，不常是崇正」，只有時是崇正而已。根據首要意義，崇正和抑邪，不是兩回事；而是一回事：一於「崇正」。「崇正」的本身，即是抑邪；不是先崇正，而後去抑邪。但「抑邪」的本身，不常是崇正。在邏輯，定是不常如此。在本體論和認識論，抑邪和崇正，不能分離，但仍是以崇正為首先應有的宗旨。醫病的首要宗旨，是恢復健康，次要宗旨，是消除健康的阻礙。聖多瑪斯著作本書的首要宗旨，是「崇正」，並發生「崇正」必生的副作用：即是「抑邪」。猶如光明既長，黑暗必消。非光明，無以除黑暗。非真理無以破邪說。智人天職，首在崇正。抑邪的效果，不招自來。觀察後文，聖多瑪斯曾聲明自己的宗旨，是「竭盡綿薄，闡明公教信仰之真理」，兼收「排除謬說」的效果。但主要宗旨，不是直接批駁謬說。因為，他又聲明說：「廣收諸家謬說，一一批駁，難合理性議程。理由有二：各家謬說，非吾人所熟知，故不能攻其立論之錯誤，各家異教，不信《聖經》；故《聖經》的引據，不能生效。同時，理性的辯證，無力辯明天主的神奧，僅能證明某些真理」。本書宗旨，只是用理性證明這有限的某些真理，兼收批駁異說的副效果。近世版本內駁異大全四字，不一定是本書，古初原有的真題目。聖多瑪斯原書題目大約是「論公教信仰的真理，攻斥錯誤的一部書」。他如《哲學大全》、《駁異大全》等等題目，都是後代編輯者，稍加更改，填補印入書中者。但原書宗旨明載於卷首。惜多視而不見耳。見之者，必欲側重抑邪，便和原著首重崇真的本旨不合。

第二章　本書宗旨

上智之學，美善、高深、利益、樂趣、超越人間一切學術。（上智之學，便是本書內的思想體系及其方法）。

上智美善無比。研究上智，等於取嚐真福。研究愈真切，嚐福愈深厚。故此，（《德訓篇》拾肆，二十二）智人說：「真福的人，將以上智為安宅」。

上智高深無比。天主所作萬事萬物，全是根據上智。人上達，相似天主，首要途徑，是研究上智。相似是相親的原因。上智之研究，締結神人的友愛。為此，（《智慧書》捌，十六）說：「上智是人類的無限寶藏。人因實習上智，分享了天主的友愛。」

上智實益無比。「進到長生不死的國家，用上智作門路。上智的情慾，引入永國」。（《智》陸，二十一）

上智樂趣無比。「上智的聚談，不含苦津，上智的同居，不生厭煩，但有喜樂歡欣」。（《智》捌，十六）

今從天主的慈愛，領取了勉盡智人任務的信心，著作本書的宗旨，是竭盡全力，顯揚公教信仰所宣證的真理，排除與之相反的謬說。任務堅鉅。自力微薄，不堪勝任。惟願秉承溪樂流聖人遺言以自勉：「我良心所知，平生畢力，仰對天主，認為應盡的首要任務，是竭盡我的言論和心思，稱頌天主」。（《聖三論》壹，三七）

然則，盡收諸家謬說，一一批駁，難合理性議程。理由有二：諸家謬說，侮天褻聖之言，非吾人所熟知。故無力從其謬說出發，提出理由，駁其錯誤。古代聖師曾用此法，提出教外人的前提，駁倒教外人的錯誤；因為古代聖師——今日稱為「教父」，Fathers of The Church（審校者註），自己曾是教外出身，或至少生活交際，往來於教外人眾之間，精通教外事理，故能認識教外人的思想。此已非吾人現代之所能。

次者，教外某些人，不信吾人共信的任何《聖經》。故此吾人不能引據《聖經》，掙取他們的悅服，例如穆罕默德教人——現今的伊斯蘭教，多瑪斯常稱為是「阿拉伯人」（審校者註）及鄉儺教人。（註一）和猶太教人辯論，吾人可以引據《古經》。和異端教人辯論，可以引據《新經》。和新古二經都不信的人，則無經可引。故此需要採用本性的理智。人人知信理智，迫於本性之自然。無奈，本性理智，力量薄弱，不足以證明天主的事理。

吾人僅能用簿弱的理智，考察某些真理，同時用那些真理，排除錯誤，並指明在什麼方式和限度下，理智證明的真理和公教——基督真教信仰的真理，兩相契合。

註一：鄉儺教是鄉野愚民的各種宗教，沒有真正的神學知識，信許多民間流行的鬼神，但不信《聖經》；轉指不認識造物真主，不信《聖經》的各種宗教，不限於鄉村，在許多人日常言談裡，所說的「教外人」，「外教人」或古代所謂的「化外（的野人、愚人、村愚）」，又相似今日所謂的「低級人群」，或「落後人民」，或「下層人民」等等，都有些「鄉儺」的含意。拉丁文，**Pagani**，**Paganisrnus. Pagans**。

第三章 理性的和超越理性的知識

為把各種事物的真理，認識明白，各有各的方法，互不相同。大哲（《道德論》卷一，二章）有句話，鮑也西（《聖三論》章二）也曾稱引，說的甚好：「學術有修養的人，只是在事物本性所允許的範圍內，研究每件事物的真理。」為此，首先必須指明，為把本處提出的真理，研究明白，所能用的方法是什麼？

吾人關於天主，所稱揚的真理有兩種。一種超越人的理智能力，例如天主三位一體。另一種，是本性理智能力所能達到的，例如天主實有，天主惟一，和其他類此的真理。眾位哲人，受本性理智光明的引導，用明證法，證實了許多此類的真理。

至於某些事理，完全超越人類理智的本能，實有於神智之界，這是極顯明的。理由如下：理智，對於某物，實有所知的知識，全部是以知其物的本體定義，為出發點。根據大哲（《分析學後編》卷二，三章）定論，明證法的出發點，是知事物是什麼。從此可以斷言，理智知某物之定義時，所用的方法，必定也是，對於那某物，知所知其他一切時，所用的方法。本此理由可知，如果人的理智完全認清了某物的本體（定義），那某物的其他一切真理，便無一是超越人的理智能力的；例如石頭或三角，礦石學，或三角幾何學，先知本體定義。既知定義，便由定義，證知其他，都不是超越人理智能力以上的，吾人只用明證法，就可證明一切。但是，對於天主，吾人不能如此。因為，人的理智，只用本性能力，不足以捉摸天主的本體定義。同時吾人理智，按今生的知識方法，所有一切知識的開端，都是來自覺識——覺識指感官所得的知識（審校者註）。也就是因此，不落歸覺識範圍以內的事物，不能受到吾人理智的領悟，除非在某些限度下，從覺識所知的事物中，搜羅出一些它們的知識。不幸，覺識的知識，導引吾人理智上達，不足以引人，在覺識所知的事物內，看到天主的本體是什麼；因為它們是和原因的能力不相等的效果。（因果能力，不相等時，因果律）由果知因的證明力，導引吾人理智，從覺識的知識，升入神智——指理智的知識（審校者註）的知識，不足以認識天主本體是什麼；僅能認識天主實體存在，即是能知天主是一個有獨立生存的實有物，並且能知天主，為作萬物的第一原始（和原因），必須具備的生存狀況，或與此同類的一些真理。如此說來，足證神界的事理之中，有一些完全超越人理智的能力，另有一些，卻是人類理智所能通達的。

此外，從靈智的品級，也容易看到，同一結論。任何兩者，比較起來，靈智銳敏高明者，明白許多事理，全非另一個駑鈍淺陋者所能領會；例如：粗魯的鄉野愚人，全無力領悟哲學的精深思想。天神的靈智超越人類的靈智，在比例上，尤甚於極優等哲人靈智之超越極粗魯冥頑的鄉野愚人；因為，哲人和愚人，智愚相差，雖然距離甚遠，但種性相同，兩者同屬於人種的種界以內；天神的靈智，超越人智，卻連種的界限，也一並淩駕而上之。

天神，（按因果律，由果知因），為認識天主，所由的效果崇高，勝於人類；天神，是以自己的實體，為上達以認識天主的憑藉。人上達以認識天主，所由的憑藉，是自己的靈魂，和靈魂覺識所知的事物。天神的實體崇高，既勝於覺識之界，又勝於人的靈魂。天神本性的知識，超越人類靈智。天主的靈智，超越天神。在比例上，更遠甚於天神之超越人類。因為，天主的靈智，在能力上，和天主的實體相等。也就是因此，天主用自己的靈智，認識自己的實體是什麼，認識的完善無缺；同樣，也認識關於自己，凡靈智所能知的一切事理。天神（天主造的神體），用自己本性的知識，不知天主是什麼，因為天神為認識天主，所依憑的自身實體，也不是和原因的能力，相等的效果。故此，天主關於自己所知的一切真理，不都是天神，用本性知識，所能領悟的。天神之所知，也非人所能都知。

愚人因不能懂哲理而稱哲理為虛妄，是乃狂妄至極。依相同的比例，人類，由於理智不能研究通澈，因而將天主藉天神給人類啟示的那些真理，也盡皆懷疑以為虛妄，也是愚狂過度尤甚。

同樣結論，還可從吾人每日經驗的知識淺陋，顯然證明出來。覺識所知事物的特性，極大多數，皆吾人所不知。覺識所知事物的某些特性，吾人覺識，雖知其有，但理性考究，在許多實例上，考察不出完善的理由來（覺識所知的事物，都是有形之界的）。吾人理智，不足以全知有形，更遠不足以通澈那超越萬理的，崇高至極的（無形）實體了。大哲也有一句名言，和此處的結論，聲氣相同。他在《形上學》卷二（卷一，甲，一章，九十九十三頁右九）曾說：「實有界內，最高的第一實有物，在本性本體上，理至明顯，吾人靈智，對於最高明理，所有的關係和比例，猶如蝙蝠的眼睛之仰視太陽：（視而不見）！」

《聖經》也佐證這項真理：《若伯傳》（拾壹，七）曾說：「你竟想洞曉天主的事跡嗎？你豈要發現全能真主，以至於無所不知嗎」？又說：「請看！天主偉大，勝於吾人知識之所能知！」聖保祿（《格一：拾參，九）也說：「吾人所知，不過是一星半點。」

聖奧斯定（《刪正集》卷一，十四章）曾說：摩尼教人，和許多不信《聖經》的外教人，都認為凡是關於天主的人間言論，理性知識所不能考究證實者，都是應受棄絕的邪說。回觀上面所舉出的理由，足證這些外教人的錯誤。理智所不能證明的言論，不立刻就應遭受棄絕。有一些真理，是理智無力證明的。（此處，最基本的條件，是肯定人類有三種境界不同的知識：一是官感的覺識，二是理性的知識，三是超越理性的知識。每一境界、各有各自的對象）。

第四章 天主啟示理性的和超越理性的知識

既如上述，故此，神界事理的知識分兩種。一種是理智考究所能達到的。另一種，完全超越人理智的本能。這兩種，都由天主提示給人，命人信從，依理而論，沒有不適宜的（啟示是擬成論句或命題，提出來，昭示於人）。

此處首先應證明以下這個命題：理智考究，足以通達的真理，也適宜由天主啟示給人信從；免得有人誤以為理智可知的真理，既不需要天主默啟，天主卻用超性的默啟，啟示給人，命人信從，乃是枉費了心力。

用反證法，證明：本性真理，如全待理智去考究，則必生三種不適宜的後果：

一、是天主的知識，僅能為少數人所有，極多數人，用理智費力考究，受以下三種原因的阻礙，不能收到發現真理的實效。一是許多人，本性天生的體質和性情，不適於研究學識。他們無拘怎樣專務研究，仍不能上達人類知識的極峰，以認識天主。還有些人，家務累身，經理業務，忙於職守，義務當盡，抽不出空閒時間來靜思考究，故不能登峰造極，認識天主。還有些人懶惰，不肯費出心力，殷勤學術。天主，在人心智以內，栽植了求知的本性嗜慾。雖然如此，仍有人心慵意懶，荒廢學業。何況神學研究，除非努力用功，精心考究，不能達到真理。為認識理智考究，關於天主，所能考知的真理，有許多別的，必需先備的知識。全部哲學的研究，幾乎都是以認識天主為目的。為此理由，學習哲學的一切部門，最後才應學習形上學，研究神界的事理。形上學研究的材料，都與神學有關。

二、是費時長久。學者費了好長的時期，仍難達到發現上述真理的目的。此種真理高深，非經長期鍛鍊，人的理智不會用理智的方法把捉而領悟之。同時，所需要的先備條件眾多，上面方已說明了。加之，人在少年時代，情慾動蕩，心志飄搖不定，不適於認識那樣高深的真理，年老之時，始變聰明博學；參看大哲《物理學》卷七（三章，二四七頁右九）。假設為能認識天主，只有理智的門路一條，人類終將滯留在愚昧無知的深暗中。人為作完人和善人，所需要的知識，是認識天主，能得之者，不但人數稀少，而且費時長久。

三、是真假混雜。吾人靈智，判斷力薄弱，又有（形界）物像的攙雜狡擾，為此，人理智考究之中，許多次混雜著錯誤，也就是因此，許多人，在不知明證法的實力時期，對於證明極真確的真理，仍躊躇徘徊於懷疑狀態中；特別是因為他們看見，許多有名的智人儒士，著書或講授，各人各見，聚訟紛紜。許多用明證法，證明瞭的真理之中，有時夾雜著某些錯誤。這些錯誤，沒有明證法的理證，卻只是用某些辯證法，或甚至詭辯法，舉出似是而非的理由，肯定一些結論，有時被人看作是和明證法證實的真理，沒有分別。

為了免除以上這許多困難，必須用信仰的道路，給人類輸送出，神界事物的知識，不但確定無疑，而且真理純粹。

於是，為顧全人類福利天主仁慈，把那些理智能考究而知的真理，也頒佈於人，命人用信德領取保存；如此，人人得以分享神界事理的知識，容易便當，去疑惑，免錯誤。

本此理由，（聖保祿）《致厄弗所人書》四章，十七節，曾說：「你們已經不是如同外族人，徘徊在自己覺識的虛幻中，有自己的靈智，卻受黑暗的蒙蔽。」《依撒意亞先知》五十四章，十三節，也說：「我安置你所有的子孫，讓他們受上主的訓誨。」

評註：天主啟示理性可知的事理：一是補不足，二是去疑惑，三是免遲悞。本書引用《聖經》拉丁通本。譯辭直譯。與各種華語《聖經》稍有出入。本章思想，多與猶太大儒、馬義孟、深相契合。參看馬氏大作《指迷解惑》，並參看本卷十二章。

第五章　信德的信仰

有些人的意見，認為理智不足以考究而知的那些事理，或許就不應擬出命題來，命人信從。理由是：天主上智，隨物的本性，配給所需。

為解破上面的意見，本處證明，天主把超越理智的某些事理，擬成命題，命人信從，是必需的。

無人發出心願，用功研究，追求自己預先所不知的任何事物。按本書以下數處的研究所知，天主上智，照顧人類，引人追求的幸福優美，遠遠超越人的脆弱，在今生所能感受的經驗。（《論萬事》，第一四二章）。故此，應當召喚人的心智，打開心目，仰視遠遠超越吾人理智，在現世，所捉摸不到的某些事物，如此，好能引人發出心願，並且用功研究，追慕那完全超越今生境況的某些事物。並且，這是基督聖教的首要任務，因為它特立獨出，用未來神靈的永福，標榜於世，召勸眾人追求。為此，它的教義，包括極多命題，超越人的覺識。《古經》的舊法，與此不同，提倡有暫時（今世）的禍福報應，也包括人理智考究所不能知的真理及其命題，但為數不多。

依循上面這樣的想法和思路，許多哲人，也處心集慮，證明在覺識所知的事物以上，尚有許多更優美的幸福；專務靈智靜思所需有的美德，或專務身體行動，實踐上，所應有的種種美德，便更能嚐覺到那些福美有甘飴超絕的神趣；用類此種種理由，引導人戒絕覺識所知事物的慾樂，追慕精神的幸福；明見於大哲《道德論》（卷七，十三章；卷十，一及五章）。

為能對於天主，有更真實的認識，人類需要天主將這樣的真理提出來（擬成命題），召人信從。當我們信天主超越人能想出一切神學知識以上時，只是當那時，我們才算是真真認識了天主；因為，按前面的說明（參看本卷第三章），天主的實體，超越人本性的知識。將一些超越理智的命題，擬成後，提出來，頒佈於人，便能堅定人的意見，使人確信自己認識了，天主是第一實體：超越人能想到的一切事物以上。

從此而生的另一好處，是壓抑人的驕傲。驕傲是錯誤的母親。某些人，自恃聰明高大，認為自己的理智，足以知盡萬物性體的真全，擅自衡量一切，以自己的意見為真理的尺度：認定自己的意見全真，別處不同的意見全錯。為挽救人的心靈，戒絕驕傲，研究真理，謙退撙節；需要天主（在歷史的以往）給人頒佈一些，完全超越人靈智的命題。

還有別的一個好處，可以明見大哲的名論（《道德論》卷十，七章，一一七頁右三二），記載西孟德氏主張「人應知人事，現世人應知現世事。現世的人物，都是有死的」，並以此勸人，將聰明的本能，全用在人間的事物上，故應罷輟神界事物的知識與研究。大哲駁斥西氏說：「人應竭力奮勉，上達不死、不朽的神界的美善。」本此宗旨，在動物論：卷一，五章，大哲說：「關於上級實體，吾人之所實知，雖然只是微乎其微，但這微微的一小點知識，珍貴可愛，值人欣慕愛賞，勝於吾人關於下界實體，所有的一切知識以上！」在《天體和宇宙論》卷二，十二章，大哲還說：「討論天上形體的問題，所能得到的答案，雖然微小，並且不過是疑似的辯證，推測個大概；已經足以引起聽者，極強烈的興趣。」

綜合上述一切，足以明見，知最尊貴事物的知識，不拘如何不美善，卻給靈魂供獻最大的美善。也就是為此理由，雖然人的理智，無力全懂那些超越理智的真理；但如至少用信德（或信仰），不拘怎樣，領取保存那些真理（的命題），這點知識，便給人的靈智，增加許多美善。

《聖經》也有名訓，符合上述的宗旨。例如《德訓篇》三章，二十五節說：「許許多多的事物，超越人的知覺，都顯示了給你」。聖保祿《致格林德人》第一書，二章，十至十一節，也說：「天主的許多事理，未嘗有人知曉，除非天主聖神實有所知：：天主卻派遣天主聖神，給吾人啟示了那些真理。」

第六章 輕信或迷信的信仰——論聖蹟的重要

上述一類的真理，非人理智實驗之所能證明。信德，信從這樣的真理，不是輕信，不像似《伯多祿第一書》（壹，十六）所說的：「盲從謠傳的神話。」為什麼呢？

理由如下：超越人智的真理，是天主上智的密秘。天主上智自身，完全明知一切，（在歷史的往代），發顯了慈心，將一些密秘，啟示給眾人。天主上智，用許多適宜的理由，證明瞭自己（降生人間，及在人間的）存在，並且也證明瞭自己的道理和默啟的真實；因為當時，他作出了有目共睹的明顯事蹟，超越全體自然界，本性能力以上；足以傍證那些超越人類本性智力的真理，確實無疑。例如請看，他曾顯聖蹟，治好各種疾病，復活死人，轉動天上形體，改變天文氣象，都是靈奇神妙；並且，更堪稱靈奇的，是他曾用神力的靈感，開明瞭許多人的心智；曾經使愚蠢，癡傻的人，充滿了天主聖神的靈恩，轉瞬間，得到了至高的智慧，和靈巧的口才（啟迪愚頑，改變人心，是奇蹟的至大者）。

許多人觀察上述種種奇蹟，如群鳥奮飛，雲集合一，歸信了基督聖教，不是被迫於刀槍的武力，也不是受了慾樂的誘導，而是誠服於上述奇蹟明證的實效。基督聖教，以信德立教，宣講超人靈智的真理，節止肉體的情慾，勸人看破世俗，輕視現世的萬有一切。奇妙至極的事實，是眾人進教，成群結夥，不但在昇平年月，平庸的愚人，而且，在教難淫虐之際，無數極上等的哲學家和有學問的人，也進了教。改變世俗的心情，信從超性的教義，是極大的聖蹟，也是天主靈感的顯明功效：引人輕視可見的世物，惟願追求不可見的神恩。這樣的聖蹟，不是突然而來，也不是出於偶然，而是成於天主有計劃的安排。為明證事實確是如此，天主，在多少年代以前，藉眾先知的口訓，預言了自己，將要作成這個極大聖蹟。那些眾先知的經典，明證吾教信仰真實，在吾教人中是大家敬重的《聖經》。

聖保祿《致希伯來人書》，二章，三及四節，曾說：「救世的福音，最初由吾主，宣報於人，繼由聽聆主訓者，發言證實，傳授於吾輩。天主也發顯許多聖蹟和靈蹟並分施天主聖神的各種靈恩，保證福音的真實。」這些話，說中了天主給世人證明教義真實，所用的方法。

世界歸信基督，這個現成的奇蹟，是往代那些聖蹟的確證：明確至極。實效既明陳目前，舊日靈蹟，今日不需要重演。世界被平庸，無知識的人（十二位宗徒），無天主靈奇的聖蹟，引導進步，改變心情，歸信這樣難信的道理，實作這樣艱苦的工作，寄望於這樣高遠的未來：這是比所有一切聖蹟，更為神奇的聖蹟。既有眼前這樣的現實，便不需要重顯往代的聖蹟。雖然如此，天主仍不斷，假手於自己的許多聖人，即連在吾人現代，也發顯許多聖蹟，為保證（吾人）信仰的真實（教會的現實，是一奇妙的聖蹟）。

宣傳錯誤的派系，或教門的人，進行的途徑，正是相反。試看穆罕謨德，即可明見。他的教義，標榜（信徒在死後，升天堂，享一些）肉情的慾樂，以此激發人肉體情慾的衝動和願望，引誘人民追隨。今生應守的教規，勢必和來生預許的天福相合：結果是放縱肉情的嗜慾；因為眾人信從以後，立刻也就從惡如流：放縱恣肆。

其教，經典以內，不給人供獻真理的證據；只包含一些平庸淺易的道理，都是人用本性智慧可以知道的。在一些真理之中，攙雜著許多無稽的神話故事，和錯誤至極的教條。

他創教傳教，沒有超性的奇蹟，但聲張自己受天主派遣，率領武力強橫的軍隊，來攻克人民。武功的奇蹟，乃虐王和匪徒所能兼有，何足以證明誰有天主的使命。惟有只天主能作到的有形可見的工作，足以是天主靈感或默啟的證據。發顯有形可見的超性聖蹟，始能證明某某真理的明師，受到了天主無形的靈感或默啟。

最初信從他的人，不是精通神學，熟習人間和神界諸事的智人或哲士，反之，都是些沒有受過教育，滯流在曠野中的遊牧民族，對於天主(《聖經》)的道理，茫茫然，全無所知；日常生活，常與禽獸同群，兇殘放縱，跡近畜牲，仰仗人多勢眾，軍力強暴，逼迫許多人，信從了自己的教規和法律。

此外，往代的眾聖先知，受天主默啟，發表了的口訓中，沒有一點，足以佐證他的教義，反之，他的經典，好像都是抄襲《新約》和《舊約》的一些資料，模仿偽造，改竄，編造神話故事。人如審察他的經典(《可蘭》)，便知事實顯然如此。為此理由，他出奸詐的詭計，不准許新舊二約的《聖經》諸書，在其教內流傳，免人因閱讀《聖經》真理，而訐責他立言的荒謬。從此可見，信仰他的教義，乃是輕信。

評註：本章後半段，「宣傳錯誤的派系云云」好像可能是後人仿照《論萬事》第二十七，六十五，九十七章；及

《論奧理》，第八十三章，而編製的偽作，擴張，竄補了原文。他處所提甚少，且有根據，不用極比級的申斥；並且和別的同類派系一齊提出，連某些錯誤的教友，也公平列出。此處卻單提一教，不指出根據，和本章命題無補益，和前後兩章上下文沒有連貫；用的語調和神情，不合多瑪斯的品性和習慣，也不合方才在首兩章聲明瞭的本書宗旨；在體裁的結構上，和上下文比較，失去了慣有的短小簡練，平衡和勻整；並且弄巧反拙，減低了本章宗旨論究聖蹟重要的一致性：首尾不一貫：這是多瑪斯筆下，所絕對未嘗有過的！故此可能是抄手在反阿拉伯空氣的壓迫之下，偽作而加入了原文，至少不是不可疑的。

第七章　信德信仰的真理與理性證明的真理

上述，基督真教信仰的那些真理，超越人理智的能力和容量。同時，人的理智，本性秉賦的一些知識，也是真理。這兩種真理，雖然超性和本性，互有天壤之別，但彼此不能是互相衝突的。理由如下：

本性秉賦於理智的那些真理，真確至極，人人共知；甚以至於連設想它們是錯誤，也是不可能的。信德所堅持的信條，既有天主明確的保證，人則也不能相信它們是錯誤的。只有錯誤（的論句）能和真理（的論句），發生衝突，顯然明見於它兩者的定義，審而察之，即可確知無疑。果然如此，信德所信仰的真理，和理智所知的那些原理，彼此互相衝突，則是不可能的。

再進一步講，人間的老師，除非口是心非，心內的知識便包含口授的知識。他將己心以內的一部分知識口授於學生，引導學生領悟在心中。天主垂訓世人，不會口是而心非，說謊話騙人。但須知天主是吾人本性的創造者，故此，吾人本性天生固有的秉賦，都是天主造生吾人本性時，所賦與的。有些本性明知的原理（不待學習，不待理證，是人人共知的：人隨事體察，觸物感通，突然曉悟，宛似生而知之）。這些自然原理的知識，是天主賦與吾人本性的一種秉賦；並且同時是天主上智所包含的一部分（人所知的一切真理，勿分本性和超性，都是天主上智的一部分。天主的上智，是一個，不能自相衝突。故此，人心內本性所知的自然原理，和天主啟示的信德道理，不能互相衝突）。如此說來，可以斷言：凡不拘什麼道理，如果是違犯自然本性的原理，便是違犯天主的上智：故此，不能是從天主來的（啟示）。依同理可知：信德從天主的啟示所領取保持的信條，不會和本性自然的知識，發生衝突。

還有一個（心理方面的理由），吾人靈智，受到衝突的理由來束縛，（解釋不開，便困於疑團），無法在追求真理的思路上前進（天主造生吾人的宗旨，是引導吾人認識真理，天主不會同時又阻擋吾人認識真理）。今假設：天主給吾人心中，灌輸許多互相衝突的知識，那便等於說，天主阻擋吾人心智認識真理。這樣的事，不能是從天主來的。

再加一個理由：本性不變，則本性秉賦所有一切要素或特性，也便不會變。互相衝突的意見或信念，不會同時並存於同一心智內。（灌輸衝突的信念，破壞本性秉賦必備的自然真理，必先破壞或改變人的本性。天主，造物真主，只能造生保存本性，不肯破壞或改變）。故此，天主不給人灌輸任何意見或信念，而與人本性自然的知識互相衝突。

也就是因此，大宗徒（羅：拾，八）嘗說，「天主的聖言，離人不遠，離你甚近，就在你的心內，並在你的口中。這也便是吾人所宣講的信德之言！」（道不遠人）有些人，因為信德的道理，超越理智，竟認為信德道理是相反理性。殊不知那是不可能的。

聖奧斯定有一句權威名論，和本處的結論，意思相合。他在《創世紀字解》卷二，十八章曾說過這樣一句話：「（本性自然的）真理所揭曉的定論，絕對不會相反《聖經》：既不會相反《古經》，又不會相反經；新經。」。

從上述一切，明明可以歸結出以下這個定理：凡是相反信德道理的言論，都不是從自然原理中，依正確的論式，所能推演出來的結論。自然原理，是本性顯明，不證自明，人本性秉賦，人人共知的第一原理（即是最高公理）。相反信德的理論，既然不是從這樣的公理，依正確論式，所能推出的結論，故此沒有明證法的效力，只不過是（一些辯證法，所能推辯出來的），或然性的理論（近似真理，但不必定是真的）；或甚至不過是一些詭辯法，（巧辯欺人）的偽論。如此想來，為解破它們引起的疑難（用辯證法），尚能在某些餘剩的地方（註一），找到適宜的理由。

註一：《辯證法》指亞里斯多德邏輯學的一部書，西名 Libri Topicorum，其中列舉許多「地方」，指示上中下三名辭構成三段論法時，中辭的種類和範疇，也就是中辭所指理由的「出處」。每個「地方」裡，包括某某種類的許多中辭和理由，可以用來證明某某結論。人在辯論時，可以按「地方」去找尋中辭和理由。

第八章　人的理智與信德的信仰

看到這裡也須注意，覺識所知的事物，是人類理智，知識的開端，在自身包含著某些擬似天主的痕跡，例如他們是有生存或存在的，並且是美善的。這些痕跡，頗不完善，全不足以聲明天主的本體。效果相似原因，但程度不同，有些效果，不完全相似原因。

只有在來世，親眼看見天主本性實體的人，才能把信德的真理，知得極清楚明白。故此，在現世、為認識信德的真理，人的理智，應抱持的態度如下，僅能從覺識中，搜羅某些真實相似的特點，用來比擬信德的真理；不足以發生明證法的效力，既不能證明奧理，又不能引人洞見真理的本體。用這樣微弱無似的比擬法，去思考信德的真理，人能鍛煉自己的心智，這是為人有益的；只是慎勿啟發傲心，妄想證明奧理，或洞曉奧理的真全。比擬法，是有益的，因為從前者所說，足以明見，討論至高無上的事物，思考所得的知識，雖然微小，薄弱，能觀察到某些美妙，便是大快人心的！（回看第五章末段）

聖師溪樂流的權威名論，和本處的定理，意思相合。他在《聖三論》卷二，十章，談論到此類的真理，說出了以下這樣的幾句話：「汝其講求斯理！信以始之！迅以追之！恆以繼之，無間勿歇。雖我知汝或將不至，但必有進境，是吾樂也。所求乃無限，虔敬從事！雖無時或得，前進不停，乃實益也。神智至高無上，真理廣大無限，非人智所能窮而盡之。故彼幽邃隱密，愼勿置身深入。無限深奧之所，切勿埋頭沉溺。欲窮無窮之理，豈非驕狂？？知奧理之不可窮究，乃眞知也，願汝識之！」

第九章　全書綱領和議程

諸如上述，足以明見，智人本旨，乃是研究神學的兩種真理，並應駁斥謬說。因為謬說和真理，互相衝突。一種真理，是理智考究能知的；另一種，卻超越理智全副的能力。神界真理分兩種，不是分自天主方面。天主是單純而惟一的真理；卻是分自吾人知識方面。吾人知識，為能認識神界的種種真理，所用的方法不同；和那些真理，發生關係，也有許多不同的形式。

為能明白認識，第一種真理，應採用明證法的論式——英文為 Demonstrative argument，指的是推論證明（審校者註），展開議論，證明己方，說服對方。

但為表彰，第二種真理，沒有明證法的論式和理由，可以採用；故智人立意，不應想用理由，說服對方；但可找些理由，解破對方提出的理由。對方的理由和信德的真理，互相衝突。本性自然的真理，按前者已有的證明，不能和信德的真理，互相衝突。（回看第七章）足見對方的真理，不是本性自然的真理（這樣的議程，不是明證法，而是反證法）。

為說服對方，有一個特立獨出的方法，就是援引《聖經》的權威，因為天主顯許多聖蹟，保證了《聖經》可信。除非有天主的啟示，吾人不信超越人理智的命題，這個方法有獨特的效力。

但為表彰這樣的真理，也有一些和真理，近似的理由，應採用過來，雖然無益於說服對方，但足以鍛煉信眾，勸慰他們，安撫他們的疑懼。這些理由不充足，不但不能說服對方，反而更要助長對方謬說的固執，惹他們認為我們，竟為了這樣薄弱的理由，就輕易信從吾人所謂的信德真理。但是（話又說回去），這些近真的理由，對外雖無益，對內卻有益，故應採用。（這些理由，有辯證法的效力）

茲依照上面指定的方法進行，首先盡力，將第一種真理，講解清楚，舉出明證法確然的，和辯證法或然的，種種理由，引據眾位聖人和哲人的遺著，證實真理，說服對方。這第一種的真理，都是信德所稱述，理智考究所能知的。

然後，按著由淺及深的程式，進一步講解超越理智的，那第二種真理：解破對方的理論，並盡天主所肯賞賜，用所有辯證法或然的理由，並用各種權威的證據，講明信德的奧理（這是本書第四卷討論的材料）。

如此，為用理智的方法，追求人理智的考究，關於天主，所能證明的那第一種真理，進行起來，分以下三個階段：

第一段 首應研究天主，依其自身本體，是否如何（這一段是本書第一卷）。

第二段 研究世界萬物的起源：是由天主造生（這一段，是本書第二卷）。

第三段 研究世界萬物的歸宿：是歸向造物者，天主：以天主為目的（和至善）（這第三段，是本書第三卷）。

在第一段，未開始以前，先應研究如何證明天主存在。研究這一點，是本書全部研究工作，必需具備的基礎。缺少了這個基礎，全部討論天主的神學研究，將如空中樓閣，無法建立起來。無根基的樓房，豈能不傾覆？

存在：生存的實有

第十章　天主的存在與不證自明（一）

為證明天主存在，費思想，找尋理由，有人認為這或許是多餘的。因為，他們主張「天主存在」（這一命題），是自身明顯的，甚以至於和它衝突的論句，是不可設想的。如此說來，「天主存在」，這個命題，不能是明證法可以證出的結論。他們認為有以下這些理由：

辭理一明，句意立明的論句，謂之自身明顯的論句。例如：既知「整體」和「部份」這兩個名辭的辭理（意義），便立刻知道「一物的整體大於自己的部分」：這樣的論句是不證自明的公理。我們所說的：「天主存在」，這個命題，正是這樣一個自身明顯的論句。因為「天主」這個名辭，依其名理，指示「至高無上的實體，再高不堪設想」。人，一聽天主的名字，便在靈智——理智（The intellent）（審校者註）裡，形成這樣的思想。根據這樣的思想，至少在心智裡，人不能不想「天主必定存在」，不但只存在人心智——心智指理智（審校者註）以內（思想裡），而且必定存在於實有界；因為，既存在於心智內，又存在於實有界的物體，更高於那只存在於心智內的事物。按名理的必然，沒有任何物體，更高於天主。從此可見，「天主存在」是一個自身明顯的論句。從名理的實義中，便可明明看到「天主必定存在」。

再進一層說，人能設想：「有某實體存在，它的不存在是不堪設想的」。這樣的實體，顯然高於「人可設想不存在的實體」。假設天主是「人可以設想不存在的實體」，人便能設想有比天主更高的實體。這是不可能的，因為是相反名理的。那麼，結論只得是：「天主存在」，是自身明顯，不需證明的。

此外，還有一個理由，就是：一個名辭，自作主辭和賓辭的論句，都是自身極顯明的論句。例如「人是人」。或者是說：主辭定義內，包括賓辭的論句，也都是如此。例如「人是動物」（這樣的論句傳達分析性的判斷）。

按下面（第二十二章），將有的證明，天主的生存——此指天主之本質與其存在等同（審校者註），乃是天主的性體。「天主的性體，是什麼？」（gouf guid est）和「天主有無生存？」（An sit）兩個問題，有同一的答案。這是天主本體內，各種特點以上，最突出的一個特點。如此說來，吾人一說「天主是有生存的」，這裡的賓辭「生存」，和主辭「天主」，是相同的，或至少是包括在主辭的定義以內（有生存，則必有存在）。如此想來，「天主存在」是不證自明的。

再加一個理由，本性自然顯明的事物，是自身直接可知的；用不著考察、研究或理證。「天主存在」是本性自然顯明的：是人人本性共知的，因為人本性天生的自然願望，是追求天主。按下面（卷三，第二十五章），將有的證明，人生的最後目的，是結合天主。故此，「天主存在」，是自身顯明的一件事（不需要證明）。

還有一點：眾理可知之所以然，必是自身顯明的公理。天主，正是如此。故此，天主存在，必是如彼。因為，如同太陽的光亮，是萬物可見的所以然，天主的光明，是萬理顯明的所以然。吾人因天主的光照，曉悟眾理，猶如眼睛，因太陽的光照，看見萬象。天主的神光，是萬理可知的原因。在天主以內，有至高無上，至大無外的神智光明。故此，天主存在，必是自身顯明的一條公理：不需要再用理由來證明。

從上述一切，及其他類似的前提，有些人推出了結論，認為「天主存在」，事情本身顯明，反對之論，已非人心之所能設想（參看真理問題辯論集：第十題，十二節）。

這樣的意見，不能成立。理由詳見下章。

評註：參考聖安山（一三四——一一九年）著《獨論集》（共七十九章）一章和四章；《加論集》，二章至三章，討論天主存在，本體自明的推證法。聖奧斯定《演講集》，《講辭》六九，三號：天主的存在，顯明易知，人無私慾蒙蔽，均能思而見之。

第十一章 天主的存在與不證自明(二)

上述意見的來源如下:

一部分來自習慣。人人有生之初,從最早的時期,就習慣耳聽口呼天主聖名。習慣成自然:彷彿是第二天性;特別那從有生之初,就養成的老習慣,有和天性相同的效力。為此,人心從孩童時期,浸潤濡染吸收而養成的信念,堅持固執,認以為當然真實,竟和本性自然,和自身顯明的公理(在心理的作用上),沒有分別了。

一部分來自混亂。「自身顯明」分兩種,不可混亂。但有人將兩者,混為一談,故此陷入錯誤。有些真理,是絕對自身顯明。另有一些真理,卻是相對的自身顯明:即是對於吾人是顯明的。「天主存在」,固然,是一條絕對自身顯明的真理,因為,在天主的本身本體,天主自身之所是,乃是自己的生存。這樣的顯明,是客觀的顯明;但對於我們,主觀方面,相對說來,卻不是顯明的:因為,天主本體自身是什麼?不是吾人心智所能接觸的:故無適當的知識和定義。猶如「一物自比,整體大於部分」。事理本身,是絕對顯明的,但對於不知「整體」二字,是什麼意思的人,必定仍是不顯明的。也就是因此,產生以下這樣的事實:對於本身顯明至極的事理,吾人靈智竟茫然不知,好似夜梟,仰對太陽。大哲曾出此言,見於《形上學》卷二（卷一，甲，二章，九九三頁右）。

第一條理由，一知「天主」二字的名理，立刻便知「天主存在」，並不是必然的。一因，連承認天主存在的人，也不都知「天主是至高無上，再無更高者堪人設想」。古代有許多人，曾說「這個世界乃是天主」。縱令審察，達瑪森（聖師，Damascene）給天主二字，指出的那些解釋，也找不到「天主」二字，必有「至高無上」的意義。

再者，縱令眾人都用「天主」二字，指示「至高無上更高者不可設想」的意義，名理雖然高大，但在萬物的自然界和實有界，仍不見得，必須有這樣的一個實體存在。

肯定事物和肯定名理，需要用同樣的方式。

吾人心智以內，思念天主二字所指的名理。從此，生出的結論，不過只是「天主存在」，這句話的意義，也存在於吾人心智以內：受吾人的思念。本此想法，「至上存在」，也不過只是存在於吾人心智以內，不必是存在於心外實有之界。如此仍無妨有人主張天主不存在。不承認「至上實體，存在於自然界」的人，無妨設想，在心際或實際現有的任何實體以上，尚能有更高的實體。承認自然界，實有那至上實體存在的人，便無理由再作這樣的設想。換言簡譯此段如下：

「想天主的名理，故想天主存在」這（個「故」字構成的複句），不是必然真實的，假設是必然的，「想天主的名理，必想天主的存在，故天主存在（於思想以外的實有界）」，仍不是必然的。同樣，「想天主，故想至上」，不是必然的。假設是必然的，「想天主，必想至上，故此，至上存在（於思想以外的實有界）」，仍不是必然的。「想至上存在」不足以保證「至上真實存在」。「既承認至上真實存在，又想在至上以上，又有更高的至上」，這是自相矛盾的。「不承認至上存在，同時想在至上以上，尚有更高的至上」，便沒有自相矛盾之處。為證明「天主存在」，只「想天主至上」不夠，還必需另有理由。

對方的第二條理由，擬成命題，說：「假設天主不存在是可以設想的，那麼天主以上有某更高的實體，也便是可以設想的。」這是對方的大前提，也不是必然的。因為任何某物，它可以被人設想不存在的理由，不必是來自它自己生存方面的不完善，或不確實；它本身的生存，依它本體的實際，是顯明至極的，例如天主；但那個理由，能是來自吾人智力方面的薄弱。吾人的智力不足以直見天主的本體；但能直見天主造生的效果，故能從天主的效果，推測而知天主。這樣，由效果推知原因的知識方法，正是理智推理的論證法。為知天主的存在，吾人需要採取理智的論證法，來加以證明（只思想「天主的存在」的名理，是無用的）。

對方的第三條理由，因此，也不能成立。「物之整體大於其部分」，這樣的公理，為知道「整體」是什麼的人，才是自身顯明的（為不知道的人，一點也不明顯）。依此相同的比例，既然天主的本體——「本體」指的是本質（審校者註）乃是天主的生存——「生存」即存在（審校者註），有生存，則必有存在；那麼，為明見天主本體的人，「天主存在」這個論句，是自身顯明至極的。但是為現世的吾人，完全不是顯明的，因為吾人（在現世）無力明見天主的本體（在未知其本體以前，先應知其存在）。為知天主存在，吾人所必經的門路，不是直見天主自身，而是繞道於天主的效果：由效果推知原因。

第四條理由，也容易解破。「人本性自然追慕天主，故人本性自然認識天主」。這樣的前提，在字面以外，暗含著一個重要條件，需要留神注意：「人本性自然用什麼途徑追慕天主，則人本性自然便用什麼途徑認識天主」。追慕和認識，所用的途徑應是相同的。這個條件，不可忘掉。準此而論，請注意：人追慕天主，不是直接追慕天主的本體，而是先追求人本性自然的生活幸福。這樣的幸福，不是天主本體的至善，僅僅不過是那個至善的擬似或肖像。以愛肖像之愛為途徑，藉以愛及本體，同樣，人本性自然認識天主，也不必須是直知天主自身的本體，而是只知天主的肖像：這個肖像或擬似的特點，兼含在天主的效果中。故此，吾人必需先考察天主的效果，在其中，（原本始終，反復思索），發現天主的肖像或模樣，然後用模樣所呈現的特點，作思想的出發點，用理智推證的方法，逐步推究，達到最後的結論，因以認識天主本體（按圖畫的花樣去找尋樣本）。

第五條理由，也容易解破。天主，固然，是萬物可知的原因；但這個定理，不過是說，天主用他的灌輸能力，將我們所有的一切知識，產生在我們心智以內。凡吾人所有的知識，都是以天主的灌輸，為原因：是天主的效果。但因此，不可誤認天主，是萬物可知的，先備前提，或知識的先備要素，因而主張：欲知萬物，必先知天主；猶如說，欲知低級概念或結論，必先明知最高概念或不證自明的公理。這是與事實不合的：因為事實上，人知萬物時，不先知天主。天主是知識的原因，不是知識內含的公理；故不是直觀可見的對象。

評註：人的知識能力及萬物可知之理，都是天主造生的。但人直觀面前，只見萬物並領悟物理，卻見不到天主。下察物理而上溯物理本原：反觀內省，下學而上達，始能推知有流則不能無源。流可見，源不可見。

第十二章 天主的存在與不能證明

另一方面，有些別的人，抱持和上述的主張，相衝突的意見，但結論也是說，證明「天主存在」的努力，都是徒勞無益。前提卻不相同，因為他們認為「天主存在」，不是吾人用理智的方法，可以證實的，僅可仰賴天主啟示，用信德的信心去接受。

他們的動機，是因為某些人，為證明天主存在，所提出的一些理由，力量薄弱。有一些哲學家，先指明天主的本體和生存相同，（然後用這個作前提），進而引出「天主存在」的必然。這樣的論證法，（實不健全），能供給話柄，給上面那派人，用去證明自己的意見正確。所謂「天主的本體和生存相同」的這句話，等於是說：對於天主說話，「存在與否」和「是什麼」，兩個問題，是一個問題，共有一個答案。但是理智的方法，找不出「天主是什麼」的答案：無力證明天主的性體（即是本體），故此，也找不出「天主存在與否」的答案，無力證明天主存在。這樣的思想，似乎不是沒有道理（參看猶太哲人馬義孟，Maimonide，《指迷解惑》卷一，六十三命題）。

再者，根據大哲的明證法規則（《分析學後編》卷二，九章，九三頁右）為證明「物之存在與否」，需要採用物名的名理作出發點和前提。又按大哲定論，物名所指的名理，乃是物的性體定義：指示物的本性本體是什麼。見於《形上學》卷四，七章（一一二頁左二三至二四）。為證明某物存在，先應確知它的本體定義——本體定義即本質定義（審校者註）。缺少了天主的本體或性體的知識，便再也找不到用什麼門路，去證明天主存在。

明證法所用的原理，是先決要素。它們知識的來源，出自覺識。覺識，即是覺性器官的知識，只知形下事物，明證於大哲，《分析學後編》卷一，十八章（八一頁左三八）。凡是超越各種覺識及其所能覺知的事物以上的任何命題，為此，都似乎是無法證明的。「天主存在」正是這樣的命題之一；故此是無法證明的。

上述的意見錯誤，吾人可證自許多方面：一證自明證法的技術。它教人由效果證知原因。二證自百科體系：假設沒有可知的實體，超越覺識，便在物理學以上，不能再有別的學術，詳見大哲《形上學》卷四，三章（一〇五左一八）。三證自哲學研究：歷史上，許多人曾努力證明「天主存在」。四證自大宗徒傳授的真理：「人因天主已作成的工作，用靈智領悟，並明見天主無形可見的諸般事理。」（《羅》壹，二十）。

「天主以內，性體和生存相同」，這個前提，並不足以證實對方的意見。這裡的「生存」，指示天主自立存在，在自身以內，所有的生存。這樣的神性生存，和神性本體一樣，是什麼樣的，乃吾人所不知。但不指示吾人靈智，構成「天主存在」這個命題時，所指的「存在」，或「生存」。給天主，作賓辭的「存在」二字，不指示天主本體以內的生存。在這樣的意義下，「天主存在」，是一個可以證明的論句。吾人的心智，為許多明證性的理由所迫，進而形成這樣的論句，肯定「天主存在」。（參看第一章註五：

生存和存在不同）。

在證明「天主存在」的論式中，不可依對方第二條理由，採用天主的本體，或性體之定義，在前提裡，作理由或作中辭。但應用「效果」作中辭（按因果律），遵守證明原因時，所用的「事證法」——Demonstration guia，如下所言，按因果律（審校者註）。從天主所作出的事物，採取出「天主」二字的名理來，進而證明，並稱呼「萬物的第一原因」為「天主」。

天主所有一切名稱，都與天主所作出的效果有關；或來自除去效果中原因之所不宜有，或定自原因和效果必有的關係。吾人給天主命名時，所採用的辦法，主要就是這兩個。

從此可以明見，雖然天主超越覺識，及覺識所知一切，但是天主的許多效果，是覺識可知的。明證法（按因果律），為證明「天主存在」，所用的出發點和前提，便是取源於這些效果。如此說來，連在超越覺識的事物上，吾人知識的來源，也是在覺識以內。

第十三章　天主的存在與理性的證明：生存之源：「萬有真原」

既已說明了，證明天主存在的努力，不是枉費功夫，現應進一步，列舉眾位哲士及公教明師，證明天主存在，用過的種種理由。

首先舉出亞里斯多德證明天主存在，所用的理由及論式。從變動方面出發，有兩條路線：**第一條路線步驟如下**：（這裡的「動」專指物質的變動！）

凡是一物之動，都是被動於他物。

覺識明知有物在動，例如太陽。故此是被動於另一物。那另某一物，或動，或不動。它如果不動，結論已成：必須肯定有一不動的主動者。吾人稱之為天主。

它如果動，故被動於另一主動者。故此，或上溯進至無窮，或終止於某一不動的主動者。但不可上溯無窮。故此必須肯定有一物不動，並是第一主動者。此即天主。

以上這個論式，包含兩個命題，尚需分別證明。一是：「凡物之動者，皆被動於他物」。二是：「主動被動的系統上，不可上溯無窮」（注意：在這裡，「動」是物質界地方的移動及各種物理化學內所有的變動之公名，不指心靈中精神的動作）。

大哲證明第一命題，用三個論式：

第一論式如下：假設某物自動，它必有自動的因素，在自身以內。否則，顯然是被動於他物。它還必須是第一被動者：自己用自己，作自己動的理由和方法，不是用自己的一部分，移動另另一部分，猶如動物，用腳移動，走路。這樣的動，不是整體自動，而是整體被動於自身的某一部分，並是一部分被動於另一部分。（參看《物理學》卷七，一章，二四一頁，右二四）它還必須可以分成許多部分，並且有已分的部分。按《物理學》卷六（四章，二三四頁右十）證明瞭：凡是動的物體，都可以分成許多部分。

根據以上這些基本的定則，展開議論如下：

既已肯定，自動的物體，是第一被動者，故此結論必是：它的任何一部分靜止時，它的整體，必隨著靜止。因為，假設一部分靜止時，另一部分不靜止，它整體自身，便不能復是第一被動者；卻是不靜止的那一部分，在另一部分靜止時，才真是第一被動者。

但是須知，隨他物之靜止，而靜止的物體，無一是自動的物體；因為，隨他物之靜止而靜止的物體，也必定是隨他物之動而動；如此，便不復是自動。

如此想來，足見凡是動，都是被動於他物。

或者能有人設難說：既然肯定了某物自動，不能又說它有某部分靜止。按亞維新（Avicenna），無正當理由，曾說：物體內，某部分的動或靜，只是附帶的動或靜。這兩處的責難，都無害於前面的論式。因為原論的力量，在乎以下這一點，就是：如果有某實體自己，用自己，直接運動自己，不是用自己的部分，那麼，它的動，便是自動，不是被動於任何外物。反之，可分成許多部分的實體，它的動和它的生存，必須仰賴自身應具備的部分；如此，它便也不能自己，用自己，直接運動自己；換言譯之，它不是自己的第一被動者。為奠定原議結論的真實，故此不需要在前提裡，絕對肯定，自動物體的某部分真在靜止著；所需要者，僅是下面這假設句，應是真實的：「假設其部分是靜止的，其整體必也隨著靜止」。在這樣的假設句裡，前項的論句，縱令是不可能的；全個複句，仍能是真實的。（因為前項和後項，實有引句和隨句間，應有的引隨關係）。例如：「假設人是驢，人便是無理智的（畜牲）。」這個假設句，是真的（雖然它的引句和隨句分開，絕對來說，都是錯誤的）。

第二論式：用歸納法（參看《物理學》卷八，四章，二五四頁右），議程如下：附帶的動（受外物附帶，外物動，則被帶而動），不是自動。因為是隨外物之動而動。被外來武力強迫而動，顯然，也不是自動。被內在的本性激發而動，也不是自動。例如動物走路，吾人明知它們是被動於靈魂——動物僅有覺魂沒有靈魂（審校者註）。無生物，率性而動，輕者上升，重者下降，也不是自動；而是被動於產生其物性的原因，或被動於去掉阻礙的原因（例如水流下，是被動於疏通河道的水利工程）。

凡是物體的動（都是變動），不外上述數類：或附帶變動，或自身變動。自身變動或動於（外來的）迫力，或動於（內在的）本性。動於本性者，或動於自己（的靈魂），例如動物，或不動於自己，例如火煙上升，水流下。凡此一切變動，都是被動而動。故此說，凡是物體變動，都是被動於他物。

第三論式，（用演繹法，從定義出發），（《物理學》卷八，五章，二五七頁），議程如下：

在同一觀點之下，無任何物的生存境況，同時是現實，又是潛能；同時是盈極：（盈滿至極），又是虧虛：（虧乏，空虛）。凡是變動的物體，針對其變動，確切而言，它的生存境況是潛能和虧虛，不是現實和盈極。理由在於變動的定義。《物理學》卷三，一章（二一頁左）定義如下：

變動是潛能物體，在潛能中，生存境況的現實（變動是虧虛物體，在虧虛中，生存境況的現實）。潛能物體，在潛能境況中，生存的現實，針對其潛能境況發言，謂之變動。

被動物體都是潛能中的物體。發動的，或是說，主動的物體（發出動力，推動或變動他物），都是現實盈極中的物體。因為凡是物體，發出動力，變動他物，所發出的動作，都是以自己生存現實的盈極，為根據（現實生存盈極的物體，在盈極的境況中，能力的實現，（針對其盈極境況立意），謂之發動（也叫作主動，施動，或動作。例如火燒、冷凍、刀砍）。

根據這些定義想去，足以明見，在同一變動的觀點之下，一個物體，總不同時，既被動又發動。這樣的結論，也就等於說：無物自動。動者，都是被動（刀不自動砍物，更不自動砍自己）。

說到這裡，須知柏拉圖（《費德祿對話集：論靈魂》二四段，二四七頁，丙欄），主張凡是發動者，都是被動而動，所說的「動」字，意義比亞里斯多德寬廣。亞里斯多德用「動」字的狹義，專指「潛能物體，在潛能中，生存境況的現實」。這樣的動，只是形體之類，和那些可以分成許多部分的事物之類的動，證於《物理學》卷六（四章，一三四頁右十）。這類的動，都是物質力量的動。

按柏拉圖用法，自動的物體，固然是動的，但不是形體。他用「動」字，指示不拘什麼或那一類的動作。根據這樣的意義，連靈智的知識、思想、意見、懂理等等，也是「動」的一種。亞里斯多德《靈魂論》卷三（七章，四三一頁左六），也提到了這樣的說法。本著這樣的意思，柏拉圖嘗說：第一主動者，是自動的，因為它有靈智和意志，它有自知、自愛或自願等等的動作。（它是主動萬物的天主）。這裡「自己動自己」，是「自己知自己」，「自己愛自己」之類的動作之公名。這樣的主張和想法，在適當的角度下看去，和亞里斯多德的想法，並不是不相容的。或依柏拉圖，證出第一主動者，說它是自動的；或按亞里斯多德，證出第一主動者，說它是不動的：兩種說法，名辭不同，但在意思上，完全沒有分別。（第一主動者，是主宰並推動萬物的天主，和「上帝」的意思相近）。

然後，大哲證明第二命題，就是：「在主動和被動的系統上，不可上溯無窮」，也用了三個理由。

第一個理由（《物理學》卷七，一章，二四一頁右二四）論式如下（用反證法的議程）：

假設在主動和被動的系統上，上溯遞進，進至無窮，那麼，這個無限長的系統中，必定有無限多的形體。因為按前面（《物理學》卷六，四章，二三四頁右十）已有的證明，凡是被動的物體，都是有形的物體，和可分的事物。

同時，凡是被動而動的形體，當它發動之時，也是被動的。故此，當一個形體動時，全系統內，那無限多的形體，同時都在動。（那裡有動的歷程，那裡便有時間。時間是動的歷程，各小階段，前以繼後的度量）。

然須注意：一個形體，既是有限的，動時所經歷的時間，也必是有限的（不是永遠的）：那麼，全系統內那無限多的形體（和前面那一個形體，同時都在動，並且是），在一個有限的時間內，發生了無限長的動之歷程。這是不可能的。

故此，最前面大前提的假設，「主動和被動的系統，上溯無窮」是不可能的。

證明「無限多形體，在有限時間內，發生動的歷程，是不可能的」，大哲（《物理學》卷七，一章，二四十二頁右）提出了下面這樣的理由：

發動和被動的兩個形體，必須同時並在。詳察各種的變動，歸納起來，就足以證明此點。然則，許多形體，同時並在，非相連或相接不可。既然在那全個系統內，無限多的發動者和被動者，都是形體，同時並存起來，相連或相接，必定形成一個被動者：並且是無限大。如此說來，乃是主張一個無限大的形體，在有限的時間內，發生動的歷程。這是不可能的，證自《物理學》卷六（七章，二十三七頁右）。

第二個理由，（《物理學》卷八，五章，二五六頁左）為證明同一結論，論式如下：

許多發動者和被動者，按秩序和品級，排成系統，遞級相動，以上動下。在這樣的系統中，去掉第一發動者或它停止發動時，其餘一切各級物體，必定不再發動，也不再被動：因為，第一發動者，是其餘一切變動的原因。這是必然的。

但今假設，這樣的系統，遞級上溯，至於無窮無限，結果乃是沒有任何發動者，是最後的第一發動者：系統諸級之中，只有低級中級：沒有最高的第一級，作為開端的原始。各級發動者，都是中級的：被動而動。既無第一發動者，故此，所餘各個中級發動者，都無從被動而動。如此說來，世界之內，便無物會動了：都須是靜止的（這顯然不是事實）。

第三個理由，（《物理學》同上）同一論式，秩序顛倒，從上級開始。議程如下：

被動而動，如同工具，除非有一主動者，動用工具，工具無力自動。今請假設，在主動和被動的系統上，上溯無窮，永無止境，凡是各級的發動者，都是被動而動，如同工具，沒有任何發動者，是最初發動的主動者。所以，無物會動了（因為假設了沒有第一主動者，工具則不會自動）。

亞里斯多德證明「第一不動的發動者存在」，所用的第一條路線，包含的兩個先決命題，需要證明，上面都證明清楚了（故此，第一不動的發動者，是存在的。它就是天主）。

第二條路線（仍從變動方面出發，並用反證法），議程如下（華蒂岡多瑪斯親筆殘篇始於此）：

假設「凡是發動者，都是被動而動（沒有所謂，不被動的，第一發動者）」。這個論句：或本身是真的，或偶然是真的？如果是偶然真，便不是必然真：因為凡是偶然真，都不是必然真。故此「無一發動者，是被動而動」，便是可能的了。進一步說：發動者，如不被動，便不會發動，按對方的主張，這是對的。故此，可能無一物被動而動：因為，如果沒有任何發動者來發動，便不會有任何物被動而動。這個可能，是前面假設的前提，必然生出的結論。但這正是亞里斯多德認為是不可能的。（《物理學》卷八，一章，二五〇頁右）他主張「（宇宙間）有某時期沒有變動，（萬化生生的變動），是不可能的」。這是他證明瞭的定理（他主張變化運動的長流，是永遠的。宇宙和物質也都是永遠的：無始無終）。

從此可見，第一個（可能句），原來不是可能的。這樣說去，當初的那個命題，「凡是發動者，都是被動於他物而動」也就不是偶然真的了：因為從假而偶然的論句裡，推引不出假而不可能的論句來（這是「有態論句」的一個邏輯定理）。

（但它既不是偶然真，又不是必然真。故此，總不是真的。詳見下文）

用另一個理由，申說前論：假設兩物（甲、乙），連合存在於第三物（丁），是偶然的連合，（不是性體本然的連合），同時兩者之一（例如乙），無另一個，存在於另某處（例如戊），那麼，便很可能那另一個（即是甲）沒有這一個（即是乙），也可以存在於另某處（例如己）。舉例說明：假設白色和音樂同時並在於蘇格拉底，音樂無白色存在於柏拉圖，那麼，便很可能，白色無音樂，存在於另某人。換言譯之：假設蘇格拉底，是位面色發白的音樂家，同時柏拉圖是面色不白的音樂家，那麼，便可斷定，很可能，有第三人，是一個白人，但不是音樂家。

照上面的定理和比例，假設：發動者和被動者，偶然連合並在於某個主體，被動者，無發動者，卻存在於另某個主體；那麼，便很可能，在某個主體，有發動者，而無被動者。換言譯之，假設某個主體，偶然同時是發動者和被動者：偶然被動而動；同時有另某主體，是被動者，而不是發動者；那麼，便很可能，有某主體是發動者，而不是被動者（這就是說能有某主體，是不被動的發動者。但對方否認這一點；故此也便不能肯定：「凡是發動者，都是被動而動（這個自己的命題），是偶然真實的」）。

方才說，（很可能，有某主體是不被動的發動者，等於說在此某主體，可能有發動者，卻無被動者）因為另某主體中，有被動者，卻無發動者。相反這個論式的人，不得在抗議裡，說：它兩者，（雖不在同一主體，但仍舊在變動上，被動者仰賴發動者）：兩相依賴。這個抗議無效，因為它兩者，（既是分在兩主體內，不拘怎樣兩相依賴，它兩者的連合）是偶然的連合，不是自身本然的連合（自身本然的連合是必然的，不是偶然的）。

「凡是發動者，都是被動而動」（這個命題，不是偶然的真實命題，上面已經證明瞭。下面討論，它能不能是本然的真實命題），議程如下：（本然也就是必然）

茲假設上述那個命題，是一個本然的真實命題，仍同樣生出不可能或不適宜的結果。理由如下：發動者被動時，所受到的變動，和它發動時，所產生的變動，兩個變動，或是同動相動，或是不同動相動：是同種，或不是同種。

先假設是同動相動：用同一種類的變動，發動者被動而動，那麼，必須是，例如：在某品質上，自己先被動變質，而後發動變質：改變另某物的同一品質（被燒熱而發火，去燒熱他物）；又例如先被醫治而恢復自己的健康，然後發出醫治力，去恢復另某主體的同一健康；又例如先被教，學會某某學術，然後施教，將同一學術教給別人。在「自己被自己變動，然後來變動自己」的假設之下，自己同動相動，是不可能的，因為施教者，有所教的學術，這是必然的。受教學習時卻必然的，是尚無那個學術：自教自學，在此同一學術上說話，等於說：自己同一主體，有那同一知識，同時卻又沒有：自相矛盾如此，故是不可能的。

現在進一步，假設：「凡是發動者，都是被動而動，是用種類不同的變動，彼此相動」。例如：先被動改變地方，然後發動改變品質；或例如：先被動長大體量，然後發動，轉移地方，或其他類此的異動相動。這個前提的假設，所必生的結論（站在對方的立場看去），也是不適宜的；因為自然界，變動的種類，不是無限多，而是有限的：上溯而推，不能推至無窮，推到盡頭，還是要有最後的發動者，是第一發動者，他自力發動，不再被動於他物。

或者有人要說：在反射自動的假設之下，整個系統，循環相動，將所有各種各類的變動：異種相交，結成系統：遞相變動，始末相交：周而復始：循環不已：例如：被動變質，發動變位，被動變量，發動變質；又轉回去：被動變位，發動變量。換言順序譯之：被動變量而發動變質，被動變質而發動變位。然後又轉回去，被動變位而發動變量（被動變量又發動變質。被動變質又發動變位：如此循環無已）。在此假設之下，所生的結果，同於上面所說的「同動相動」：必致「同動自動」，分別祇是本處的自動，是經過循環；間接自動。上面卻是直接的自動。勿論直接間接，同動自動，是「有無同真」，等於「是非相混」。在本質上，同樣是不可能（自己將自己之所無，給與自己。豈有此理？見上文）。

歸納各種可能的假設，都生出不可能或不適宜的結果，故此最後結論，只賸吾人必須主張：有某第一原因，發動萬物，而自不被動於任何外物。

另一問題，需要解答。第一發動者，不被動於另一外物。既然如此它卻仍不必是完全不動的。亞里斯多德在證明瞭第一發動者，不被動於外物以後，又進一步推論，假設以下兩個可能：

第一個可能：第一發動者，是完全靜止不動的。在此假設真實之下，原來追求的結論，便算得到了：有一個不被動的發動者。

第二個可能：第一發動者（不是完全不動的，它雖不被動於外物），卻仍能被動於自己。有人認為這是很可能的。因為，能施於外者，必先能施於己。既能發動以動外物，必先能發動以動自己。極廣泛的本體定律：自體的本然，先有於外交的偶然。依此而論，在被動者的系統中，第一被動者，是自身被動於自己，不是被動於外物。既能被動於外物，必更能被動於自己的本體。這樣的推論，似甚合理。但仍有同樣不良的後果，解答如下：

不可以主張，自動者，自己被動於自己，是全體被動於全體，因為這樣的主張，必生出上面已經談過了的種種不合理的結果，例如要有某人同時又施教，又受教；在其他種種變動中，也要有類似的情形。並且，要有某某主體的生存境況，同時是現實，又是潛能；是盈極，又是虧虛：因為發動者，就其發出動作而言，是一生存現實盈極的物體，被動者，卻是一潛能中的物體（如此，盈虧相混，便是有無相混。違犯了矛盾律）。

既不可以說它是全體發動以變動自己的全體，故此，只好說，它的一部分發動，另一部分被動。如此說去，所得結論同前：就是有某主體是不被動的發動者（一部分不被動）。

循著同樣的思路想去，不可以說它的兩部分被動：俾能一部分被動於另一部分：兩部分交互被動。這是沒有道理的，也不可說一部分自動，並發動以變動另一部分；也不可說整體發動，變動一部分；也不可說一部分發動，變動全體。這各種說法，都要生出前面提過了的、不適宜的結論：就是一物，根據同種的變動，同時又發動，又被動；同時是在現實中，又在潛能中；甚而至於整體自動是用自己的部分，而不是先用自己，直接動自己。這都是荒謬的（參看《物理學》卷八，五章）。

歸納一切，最後的結論只賸這一個可以說：就是：自動的主體必須有兩部分，一部分不被動，但發動，以變動另一部分。在我們現處的世界上，這樣的主體是動物。它們的靈魂（泛指生魂、覺魂、靈魂），是發動的部分（形體是被動的部分）。

但因動物的靈魂，雖然本身不被動附帶著，卻隨形體之動而動（仍不合於第一發動者必備的條件），為此，亞里斯多德更進一步證明，在第一自動者以內，發動的那一部分，既不本體被動，又不附物被動。動物的靈魂，本體不被動，附著在能死能腐化的形體，必定隨著形體的變動而受到影響：故此是附物被動。但是有些自動的形體，沒有能死能腐化的形體。因為，能死能腐化的自動者，必須上溯被動於某一最高的永遠發動者：它是形體，並且是不死不腐化的。它的內在發動者，既不本體被動，也不附物被動。從此說來，必然的結論是：有某自動者：它的內在發動者，既不本體被動，又不附物被動。它是第一天體。

根據亞里斯多德的主張，「（宇宙間）有一永遠的自動者」是必然的。因為，依他的基本的假設和定論，（宇宙間）變動的長流是永遠的。有生死變化的自動者——動物——世代相傳，生生不息，也是永遠的。但請注意：這「生生不息」的原因，不會是它們之中的任何一個，或某些個；因為沒有一個是永遠的；也不會是全體合在一齊：一因它們是無限之多；二因它們新舊代興，不是同時並存。歸納一切，只賸一個結論：就是必須有一個永遠的自動者，作下界各種自動者，生生不息，永世相傳的原因。它是形體。它內在的發動者，既不本體被動，又不附物被動。它是第一天體（最高的第一層天）。

還有一個事實，足以證明同一結論，那是我們用眼可以看到的，就是：在自動的主體中，有時被動，而發生動的新現象，其原因不是它內在發動者的自動，而是受附帶物的影響，例如受影響於消化了的食物（藥品、酒等等），或空氣的變化（天氣、空氣、香氣、毒氣）等等。為了這種種附帶物的變動，那些自動體以內的發動者、被動，便是所謂「附帶被動」。從這樣的事實，可以取得一個定理，就是：發動者或本體被動，或附物被動的自動體，不永遠被動（自動體是動物。它內在的發動者是它的靈魂，或心臟。靈魂或心臟，被動而動的下級動物，不永遠被動，以產生永遠變動的長流）。但是，第一自動體，永遠被動，這是必然的，否則，（宇宙間）便不能有「生生不息，永遠變動的長流」。第一自動體，被動而動，產生的永動，是（宇宙間）各種變動，所由發生的原因。此即第一天體。

如此推論到最後，結論乃是：第一自動體，永遠被動而動，自身以內的發動者，既不本體被動，又不附物被動（宇宙間，生生不息，有死有壞的各種動物，以此永遠長生的大動物，為「世代永傳」的原因。這個大動物：是最高的第一層天體：它的永遠長動，也是被動而動。天體是圓球形的，依亞里斯多德時代天文學的計算，有五十多或甚至七十多層：一層比一層高，重重圍繞著地球：或覆蓋著地球。那第一層天，永遠被動而動，是被動於更高的原因。這個原因是什麼？下文詳示。此處暫且解答一個小難題）：

方才說，下級諸層天體，都是自動體。它們內在的發動者，發出永遠不停的運動。同時，按百家的定論，自己仍受到所謂的「附物被動」。方才又說，附物被動的發動者，所在的自動體，不永遠被動，是定理。這樣說來，似是前後自相矛盾。為解破這個難題只須理會到，永遠長動的發動者，在自動體內，附物被動，不是自己本身受自己本層天體的變動，而是自己本層的天體被動於更高的天體，發生運動；自己也便隨著運動：這樣的「附物被動」，是間接的，不是自身直接的：故與自身的永動不止，沒有妨害（不相矛盾）。（親筆終於此）。

說到這裡，請記得，亞里斯多德在《形上學》（卷十一，七章，一七二頁右），更進一步，研究推論：從這個是自動體內一部分的發動者出發，推究出另一和形體絕異而分離的發動者：它不是任何「自動體」的內在部分，它是永遠的發動者：它全不被動：它即是天主。推論的經過和次第如下：

凡是自動體的被動，都是因為自己的愛慾有所追求。為此理由，可知在那某一自動體內發動的那一部分之被動，也必定是因為自己的愛慾有所追求。愛慾的感動，是一種被動而動：被動於對象的吸引。愛慾的對象，發出吸引力，所發出的動，卻完全是不被動的動。它這樣的動力，高於被動的愛慾（高於有愛慾的自動體，並且必是在自動體以外存在的。它的美好可愛，受各級天體和自動體的愛慕和追求）。這樣的發動者，是最高的、絕離的、完全不動的、第一發動者。根據上面的推論，「它是存在的（實有的）」，乃是一個必然的結論。這樣的發動者，就是天主。

徧察上述所有諸條論式，可見都犯著兩個弱點。第一點是前提裡主張，（宇宙間）變動的長流，是永遠的。這一點，公教人大眾認為是錯誤的。第二點，是前提裡主張有第一被動者，即是第一層（最高的）天體，是一個有內在動力的自動體；因此必須說，它是一個有靈魂的形體（即是一個大動物）。這一點，也是許多人所不首肯的。

答覆第一點，需要聲明：誠然，證明天主存在，最有效的路線，是在前提裡，肯定「宇宙新生」，不是像亞里斯多德那樣，肯定「宇宙永遠」。因為從宇宙永遠的主張，去推證「天主存在」，便似乎是理路有欠明顯。反之，假設宇宙和變動（不是永遠、無始無終的），而是新生的，在時間裡、新出生之時，曾有一個始點，在這樣的假設之下，思路平明，結論必然，步驟如下

無任何物，自己將自己從潛能引入現實，從虧虛充實盈極，或從無生存引入有生存，或簡言之，從無入有。本此原理，可以斷定一個定理，就是：凡是新生的物體，必須從一個造生新物的原因，領取自己生存的開始。根據這個定理再進一步，宇宙及變動，既是新生的，有生存的開始；故比，結論必須肯定，有一個原因造生宇宙，並創始其中的變動。

答覆第二點，如果第一發動者，不是一個由內在動力（因愛慾有所追求），被動而動的自動體，它便必須直接被動於完全不動的（第一發動者）。這樣的假設，不是不能成立。本此理由，亞里斯多德在所推

出的結論裡，也是用或字分接著兩個可能：或立刻推證出，「絕離的、不動的、第一發動者」，或先推證出一個「被動而動的自動者」（即是第一層天體：在這假設之下它是一個有靈魂的動物），然後，從它那裡，再上進一步，推到最後的，「絕離的——separated，指脫離物質（審校者註）、不動的、第一發動者」（照此說來，難題就解除了。不承認第一層天，是有靈魂的大動物；也不能因而否認第一發動者、天主的存在）。參考亞里斯多德《物理學》卷八，五章（二五八右一左四）。

第三條路線

在所著《形上學》卷二（卷一，甲，二章，九九四頁左一），大哲採取另一條路線，從因果律出發，展開議論證明，在原因的系統上，不能上溯無窮；由果推因，必須推到一個第一原因為止。這個第一原因，也就是我們所說的天主。這個路線的步驟如下：

在所有一總原因，按品級和次序，排成的系統上，第一原因，是中級原因的原因；中級原因，是末級原因的原因。換言譯之：末級原因是中級原因的效果。中級原因，是第一原因的效果。中級原因，或有一個，或有許多。果無因不生。去因必去果。故此，去第一原因，必再無中級原因（足以仍是原因）。但由果推因，逐級上溯而推，推至無窮、無限，永無止境，則是沒有任何原因，是第一原因。故此，中間各級所有一切原因，都被取消。這顯然是錯誤的。故此，必須肯定有一原因，是第一原因。它就是天主。

第四條路線

搜集亞里斯多德的言論，也可以找到一個理由，從生存程度及真理程度出發，證明真理程度最高的實體，乃是生存程度最高的實體。詳見所著《形上學》，卷二（卷一，甲，一章，九十九十三頁右三十）；

並且證明，（實有界）有某真理程度最高的實體，詳見《形上學》，卷四（卷三、四章；一〇八頁右三七）。這條路線的主要步驟如下：

比較物之實體，一個假，另一個更假，這是我們人人有眼具見的事實。從此可以斷言：那同樣兩物，必定是一個真，一個更真。這樣，事物間真假程度的比較，根據它們和真理程度最高，並且絕對純真的實體，距離的遠近。用這個最高實體，為無上的標準。沒有一個最高的標準，下層各級程度的高低，便無從比較釐訂。從這些理由，往上更進一步推究，便可得到一個結論，斷定，（實有界）有一個實體存在，它的真理程度，至高無上，它的生存程度，也是至高無上。這樣的實體，吾人稱之為天主（參看第一章註六）。

第五條路線

為證明這樣的結論，達瑪森（Damascene）、聖師（《正信本義》〔De Fide erHrodoxa〕卷一，三章；希臘教父文庫：卷九十四，七九六欄），舉出了另一個理由。大註解家（亞維羅，Avicenna，《物理學》卷二：註解，第七十五），也曾指出了這個理由：從「萬物的統治」出發，路線的步驟如下：

互相衝突，互不合諧的許多物體，趨向調合一致，組成統一的陣容，品級不亂，秩序井然，共同追求全體的公益，和固定的一個目的；或常是如此，或許多次是如此。有這樣的事實，而無統治萬物的主宰，是不可能的。萬物的總體及每一個，都是從共同的主宰，領取本性所需的，及所能有的一切秉賦，始能如此配合起來，追求固定的目的。

但宇宙間，實有上述這樣的事實，是我們有眼俱見的。性情萬殊的各種事物，趨向調合一致，陣容統一，秩序井然，不是罕見的，也不是偶然的；而是常常如此，或（至少）大部分是如此。故此，必須有一個實體，用上智的計劃，配給所需，佈置秩序，照顧指引，統制宇宙（作萬物的主宰）。這樣的實體，吾人稱之為天主。

評註：合觀第十三章及十五章，思路明顯，結論真確，從傳統邏輯和數理邏輯，（符號邏輯），兩方面去觀察，推證的步驟、嚴明、整齊而完備：全守邏輯的規則：沒有漏洞，沒有破綻，沒有錯誤。本體論（即是生存論：或形上的實有論、或存在論、或實體論），和認識論方面、形上理智、和形下覺識（官感知覺的知識），分別判然；所以一切，也沒有任何錯誤。物理學方面，在實驗的科學方法裡，常識幼稚，但不是錯誤。天文學方面，日動地止，是形下覺識所明見的主觀現象，不是錯覺，而是自然的主觀現象，固然在另一觀點看去，不合於客觀上，地動日靜，地繞日運行的事實。然而宇宙間，有「變動」的事實，卻是真理。分析變動的事實，足以證出不被動的第一發動者。它不是最高的、有形質的第一層天體，而是高於諸層形天的神體：生存自立，純粹精一，盈極無限：無始無終，是萬物生存的真原：無以名之，強名之曰「天主」。和「上天、天帝、上帝、天地神明、皇天上帝、造物者」等等古代許多民族典籍內不少見的同類名辭，意義頗相近似。真實相同與否，因為典籍殘缺，定義不明，考據家、訓詁家、歷史家、意見頗不一致：數百年來，反復辯難，仍無定論。關於中華典籍，漢學家的意見，更是異說紛紜，莫衷一是。思想問題的解決，不可專靠文物的考據和訓詁，主要還須仰藉理性的推證。本章足資借鏡。參看第十五和十六章；並和二十七章相比較（參考卷二《論萬物》章六——二十二）。

第十四章 否定法（消除法）

證明瞭有某第一實體，吾人稱之為天主；按第九章末段原定的計劃，現應研究這個實體的特性，及其生存情況。

為進行研究天主的實體，主要應用的方法，是消除法（即是否定法）——via rem otionis（審校者註）。天主的實體，超越吾人靈智，所能接觸而知的一切性理和形式。祂是無限無量的。如此，吾人無力領悟、肯定的、積極的、天主是什麼。但我們有一些否定的、消極的知識，知道天主不是什麼。從祂的名下，消除祂所不能有的賓辭，我們能消除的越多，對於祂的認識，也便越真確密切。

否定法和肯定法正相反。用肯定法去認識每個事物，是觀察它和外物所有的積極分別；發現的異點越全備，所得的知識也就越完善。在我們認識定義的事物中，考察它們是什麼，首先看它們屬於什麼類——genus（審校者註），用它們類性區分，認識它們在公名所指的意義下，公共的說，是什麼。然後，加添種別——specific diffrence（審校者註）的區分，將它們和同類下，別的各種事物，一一分開，分別清楚而完全；如此，便得到完善而全備的知識，積極認識事物的實體。

但在研究天主的實體之時，吾人不能領略任何類名所指的公性，是什麼；並且，用積極的、肯定的、種別區分，也不能領略祂和別的事物，所有的分別；為此肯定法不能生效；必須用否定法。指出消極的、否定的、種別區分，藉以領悟祂不是什麼，並以此對於祂的實體，得到一些知識。

將積極的、肯定的區分，給類公名加添上去，逐一將範圍縮小，將類名所指的事物，歸入最狹小的種內，將它和許多別種事物分開，分別的越周全，定義也就越圓滿，指示物的實體，也便更切近真理。

消極的、否定的區分，也是將一個的範圍，由另一個收縮為狹小，產生將一物和眾物分開的效用；和肯定的區分，相彷彿。例如：既說「天主不是附性」，因此便把天主和所有一切附性，都分開了。然後，在加一句，既說「天主不是形體」，因此，便在實體的總類中，將天主實體和某些實體，也分開了。如此，按分類法的系統，品級和秩序，數盡了這樣的否定的區分，說盡了天主所不是的一切：將天主所不能有的賓辭，一一否定，完全消除淨盡。認識祂和所有其他萬物的分別，那時，對於祂的實體，便有了本義允當的知識。這樣的知識，雖然是正確的，但不是盡善盡美的。因為這樣的否定性的知識，不知道實體本身以內，積極是什麼。

故此，用否定法，進行研究，以認識天主，首先從上面（前章）已證明的結論中，採取一個原理；就是：「天主，完全不是被動的。」天主，不被動而動，不變動，不變化，沒有生死變化。這個大原理，是認識天主實體的出發點。

《聖經》的證據，也可以引來，保證上面的原理真實。《瑪辣基亞先知》三章，六節，說：「我是天主，我不變動」，《雅各伯書信》一章，十七節：「在祂以內，沒有變化。」《申命紀》二十三章；十九節：「天主不是像人那樣變化無常。」（參看下面第三十章）。

評註：語言的語系，用類名和種別名，指定種名的定義，代表物類的類系。類下分種，用二分法，根據一個種別特徵的有無，將一類分成互相矛盾的兩種：例如動物分有理性和無理性。有理性的動物是人。無理性的動物是禽獸。「有理性的」，是肯定的種別名：指示積極的種別特徵。「無理性的」，是否定的種別名：指示消極的種別特徵。動物是積極的類名。假設用禽獸作類名，將禽獸分成有翼和無翼。有翼的叫作鳥類。無翼的叫作獸類；那麼，將禽獸之類和人類相比較，禽獸是一否定類名。人類是一肯定類名。類名種名種別名都用否定名辭，而傳達某物的定義時，所得的知識，便全是否定的知識。這樣的定義法，和知識的方法，是否定法：乃是消除法：也就是數理邏輯中，類系演算，所用的減法。用知某物所不是，而知其所是，並確定其生存情況和條件等等。這樣的知識是否定的，只能知某物不是什麼；但有許多積極的含義：含蘊著本體必有的某些特性，並含蘊著生存行動必備的某些條件。例如：為不是附性，某某物體必須有自立的生存。天主不是附性。故此，天主必有自立的生存。用否定法，建立起來的神學，是否定的神學。人在現世，依理性知識的本性限制，為認識天主，只能有否定的神學：只知天主不是什麼，不知祂是什麼。然而話有說回去，否定的神學知識，有肯定的含蘊：故有積極的價值。用人類理性的言語，談論天主，應用的基本方法，是否定法。參閱下面第三十章。

永遠：生存的現實

第十五章　永遠與生存

從上面的原理，更進一步推論，足以明見天主是永遠的。理由如下：

凡是有始或有終的事物，都是因變動或變化而受始生，或受終止。但是天主，卻是完全不受變動或變化的；前章已經證明瞭這一點。故此，祂是永遠的：無始無終的。

按《物理學》卷四（十一章、二十一九頁右），明白的定義，時間非他，乃是變動的段數。（變動的歷程，分許多段落，每一段落，都有始有終。段落多少的數目，或計算，便是時間）。本此定義，只有那些有變動的事物，才有時間長短的度數。參考大註解家《物理學》，註解十一。但是，按前面（第十三及一四章）已有的證明，天主是完全沒有變動（的可能）；故此，不受時間長短的度量。依同理，在天主自身以內，沒有時間先後、或早晚、快慢等等之可言，故此，祂的生存，不是先無後有，也不是先有後無；並且，在祂的生存上，不能有承前啟後，或新舊代興之類的時代變遷，（例如晝夜陰晴、季節、世紀、時期、盛衰等等現象），因為凡此一切，設無時間，都是不堪設想，並且是沒有意義的。為此種種理由，天主是無始無終的，自己生存（無量壽的）整體，合聚兼備；永遠的真義，正是在乎此（這裡及本書多處所稱引的「大註解家」指阿拉伯大哲亞維羅）。

假設天主的生存，曾是先無而後有，便是被某主體引導，從無入有。這某主體，不是天主自己，因為天主還沒有生存，尚無生存的物體，無力發出任何動作。它如果是天主以外的另一實體，它便在天主未生以前已有生存：在生存上早於天主；它便是天主的原因，天主是它的效果。這是不可能的，因為按（第十三章）已有的證明，天主是第一原因，不會是效果。故此，祂的生存是沒有始生之時的；從此推想，足見天主的生存，也是無時會終止的；因為從無始的長期、永遠已有生存的物體，自身也有永遠長生的本能。故此（根據祂的本能）祂是永遠的。

再加一個較長的理由：宇宙間，有些物體的生存，是能有能無的，即是有生死變化和腐朽的。這是吾人有眼俱見的事實。凡是能有能無的事物，都有原因；因為，它本身有無兩可，對於兩端是無適無莫的。那麼，如果它領受了生存，將生存歸為已有，必定是領自某某原因。但由果推因，不能推至無窮；前面（第十三章），用亞里斯多德的理由，已經證明瞭這一點。故此，必須肯定有某實體，它的生存是必然的（不是或然的，即不是或有或無，有無兩可的）。說到這裡，請分析「必然」的意義，可知：凡是必然的實體，或在自身以外，另有自己必然生存的原因；或是沒有，而自身是必然的：全靠自身，不靠外物。如果沒有，結論已得。如果有，仍按因果律，由果推因，不能上推無止；故此，必須止於最後原因：並肯定它是第一必然的實體：它專靠自己就有必然的生存，是「自身必然」的。它就是天主。因為按前面已有的說明，天主是第一原因。參看第十三章。凡是自身必然的實體，都是永遠的。天主既是自身必然的實體，故此，是永遠的。

亞里斯多德《物理學》卷八，一章（二五一頁右一），從時間的永遠，推證出了變動的永遠；又從變動的永遠，證出了動因的永遠。動因，在此處指示某實體是變動的原因，發出動力，促成物體變化。天主是第一動因。因為他是第一發動的實體；故此，也是永遠的。

（公教人，大多數不贊成）亞里斯多德，「時間永遠」「變動永遠」的意見。但是，否定了他的這些意見，仍不能否認他的結論。因為仍有理由，足以證明同一結論；論式如下：

如果，（宇宙間）變動的長流，不是永遠的，必有開始之時，並且是從某發動者的創始，發啟以後，才開始。凡是開始者，必有開創者，使之開始。開始者，始於開創者。由開始者，上推開創者，或推至無窮，或止於最後一個。推至無窮，是不可能的。故須止於最後一個創始者，他創始萬物，不受創始於任何物（這也就是我們所謂的天主）。

《聖經》上有天主的明證，保證這個結論的真實：《聖詠》（壹零壹，十三）「主！你卻長存不去，以至於永遠。」又《聖詠》（壹零壹，二十八）也說：「你卻依然如故，永久如一，你的壽數，永不衰老。」

評註：「永遠」二字，指示「無始無終，生存盈極的現實」：不是時間的長久，而是主宰時間，並且超越時間的。參看下面第六十六章。圓周輪轉，有運動，故有時間。但中心點在軸心的正中：常靜不動：主宰圓轉的時間：面臨時間的每一頃刻，對於古往今來，都是面臨現前。

單純：生存的精一

第十六章 純現實、純盈極

天主，既是永遠的，便不能有尚待實現的潛能，或尚待充實的虧虛。

天主的生存境況，不含潛能與虧虛。凡生存境況，包含潛能與虧虛的實體，根據它所有的潛能性和虧虛程度而論，都是可能沒有生存的。因為它那樣的實體，有得生存的可能，故此也有失掉生存的可能。有生存的可能，故此，也有不生存的可能。但是，天主，根據自己的本體，沒有不生存的可能，因為祂是永遠的。故此，在天主以內，對於生存，不包含任何程度的潛能性或虧虛。

生存境況分兩個。一是潛能與虧虛，一是現實與盈極。單論個體，時而潛能，時而現實，時而虧虛，時而盈極的物體，在時間上，都是先是潛能與虧虛，後是現實與盈極。雖然如此，但泛論一切物體，絕對的說，現實和盈極，先於潛能與虧虛，因為潛能與虧虛，無力自動，引自己入於現實和盈極的境況，必須被動於生存現已充實盈極的某某原因。故此，凡是對於生存，含有若干程度的潛能或虧虛的實體，都有某某實體，在自己以前，先有了生存的現實：簡言之：含有潛能的實體，都生於某某原因。今請回憶，天主是第一實體，又是第一原因；前者均已證明；故此，在自己以內，沒有任何潛能或虧虛的夾雜（祂是純現實和純盈極）。

再者，本體是必然生存的物體，絕對不能有可能性的生存，因為本體必然生存的物體，沒有另一物體作自己生存的原因。有可能性生存的物體，卻都有原因。能有能無者，不自有自無，都另有原因，促之使有，或促之使無。上面已有證明（回看前章）。天主的生存，是本體必然的生存；故此絕對不是有無兩可的生存。為此，在祂的實體內，找不到任何一點潛能或虧虛。

再者，每個物體，發出動作，都是以自己現實盈極的生存為根據。生存現實尚不盈極無缺的物體，不是用自己的整體，發出動作；而是用自己的某某部分（能力或器官）。這樣的物體，自己直接，不是自己動作的、第一發動者和主體。因為它的動作，不是本體動作，而是從另某主體，分賦而來的動作：依靠那另某主體，作自己動作的原因。天主，是本體動作的第一發動者。故此不含任何潛能性的攙雜。天主是純現實，是純盈極（盈極便是盈滿至極）。

此外，每個物體，本性生來，充其生存現實的盈極程度，發出現實動作（去變動外物）；依同樣的比例，也是充潛能和虧虛的容量，受變動於外物：因為，變動，依其定義，是潛能物體，在潛能中，生存境況的現實：即是實現潛能，充實虧虛的進行，正在進行中的境況之現實；它用其潛能和虧虛的容受力，受動於外物。然則，天主，按上文已有的證明，完全沒有受動的可能，也是完全不受變化的。故此，祂沒有絲毫的受動潛能；沒有絲毫虧虛的容量或容受力。

還有一個理由如下：宇宙間，有某物體，它的生存境況，出無入有之時，是從潛能和虧虛的階段出發，進入現實盈極的階段：這是吾人有眼俱見的事實。那樣的物體，無力自動從潛能的階段，轉移到現實的階段，因為當它在潛能階段中的時候，它還沒有生存的現實，因此還沒有發動的能力。故此，必須預先另有現實生存的發動者，來催動它，將它由潛能的階段，引入現實的階段。再如此往上推究，如果那個發動者，也是由潛能進入現實的一個物體，便也必須肯定，在它以前，先有又一個原因，來引它進入現實。這樣往上推究，不能推至無窮，永無止境。故此，必須肯定，推到最後，有某實體，它的生存條件，只是現實和盈極，在任何程度和方式之下，全不包含任何潛能與虧虛。它純是生存現實盈極的實體。這正是吾人所謂的天主（故此，天主的實體，及其生存條件以內，完全沒有被動的潛能，也沒有任何被充實的虧虛）。

評註：盈滿至極，簡稱盈極。直指形下。轉指形上。和虧虛相對。盈極分程度高低。盈極程度越高，虧虛程度便越低。盈虛消長，互成反比例。純盈極，至高無上，至真至實至善。純虧虛，缺乏真實和美善，也缺乏到極點。盈極是現實：現前充實。虧虛是潛能：空虛的容量有受到充實的可能。

第十七章　物質、純潛能、純虧虛

從此，也可以明見天主不是物質：

因為物質，是潛能的物體（天主卻是純粹現實毫無潛能的物體）。

再者，物質不是動作的因素：因此，根據大哲（《物理學》卷二，七章，一九八頁左二五），物質不得是作物的原因；無力創作或製作。按上面已有的說明，天主卻正是創作萬物的原因，並且是（至高無上的）第一原因。

再加一個理由。在前提裡主張，推原本始萬物的第一原因是物質的人，在結論裡，必須稱認自然界萬物的存在，都是偶然的。大哲亞里斯多德證明瞭他們的意見錯誤。詳見《物理學》卷二（八章，一九八頁右至一九九右）。假設天主是萬物的物質原因，祂既是第一原因；故此（萬物的第一原因，是物質原因），那麼，結論將是：萬物的存在，都是偶然的（這個結論，是錯誤的，故前提是錯誤的）。

再者，物質，除非受改變和變動，不會是任何現實物體的原因（彷彿是食料，質料之類）。既然按（第十三章）已有的證明，天主不會受變動；故此，無任何方式之下，萬物能用天主作自己的物質原料。

公教信仰，宣證這個結論的真實。聲明天主造生萬物是從無中造生，不是用自己的實體作物質原料，從物質中造生。

在這一點上，足見狄南德（David of Dinant）意見的荒謬狂妄。他竟敢主張，天主和第一物質，沒有分別。他（在前提裡）根據的理由如下：

（他用反證法進行第一步）先假設天主和物質有分別，然後逐步往下推：既有分別，故各有分異因素。實體以內加上分異因素，便組成兩個成分，合構的一個物體。故此（物質的實體是組合的），天主的實體也是組合的。這都是錯誤的：因為天主的實體是單純的（物質、在第一物質內，也是單純的）。不能有其他分異因素的混雜。既互無分異因素，可以分辨，故此兩者相同：天主就是物質（物質就是天主）。

狄南德理論錯誤的原因，是他沒有認識分別的相對和絕對。按《形上學》卷十（九章，一五四頁三十），所有的定論，相對的分別，屬於關係的範疇，相關的兩端，因有某某分異因素，彼此發生分別的關係；同時異中有同：兩端在互同之點上，也有互同的因素。例如同類之下，分別出許多種。同類各種，為能彼此分別，必須在互同因素上，加種別的互異因素。這樣的分別，是相對的分別；和絕對的分別，不可相混。相對分別，是異中有同，同中有異。

絕對分別，卻是異中無同。絕無互同之點。兩物，本體完全不同，在本體以上，不應再找尋分異因素。例如：兩物不同，不但同類不同種，而且種不同、類也不同，各自都無共同的類要素，作自己性體的成分；定義裡面，也不包含共同的類名。兩者如此，既是本體不同，故無分異因素再加之需要。

天主和物質的分別，就是這樣絕對的分別。天主是純現實，純盈極；物質是純潛能，純虧虛。這裡所說的物質，是就第一物質而言。天主和第一物質，互有絕對的分別，沒有任何互同之處。故無類同因素和種別因素，兩者的組合。

第十八章　實體單純精一：純生存

前面已證的一切作前提，足以推出另一結論，就是：天主以內，無任何組合。天主是單純的：純粹精一的。

理由是：因為在每個組合而成的物體中，必須有盈極和虧虛兩個因素。盈極是現實圓滿。虧虛是虧乏、空虛，是有容受力的潛能。兩個或許多成份，不能合成一個物體，除非在此物體中，有某一個成分是盈極（成分），另一個是虧虛：組成盈虛配偶的合一：構成絕對統一的一個本體。否則，假設兩個成分，都是盈極物體，不能結合成一體，僅能不過好像是繩綑，膠黏，或群體團結之類，構不成本體的統一。縱令如此，連在這樣無本體統一的結合中，那些結合的單位，或分子，對於那全體的結合，仍有潛能對現實，和虧虛對盈極的關係：因為它們未結合以前，先有結合的可能性；然後，結合起來，便是由可能變成了現實：由無結合的虧虛狀態，轉入了結合完善的盈極狀態。足見它們每個單位自身，包括著這樣一些潛能性，和虧虛性。

說到這裡（請回憶第十六章）須注意：在天主以內，沒有任何潛能和虧虛。故此，在祂以內，沒有任何分子的組合。

再者，就先後關係論，在許多成分組成的合體中，先有成分，而後有整體。天主，卻是至先無上的，最先物體，不後於任何其他物體；故此，不是由任何成分，合構而成的物體。

再一說，凡是合成體，都能分散，除非有阻擋。能分散的合成體，有不生存和不存在的可能。天主，是本體必然生存的物體（回看第十五章），不得又有不生存的可能。故此在天主以內，沒有任何成分的組合。

再加一個理由：凡是組合，都需要有某組合者。既是組合，故有許多成分。本體分立的許多成分，除非有組合者，來組織結合，自己不會合聚起來，組成一個物體。假設：天主是許多分子組成的合體，祂也要有一個組合者。合體不自合，必另有原因。任何物不能自己作自己的原因：那等於自己先於自己：先有於自己未有以前，那是不可能的。所謂「組合者」，乃是製作「合成體」的作者，是一個有創造力的原因（彷彿是工匠或技師）。假設：天主的實體，是由組合者組成的合體，既有組合者，必有創造者，不能又是萬物的第一原因了。第一原因，創造萬物，自己不受創造於任何物。回看第十三章，這是那裡已經證出了的結論。

還有一個理由。在任何每一物類之中，個體有許多，貴賤分高卑；本體越高貴，分子越單純，例如在熱類之中，火最熱：即是純熱：不夾雜任何冷的程度。那麼，在生存之類以內，生存程度，高貴至極的那個物體，也是所有一切物體中，在生存上，單純至極的；在生存以外，沒有任何其他分子的混雜。生存程度，高貴至極的物體，乃是吾人所謂的天主。故此，祂的實體不能有任何分子的組合（天主的本體純是生存）。

此外，還有一個理由。凡是合成體，所有的美善，不屬於這一部分或那一部分，而是屬於整體：以整體為主體。此處所說的美善，是整體所有的精美完善。在這個觀點下去比較，對於整體說，各分子都是不完善的。例如人的各部分，不是完善的人。六個是半打。半打以內一個或數個，不夠六個，便不是全數不缺的半打了。又例如長度，一尺是十寸，不滿十寸，便不是滿尺。各種程度或度量，都是如此。

假設天主是許多分子合成的整體，祂本體的精良美善、即應是在祂的整體，而不是在任何某一部分；那麼，祂也就不得再有祂本體固有的那個純善純美了。故此，天主不是第一美善，和至高無上的美善了。這是不可能的。故天主實體不能有分子的組合。

再加一個理由：聚少成多以前，必先有少不可分的至一。合體以內，都有部分的眾多。那麼，所有一切合成體以前，必先有至一：至純至一，無分子的組合。萬物以前，惟有的至一，是（我們所說的天主）。故此，天主至純，全無組合。純一之數，是萬數之始。純一之體，是萬物之原。

第十九章 敵體與客體

從上面的定理，大哲（《形上學》卷四，五章，一一五頁左一）推證出了另一結論，就是：天主實體以內，沒有敵體和客體，也沒有違性，或性外的任何事物。

敵體，是用暴力或迫力，侵入的物體：是違反主體的本性的。客體，是本性以外的物體，不屬於本性，也不違反本性。勿論敵體或客體，都非天主實體以內所能有。理由如下（敵體例如病菌、槍彈、毒素。客體例如寄生蟲、胎兒）：

任何主體內，所有的任何敵體和客體，都是外來的物體，附加在主體的自身以上；否則，主體自身固有的任何成分，都不能是敵體或客體。另一方面，凡是單純的物體，在自身以內，沒有任何附加物；有了附加的物體，便有組合，便不是單純的了。按前章已有的證明，天主是單純的，故此，在天主以內，不可能有任何敵體和客體。

再加一個理由：強迫的必然，是被迫於外物的必然。在天主以內，不包含任何被外物強迫而有的必然性。反之，天主的必然性，是自己本體固有的，並是其他物體必然性的原因（回看第十五章）。故此，在天主以內，沒有任何被強迫而容納的物體（物體包括事體，泛指事物）。

還有一個理由：凡是敵體，都是主體本身所應有一切以外的某某物體：是主體所不宜有的：因為敵體是違反主體之本性的。在天主以內，不可能容受任何這樣的敵體：因為按前面（第十五章），所有的證明，天主生存的必然，是以自己的本體為根據。

再者，容受任何敵體或客體的主體，本性生來有被變動的可能。所謂「敵體」，或「被強迫而作的事情」等等，都是來自外在的因素，主體容受它，完全出於被動，自己不出任何助力（參考《道德論》卷三，一章，一一〇頁左）。天主卻是完全不被動的。明證見於前面（第十三章）。故此，天主以內不可能有任何敵體或客體。

依同理，天主以內，不能有任何被迫而生的事情，或本性所不須有的事情（例如拂性的情意、動作等）。

第二十章　形體

用上面已證明瞭的定理作前提，還可證明天主不是形體。理由如下：

凡是形體，都有廣展連接的體積，是合成體，並含有許多部分。天主卻不是合成體，證明見於第十八章。故此，天主不是形體。

此外，凡是數量，都在某某程度及方式下，是有潛能的，體積的度量有可分的潛能，可分成許多部分，並可分至無窮。個數多少的數量，有可加的潛能，可以加多，也是可加到無限：沒有止境。凡是形體，都是有數量的：故此都是潛能的。天主卻沒有潛能，和潛能性的虧虛，反之，祂是純粹現實，純粹盈極。證明見於前面（第十六章）。故此，天主不是形體。

此後，假設天主是形體，必須是自然界的某某形體，不能是理智界，數學裡所談的形體。按大哲（《形上學》卷二，五章，一〇〇一頁右至一〇〇二頁左），已有的證明，數學所談的形體，不是《物理學》所談的，自然界，本體獨立生存的實體，而是這個實體所有長寬高厚等類，體積、面積種種附性。這樣的幾何學所談的立體，不會變動，但不是本體自立的實體。天主卻是本體自立的實體，故此，不是幾何學所談的立體。

同時，天主也不是自然界的形體。《物理學》所談的此類形體，都是有變動的，並且是被動而動。天主，卻不是有變動的，也不是被動而動；證於前面（第十三章）；故此，天主不是形體。

加之，凡是形體，都是（體積和數量）有限的。天上旋轉的形體，和地上直升直降的形體，都是如此；證於大哲所著《天體與宇宙論》卷一（五章，二七一頁右二七）。吾人用靈智和想像，足以超越任何有限的形體：想出更高大，更美好的來。故此，假設天主是形體，吾人的靈智和想像，便能想出比天主更高大美好的形體來。如此，天主並不大於吾人之靈智。這是不適當的。故此，天主不是形體。

此後，須知靈智的知識，在真確的程度上，勝於覺性的知識。覺性能知覺的事物，既實有於自然界，故此，靈智慧知的事物也實有於實有界。能力的品級和秩序，根據對象的品級和秩序；能力互相分別的標準，也是根據對象互有的分別。故此，在覺性知識所能知的一切事物以上，尚有靈智可知的事物，實有於（心外的）自然界。凡是自然界實有的形體，都是覺識可知的。故此須承認實有某一實體，在高貴的程度上，超越所有一切形體（此即天主，或天神，或靈魂）。但是假設天主是形體，天主便不復高於形體，更不能是至高無上，至大無外的第一實體了。這是錯誤的。故天主不是形體。

此外，在高貴的程度上，將生物與無生物相較，前者優於後者。但在一個生物以內，請將其生活與其形體相較，生活優於形體。生物優於無生物的原因，不是形體而是生活。故此生活優於形體。依此比較，可知最高貴無比，優越無比的實體，不得是形體。那樣的實體是天主。故此，天主不是形體。

再者，許多哲學家，從「變動永遠說」出發，也找到了許多理由，為證明同一結論。論式如下：在變動永遠的事件裡，第一發動者必不能被動而動，既不自身被動，也不附物被動。明證於上面（第十三章），舉出的種種理由。天體旋轉運動永不止息。故其第一發動者，既不自身被動，又不附物被動。凡是地方移動的形體，都是被動而動，沒有例外，因為發動者和被動者，必須同時並在，發生動力的接觸：如此，發動的形體，必須先被另一物推動，好能接近自己要推動的形體，並和它在一齊，同時一個發動，一個被動。形體內的動力，沒有不附物被動的：因為，形體被動而動時，它內部的動力，也便依附著它，隨著被動。為此一切，天體的第一發動者，既不是形體，也不是形體內的動力。天體運行，被動而動，歸結到最後，所有的那個不被動的發動者，是必須實有的一個原因，並且是自立生存的實體。它就是天主。故此，天主不是形體。

還有一個理由，論式如下（大前提）：凡是無限的能力，都不寓存在體積以內。（小前提）：第一發動者的能力是一個無限的能力。結論：故此它不寓存在體積以內。天主是第一發動者，也就是因此，天主既不是形體，又不是寓存在形體以內的能力。這裡所謂的「寓存在體積以內」，就是「以形體，體積大小，作自己依附所在的主體」的意思。

補證（大前提），用兩難的反證法：假設有某體積的能力是無限的，故此它或是有限體積的能力，或是無限體積的能力。體積都不是無限的，證見於《物理學》，卷三（五章，二〇四頁左十）；及天體和宇宙論，卷一（五章，二七二頁右）。有限的體積，不能有無限的能力。如此兩下裡推究，足見無任何體積能有無限的能力。

補證方才說的「有限體積，不能有無限能力」，議程如下（華蒂岡多瑪斯親筆殘篇始於此句）：（大前提）：為產生同一功效，能力越小則用時間越大，能力越大，則用時間越小。不拘它是那一種變動，所產生的功效：或是品性上、變質，或是地方上、變位，或其他任何變動與動作。

（小前提）：無限大的能力，更大於任何一個有限的能力。

（結論）：故此，無限大的能力，動作起來，無限迅速，完成功效，所用的時間，小於任何有限的能力，小得不能再有更小的。那就是說，所用的時間是分至不可再分的一閃之間。兩個形體相互發動和被動的歷程，也應是完成於一閃之間：沒有時間先後段落的繼續。

反駁結論：以上所得的結論，是錯誤的：因為它違反《物理學》卷六（三章，二十三十三頁右三十三）已證明了的定理。

反駁大前提：結論既錯，前提必有一錯，不是小前提，故是大前提。大前提是兩難反證法最前面的假設：「有某體積的能力是無限的。」這是錯誤的。它的反面，必是真的：「沒有任何體積的能力，是無限的。」

為補證「有限體積的無限能力，發出動作，不能用任何長的時間，不得不迅在一閃之間」，還有以下這個論式：

請用甲（線）作符號，代表無限大的能力，（屬於某有限的體積）。並請用甲丙這一段落、代表那個無限能力的一小部分。這一小部分能力、（為完成同樣的功效），發出動作，要用更長的時間。這一段時間，計算起來，和那無限能力全體所用的時間，有固定比例數的差別：因為依原有的假設，兩方所用的時間都是有限的（雖然無限能力，用的時間，極短以至於不能再短，但仍有個最短的長度）。茲假設：兩方時間長短的比例，是十對一：為構成這裡一個有效的論式，取十對一的比例，和取其他任何差數相對的比例，都沒有分別。因為，比例的定律相同：有限的能力越增大，所用的有限時間，也便按比例的定量，越減小。既然如此，請將能力加十倍之多，它在動作上，所用的時間，也就減到短十倍。這十分之一的小時間，正等於無限能力所用的甲丙那一段時間。十倍大的那個有限能力，仍是有限的；因為它有比例定數的差別。如此總結計算，所得的最後比例數正是：在同長的有限時間內，有限能力和無限能力，發出同樣的動作，產生同等的效果。這是不可能的（這是數理的極大錯誤）。結論既錯，前提必錯。生這個結論的前提不是別的，乃是原有的假設：「有限體積的無限能力，用時間，發出動作，產生功效」。這個命題是錯誤的，它的反面必是真的：「無限能力，不屬於有限體積，動作起來，也不用時間。」換言強調譯出之：「有限體積的無限能力，不拘在任何某一時間都不能展開動作。」（親筆殘篇終於此）。

第一發動者的能力，是無限的。證明如下：（大前提）無任何有限的能力，能發出時間無限長的動作。第一發動者發出的動作有無限長的時間，因為它產生的第一（天體的）運動，是永遠的。故此，它的能力是無限的。

補證（大前提）：用反證法：假設有某形體的有限能力，發出時間無限長的動作，它形體的一部分，既有一部分能力，便要發出時間較短的動作；因為能力越大，便能繼續運動更長久的時間；如此，上述的那一部分運動的時間是有限的，部分越大，動的時間便越長久。依此比例，雙方增加到某某倍數，或加到和原有的全量相等，或甚至超過全體的總量。但依原有的假設，全體的運動是時間無限長久的。那麼，有限的時間，竟和無限的時間，長度相同了，（或甚至比無限時間，還更長）。這都是不可能的，足見有限的能力，不能有無限長的運動。上面的議論，有許多疑難，需要分析解答：第一個疑難：上面的論證是以形體可分為出發點。天上的形體，顯然是不可分的：不會被分裂成許多部分。故此，可以肯定，那第一個被動而動的形體，是不可分的。故此對於第一形體，上面的論證失效。

解答如下：假設句，（是引隨句，有前後兩句，前引後隨，是用「則、便」等等字樣，作接辭，指出兩句之間的引隨關係。這個關係的真實存在，是假設句真實的所以然。它的真實與否，不在乎前後兩句，分開單獨看來，是真或假；合起來，專注意引隨關係），前項的引句，即便是不可能的，整個假設句，仍能是真的；也就是為此，既然上面那個假設句是真的，所以，否定其真理的任何論句，必是不可能的。例如（假設以下這個假設句是真的）：「如果人飛在天空，人便有翅膀」。另一任何論句，如果否定它的真實，那另某論句，便是不可能的。上面的論證程式，這樣懂去，便有反證法的效力。因為，「如果天上形體，是可分的，它的一部分所有的能力，便小於全體的能力」，這個假設句是真實的。推到議程的末段，推出了另一些論句。它們果然破壞這個假設句的真實，故此它們都是不可能的。但它們的前提正是「第一發動者（天主）是形體」，故此顯然這個前提是不可能；同時這就是證明瞭顯然「天主不是形體」。

上面的疑難，還可以生自有限能力的增加，因為在自然界，能力的增加，不是根據一個時間和隨便任何另一時間，互有的比例。這樣增加的假設，是不能成立的。這也就是疑難的要點所在。

解答的辦法同上。自然界，能力是否如何增加，與本議程全無關係。所需要的是以下這個假設句應是真的（依理而論、它是真的：「如果能力越大，運動的時間越久，雙方正比例，越加越多，便可多到等於全體或超過全體」）。這個假設句是真實的，故此議程有效。

第二個疑難：縱令形體是可分的，某些形體有某種能力，形體分開成部分以後，能力不隨著分開，例如人的靈魂不隨著肉身分成許多部分。

答覆：本處原有的議程，目的不是證明天主不得結合形體，如人靈結合人身；而是證明天主不是寓存在形體內的能力，如同物質力量，寓存在形體以內，（即是以形體為主體，例如火之熱力）。這樣的物質能力，隨形體的分割，而分割。本此定義，論到人的靈智，吾人也公認它不是形體，也不是寓存於形體以內的物質力量（參看本書：卷二，第五十六章）。至論天主不如同靈魂一樣，結合肉身，下面另有理由證明（參看下面第二十七章）。

第三疑難：按上述議程之所證明，任何形體的能力，都是有限的。無任何物體，用有限的能力，能長存至無限長久。從此而生的結果是，任何形體也不能長存至於無限長久。如此推論，必說連天上形體也要非敗亡破滅不可。這樣的說法，有違於大哲的名論。這又是一個非同小可的疑難。

為解答上面的疑難，有些人說：天上形體，按自己的能力，可以衰老敗亡，但仰賴另某能力無限的原因扶持，遂得永久長存。看來，柏拉圖的意見，似是佐證這樣的答案。在所著《廸麥午對話集》（迪麥午，Timaeus）（《宇宙論》四一頁），曾舉出天主，論天上形體，說過以下這些話，天主說：「按你們的本性，你們是會消散的，因我的意志扶持，你們卻是不會消散的：因為我的意力大於你們的結構。」（結構指分子的結合和體製的構造）

大註解家（亞維羅《形上學》，卷十一，註解第四十一另版卷十二），不贊稱上面的答覆。按他的意見，本身可能不生存的任何主體，從另一主體，領取永久的生存，是不可能的。否則，必致於說可朽竟要變為不可朽了。根據他的理論，這是不可能的。為此，他提出另一個答覆如下：

他說：在天上形體以內，所有的能力，都是有限的。但不必須說它們有各種的能力；因為，根據亞里斯多德《形上學》卷八（卷七，四章，一四一四頁右八），天上形體以內，對於處所有能力，對於生存無能力。如此，對於不生存，也必定是沒有能力（天體有運行的能力，沒有生死）。

須知上面亞維羅的答覆，理由不充足（華蒂岡多瑪斯親筆殘篇始於此）：因為，雖然天上形體以內，對於生存，沒有能力，但這樣所謂的能力，只是指「因被動而領受生存的能力」，這乃是潛能和虧虛：並且是物質的潛能和虧虛；（天上形體，是永遠的，故此不是被動或受變化而產生的：只是本此意義可以說「它們對於生存，沒有能力」）；然則，它們是自己發動，動作能力的主體，依同樣的主動能力，它們也有生存的能力；這樣的生存能力，是和動力相類似，不是和潛能相類似。在所著天體和宇宙論，卷一（三章，二七〇頁左一九；十二章，二八一頁右），亞里斯多德明說：「天體有能力，為永久生存」（生存，意義寬廣，有生物的生存是生活。無生物的生存，不是生活，只是生存）。

為此，更妥善的答覆如下：

潛能對現實，虧虛對盈極，是相關的（潛能與虧虛，應合用互訓，共指一回事。現實與盈極，亦然）。照此，為能斷定潛能與虧虛的意義，必須根據它們相對方面現實與盈極的種類和情況。變動，是一個歷程，根據它的定義，包含數量，並包含寬展或延長，因此，為能長存，至於無限長久，需要被動於能力無限大的發動者。

生存和變動不同（在寬廣而高深的意義下，生存，從實體的根底最深處，建立實體：是一切實體所必有。在此意義之下），生存不包含任何數量或寬展延長等等；在生存不變，恆久如一的實體中，尤是如此。此類實體的生存，是沒有變化或變動的，例如天上形體。既然沒有數量或寬展之可言，便無久暫之可分。它用自己的能力，或生存於一閃之短瞬間，或生存於無限長的時間內，都和生存的本義無涉。自身不受變化的生存，本身不受時間的接觸：超越時間，除非為了（實體的物質或其他外在的），偶然的牽連，不干涉到時間。為此理由，在有限的形體以內，它的生存能力，雖然能長存永遠，仍不必須是一個無限的能力。如此，便應仍保持原有的定論：任何形體的（生存能力及動作）能力，都是有限的，雖然同時又有永遠長存的能力。永遠長存的能力，是佔住時間的永久耐力，不是超越時間的生存能力。生存能力的有限或無限，和佔時間的有限或無限，沒有必然的連繫：而是偶然的！（親筆殘篇終於此）

第四個疑難：有些發動者，發動之時，不因而受到任何變化。看來，它們為能發動無限長久，並不需要無限的能力。因為這樣的發動，絲毫不消耗它們的能力。動了一些時以後，仍能再運動同樣久的時間，如此繼續不停：例如太陽的力量是有限的；並且能向下界諸物發出（光照、煦暖等等）動力，根據本性，永久不歇，因為它的動力，不因發出動作，而減少（太陽不會力量涸竭）。

解答如下：形體發動，無非被動而動。前者已有證明。任何形體，如不被動，便不自動。凡是被動的物體，都有對立的可能性：因為「動」的終始兩端，是衝突對立的。也就是為此，凡是被動而動的形體，也可能不被動，故本體不必定永久被動；也就不必定永久發動了。

如此，關於「有限形體的有限能力不能無限長久的自動」這個論句，上面所有的證明，現在便能暢行無阻。但是，本體能被動也能不被動，能發動也能不發動的形體，能從另某實體，領取永久不息的運動。那另某實體，必須是無形質的。為此，第一發動者，不是形體。那麼，有限的形體，既從另一實體領得永久不息的被動之動，便根據自己的本性，無防發出永久不息的發動之動。因為，連那天上第一形體，按其本性，能發永久不息的運動，旋轉低級各層天體，上層天球推動下層。

本身能被動，也能不被動，能發動，也能不發動的主體，從另一實體，領受永久不息的運動，按大註解家的意見想去也就沒有什麼不適宜的了。有限的形體，固然，不能本性有永遠的生存，也不能從另一實體領取得來。運動和生存不同，故不能相提並論。理由如下：

運動或變動，是效用的流行：發於發動者，入於被動者。被動的形體，故此，可能從有力的發動者，領受它本性本體所沒有的，永久運動。

生存和運動不同。生存，在其主體以內，是一種固定而靜止的事物（！）。故此，本體，對於不生存，含有可能性的物體，依其本性，按亞維羅的名論，由本性的途徑，不能從另一實體、領受永久的生存。

第五疑難：無限能力，不能寓存在體積以內，既如議程，依同理，似乎是它也不能寓存在體積以外：因為，無論在內在外，作用相同：都是不在時間以內發出動力。

解答如下：有限和無限，在體積、時間和運動上說話，有同類的意義。證於（《物理學》卷三，四章，二二頁右三十；卷六，二章，二三二頁左二七；七章，二三三頁左至右二十三）。故此，在三者之一的無限，必定不能和其餘兩者的有限發生比例。同類（度數）的有限和無限，是矛盾不相容的。但是在沒有體積和形質的事物中，有限和無限，兩個名辭的意義和上面的「有限和無限」，是全不相類的。因此，議程中的論式和理由，對前者有效，對後者卻無立足之餘地。（華蒂岡多瑪斯親筆殘篇始於下句）：

另有一個較好的答覆如下：天體運行，有兩個發動者，一個是切近者，一個是疏遠者。切近者，能力有限，是天體運行，速度有限的原因。疏遠者，能力無限，能使天體運行無限長久。如此，可以明見，無限的能力，雖不在體積以內，但能間接發動形體在時間內運行。體積以內的那個能力，直接推動形體，因為凡是形體，沒有不是被動而動的。因此，那個能力，既是無限的，如果是發動的便不是發在時間以內。

還能更妥善的說：不在體積以內的那個動力，是靈智（實體，Intellest），它用意力，發動（天體的運行），是按照被動形體的需要，不是按照自己能力的強大。在體積以內的那個動力，只得是順著本性的必然，推動（形體）。別處已經證明瞭，靈智（實體及能力），不是物質形體的能力。它的發動，必定是根據自己能力的無限強大。因此，它的發動，是發在一閃之間。

根據這裡的理由，消除了上述的疑難，亞里斯多德的證明及其議程，便可暢通無礙了（親筆殘篇終於此）。

再加以下一些理由，為證明原來的命題，即是：「天主不是形體」：凡是有形體的發動者，所發出的運動，都不能連續不斷，也不能規律一致：因為形體在空間移動，運動別的形體，或引動，或推動，或相吸，或相拒。被吸引或被推拒的那個形體，對於發動者，所有的關係，不是始終一致的，有時近，有時遠，近者越來越近，遠者越去越遠；如此，無任何形體能發出連續不斷，規律一致的運動。但是，第一（天體的）運動，是連續不斷，規律一致的運動，證於《物理學》卷八，（七章二六一頁左二四）。

再加一個理由：凡是有終點的運動，由潛能和虧虛的階段出發，進入現實盈極的階段；都不能是永久不息的，因為一達到了盈極的終點，必定息止。故此，第一（天體的）運動，既是永無止息的運行，它所追求的目的，必須是一個永遠生存在完善至極，純粹至極的，盈極境況中的實體：全不包含任何程度或任何樣式的潛能或虧虛：簡言之，它應是一個純粹的現實盈極。這樣的目的，當然不是任何形體，也不是任何寓存在形體以內的物質力量：因為凡此一切，都不是第一發動者，而是被動者，或自身被動，或附物被動。

故此，第一（天體的）運動的目的不是形體，也不是形體內在的力量，而是第一發動者：它不是被動而動，而正如同是被追慕而引動。這個被萬物追慕而引動萬物的第一發動者，乃是天主。故此天主既不是形體，也不是形體內在的能力。

說到這裡，有一點特應注意，就是：根據吾人信仰，「天體運行，永無止息」之說，是錯誤的，詳見本書，卷四，第九十七章。雖然如此，須知天體運行疲乏而止息的原因，不是發動者能力萎弱或消失，也不是天體自己實質損壞或敗亡。這是真的，因為天體運行，經過了長久的時間，似乎是並沒有緩慢下來的趨勢。本此理由，假設無拘如何，天體的被動而動是永無止息的，亞里斯多德在議程裡，提出的那些證明，仍不失其效力（如此，天主既是不被動的發動者，又是永遠的，故此，不是形體：而是神體）。

《聖經》上天主的啟示，在宗旨和意味上，和上面（用理智的明證法），證明的真理，是相合的：《若望福音》四章二四節，吾主親口說：天主是神體，恭敬祂的人，也就應當在（心中的）神靈和真理以內，恭敬祂，聖保祿《致弟莫德第一書》，一章十七節：稱揚天主是「萬世的永生之王，無形、不可見的，惟一無二的天主」。《致羅馬人書》一章二十節：「人因天主已作成的工作，用靈智（以）領悟並明見，天主無形可見的諸般事理」；肉眼不能見，靈智慧明見的一切，乃是沒有形體的（神界事物）（天主已作成的工作，是全宇宙的天地萬物，見於《創世紀》首章）。

「天主不是形體」。這個定理，足以破除歷代許多人的錯誤：最古的「自然哲學家」，只舉出了物性的物質原因，例如水、火、（氣）、或類此的某物質（原素）。他們給這些物質原素，定名為萬物的第一原因或因素，並且稱之為「神」，有許多物質原素，故有許多天主，或許多神。還有幾位自然哲學家，主張物體間相吸引和相排拒的力量，是兩個「發動原因」，前者叫作友愛，後者叫作鬥爭；是形體內在的兩個力量，故此，根據這些人的意見，萬物的第一發動因素，也是物質力量；為了上述的種種理由，這樣的意見，也是錯誤的。他們還主張，天主是四原素和友愛，合組而成的化合體；言外是說，他們主張，天主乃是天上形體（包裹地上萬物的碧空圓頂）。古代只有亞納撒（詳名亞納克撒高拉斯，Anaxagoras），接近了真理，主張萬物的發動者，是一神智。許多教外人，主張宇宙的物質成分，及此成分內在的力量，都是神；例如太陽、月亮、地上、水及其他類此的物體。這樣的主張，也是以上述古代哲人的錯誤，為起緣，也受本處理證，足以批駁之。此外，猶太愚民、瓦淀人——指瓦淀人德多鄰，Tertullian the Vodiani（審校者註）、或神人同形說的異端人、以及德多隣、（著作家）等人的思想錯亂，幻想天主有形體或肉身的身材狀貌。還有摩尼教人（Manocheans）想像中，認為天主是一個光明的實體，偉大無限，佈滿無限的空間。類此一切的主張，都是本章所有理證之所不容。

上述各家錯誤的起緣，是思議天主的（神界）事理，陷入了想像的歧途。想像力（是覺性的一個知識能力），不足以領略形體像貌以外的事物。為此理由，在深思無形體的（神界）事物時，必須脫離想像。

性體：生存的本體

第二十一章 實體與性體

從上面已證的定理，作前提，還可進一步，證明出來：天主是自己的性體、本體、本質或本性（essence，guiddity，nature）。天主的實體便是自己的性體。

凡是物體以內，主體如果不是自己的性體，在自己實體的構造裡，必有主體與性體的組合。因為，若不然，在那物體以內，除了它的性體以外，沒有任何其他；那麼，它的整體，別無所是，只是它的性體：如此，它的實體，便不是性體與主體之合；而只是自己的性體本身。故此，如果有某物體，它的實體不是自己性體本身，它便必須在自己性體本身以外，另有某某成分；並且為此理由，在自己實體以內，有構造的組合。本此理由，在組合體內，性體二字的意義，也是指示它的一部分：至少彷彿是指示一部分，決然不是指示整體；例如「人性」二字指示此某人所有的「人之性體」：彷彿是他實體內的一部分。（人有人性，猶如牛有牛性，甜物有甜性）。

但是，已經（在第十八章）證明瞭：天主實體單純，不含任何組合。故此，天主的實體，（不是性體寓存所在的主體）而是自己的性體本身。

還有一說：只有不入於事物定義以內的那些成分，才似乎真是事物性體或本質以外的成分。這些成分，只得是附性成分：附加在本體以外。然則，按下面（第二十三章）的證明，天主沒有任何附性，或附加的成分。在天主以內，除了天主的性體以外，沒有任何其他。故此，天主是自己的性體本身（例如：假設天主是甜的，天主不是像糖一樣，在物質主體內，含有甜味或甜性，而是甜味或甜性自身：沒有任何主體）。

再加一說：有一些性理，或形狀條理，或類此的抽象名辭，或在公名泛稱的意義之下，或在私名專指的意義之下，都不能給自立生存的個體或實體，（具體名辭），作賓辭，例如：在事實上，吾人不可說：「蘇格拉底先生是白色」，也不可說：「人是白（色）」；或「動物是白」：因為這樣（抽象）的名辭，所指的性理、形狀或條理之類的「理」，自身沒有自立獨有的個體化生存：在生存的實際，不是自立的個體。例如「白色」，不是自立獨存的個體，但因依附自立的某某主體，自己才有了個體化的存在，成了個體化的（例如這片雪是白的）。

同樣，自然界，各種實體的物性，及其性理，自身沒有個體獨立的生存，不是個體；但寓存在自己固有的物質以內，便因此，成了個體化的。本此理由，吾人不得說：「這一團火是火性」，也不說：「火是火性」。

類名，或比類名較狹窄的種名，所指的類性，或種性等等性體，或本體之所以然，也是用此某，或彼某個體，塊然指定的物質，作自己個體化的因素。同時須知：類性是全類共有的公性，種性是全種共有的公性，類公性或種公性，既是公性，便不兼指個體物質，但必須兼指泛稱的物質，仍不失為抽象的性理：故不能給具體的專名或公名作賓辭。例如同上，不得說：「蘇格拉底先生是人性」，也不得說：「人是人性」。

但是，請回憶前面（第十七章）的證明：天主的性體——現今使用的名稱是「本質」essence（審校者註）是自立獨存的實體，並且自身有個體化的生存：自身是一「個體」。故此，天主的性體，及其名辭，可給天主作賓辭，例如說：「天主是天主的性體」，或說「天主是天主性」，或說：「天主的實體，便是天主的性體」等等論句，都有真實的意義。

此外，某物的性體，或是那某物自身，或在某某方式之下，對於它發生因果關係，作它實體成立的原因：因為事物，因自己的性體，分賦本種共有的種性、實體及生存。但是，請回憶（第十三章）已經證明瞭天主，不拘在任何方式之下，絕對不會是任何原因的效果，因為天主是先於萬物的第一實體（第一實有物，第一物體：萬有真原）。

再者，如有某物體，它自己的實體，不是自己的性體，它對於自己的性體，在自己的某些成分或方面，便有潛能虧虛對現實盈極的關係：用自己潛能的虧虛和容量，領受性體的充實盈極。為此，性體二字的意義，在某些方式或程度之下，和「性理」、「條理」等名辭的意義相彷彿，例如「人性」，人之實體內，有人性，猶如人性內，肉身有靈魂：肉身是人的物質成分，靈魂卻相當於性理。肉身對靈魂，人對人性，都是潛能對現實、虧虛對盈極的關係。但是，按上面（第十六章）的證明，在天主以內，沒有任何潛能性或虧虛性。故此，天主的實體自身，是自己的性體。這是必須的。

第二十二章　性體與生存

從上面證明瞭的一切定理，更進一步推論，可以證明在天主（的實體）以內，性體或本性，不是別的，乃是自己的生存（性體是物本性本體之所必然）。

上面（第十三章），證明瞭有某實體生存，是本身必然的生存。這便是天主的生存。請想這個必然而然的生存，對於實體的本性或性體，能有幾種可能的關係？生存和性體相結合，它和性體或是一回事，或不是一回事；假設不是一回事，兩者結合起來，或聲氣不相投，或彼此相矛盾，這是第一種關係；例如自立存在和白色的本性，是兩相矛盾的；或同聲同氣，兩相接近，這是第二種關係；例如依附另一主體而生存，正適合白色的本性。第一種關係，對於天主的生存，是不可能的，因為那是實體自立的存在和白色（附性等）所有的關係。假設有這樣的關係，那便是（等於說）必然的生存，不適合那個性體，猶如自立存在，不適合白色。對於天主說話，這是荒謬至極的。

第二種關係，又分三種形勢：或是那樣的生存依賴性體，或兩者共同依賴另一原因，或性體依賴生存。前兩種形勢，正是相反「必然生存自立」的定義。本身必然的生存，是自立的，不依賴任何外物。一依賴外物，便不是必然生存了。第三種形勢，必生的結果，是那個性體作附性，附加到本身必然生存的這個物體上面：因為凡隨物體生存以後而出現的一切，都是那個物體的附性，附加品或附屬物：如此說來，那個性體便不是性體了：因為性體，乃是物體本性本體之所必然，不能又是本體以外的附屬品。總結起來，足見天主沒有和自己的生存不同（是一回事）的性體。天主不得有不是自己生存的性體。故此，天主的生存，乃是自己的性體或本體。

有人可能反對上面的理論，說：那個生存不是絕對依賴那個性體，不是以致於非它先有以後，自己完全不會有；但是它卻充其和它結合之所需，只是在所需限度下，依賴它。既需要結合它，便需要依賴它。它的生存，是自身必然的生存，但它和它的連結，不是自身必然的連結。

上述那樣的解答，並不能脫免那些不適宜的結論。因為，假設：那個生存的意義，沒有那個性體，可以自己圓滿成立，那麼，便是那個性體和那個生存有附性和主體的關係。但是本身必然的生存，正是那個生存。故此，那個性體對於那個生存——本身必然的生存，有附性對於主體所有的關係：即是它依賴它，猶如附性依賴主體。故此，那個性體，既是一個附性，便不是性體了。「本身必然生存」之為物，不是別的，乃是天主。故此，那個性體，不是天主的性體，而是後於天主而生的一個性體：即是天主本體以外，另加的一個附性（這是不適宜的）。

但是，另一方面，假設那個生存的意義，沒有那個性體，不能自己圓滿成立，那便是說：那個生存，必須結合那個性體，絕對依賴它，為能結合它；仰賴它作自己的原因：自己卻應是它的效果。如此又說回前者說過的同一結論：天主是某某原因產生的效果：為天主極不適宜。

再者，每一物體，憑籍自己的生存。而存在於實有界，並是其所是的某物。如有某物，它不是自己的生存，它便不是本身必然的生存。天主卻是本身必然的生存。故此，天主是自己的生存。

加另一些理由，（用反證法），證明如下：

假設天主的生存，不是自己的性體，同時，按前者（第十八章）的證明，也不能是性體的一部分，因為天主的性體是單純的，祂這樣的生存，便必須是祂性體以外的一個事物。凡歸屬於某主體，又不是它性體一部分的任何事物，都是憑藉另外某一原因，始得歸屬於它：因為（甲乙）本身不是一體（丙），為能連合成一體（丙），必須另有某某原因（丁）來作連合的工作。這個原因，（丁）或是物（丙）之性體部分，即是性體自身；或是另某一物。假設是（丙）性體自身，此性體（丙）又是根據（丙）而有生存，故此，那某物體（丙）應是自己生存的原因。這是不可能的，因為，根據定義，原因的生存，先於效果。故此，假設某物自己是自己生存的原因，吾人靈智依理便應設想它，在自己未有生存以前，已經有了生存。那是不可能的（那是將有無混而為一了）。

縱令退一步想，某某物體是自己附性生存的原因，在自己實體，既有生存以後，自己給自己產生某某生存的方式或狀況。這不是不可能的：因為吾人發現，實有某某附性生存，是自己主體因素，產生的效果，依理而論，吾人靈智仍想，那個主體以內，實體生存，先有於附性生存以前（故能作附性生存的原因）。在此處上面，本問題所談的生存，不是附性生存，而是實體生存。說任何實體，在未有自己實體生存以前，已有了自己的實體生存，並作自己實體生存的原因：這是不可能的。

依上文原有的分析，假設那個原因（丁），不是（丙）性體自身，而是另某一物，甲乙兩者合成一體，是丁的效果。丙由丁領取了自己的生存，故是丁的效果，既是效果，便不得又是第一原因。天主是沒有原因的第一原因，詳證於上面（第十三章）。足見從別處領取生存的這個性體，不是天主的性體。天主的本性本體，不從外物領取自己的生存。故此，天主的生存，便是天主的本性本體。這是必然的。簡言之：「天主的生存，是自己的性體。」

再加一番理由：（由名理出發）「生存」這個名辭，指示某種現實或盈極：有現實或盈極的含義。吾人言談之際，說「某物有生存」，或說「某物生存」，不是由於它有生存的潛能或虧虛，而是由於它有生存的現實或盈極。凡是主體，有某某現實或盈極，和自身不同是一體，對於那個現實或盈極，便有潛能對現實，或虧虛對盈極的關係：現實和潛能，盈極和虧虛，在名理上，是兩對相關辭。關係的兩端，互相對待，在名理上，不可相無。

故此，假設天主的性體，有別於自己的生存，結果便是，在天主以內，性體對生存，互相對待，有潛能對現實，或虧虛對盈極的相互關係。說到這裡，請回憶前在（第十六章）那裡證實了，天主以內，不含任何潛能或虧虛；而是精純的現實，和精純的盈極。由此觀之，足見天主的性體不是有別於自己的生存。

再者，凡是非聚合許多單位不能成立的物體，都是複合體。凡是性體是一事物，生存是另一事物的主體，非聚合許多單位，即是非聚合性體和生存，這兩個單位，便不能成立起來；這樣的主體，無一不是如此：故此，無一不是複合體。然而，天主，按（第十八章）已有的證明，不是複合體（在實體以內，沒有任何分子的組合）。故此，天主的生存自身，便是自己的性體（在天主的實體以內，沒有性體和生存，兩個單位的分異和組合）。

再加一個證明：物，因有生存，始有存在，並是某物：物物如此，無一例外。如有某某物體，它自己的性體，不是自己的生存，得到了自己的生存，便不是得之於自己的性體，而是得之於外物，從那裡分領一部分生存的恩賜：作為自己性體之所秉賦。但請理會一點：因性體之秉受，而始有生存的任何物體，都不能是第一物體：因為，物體因性體之秉受，分領之所得，既是為能成立自己的實體，便必須是先有於自己實體尚未成立以前。對一類而言，定理是如此。對萬類而言，也是如此。然而，天主是萬物之中，至先無先的，第一物體：最先實體。足證：天主的性體，便是自己的生存（天主的生存，不是從自己性體以外，領取得來的秉賦）。

這個高妙超絕的真理，乃是古聖梅瑟親受天主明言訓示的。在《創世紀》（第三章，十三至十四節）紀載，當時梅瑟請求天主說：「如果依撒爾的民族問我，是誰派遣你來？他的名字是什麼？我將給他們說什麼？」

天主答說：「我，生存的實體，是我實體的生存（I am who I am）。你要給依撒爾的人民這樣說就是：生存實體，全能真主，派了我來」。

天主親口指示祂本體固有的名稱，乃是「生存實體」。須知：凡是名稱，都是為指示某物的性體或本性，（由發言者）設立的符號。從此，推出的結論，正是：「天主的那個生存，乃是祂自己的性體或本性。」

這個定論，也是公教眾位明師，公認的真理。聖師溪樂流（St. Hilary，De Trintate）《聖三論》卷七（第十一章），曾說：「生存不是天主實體以外的附加品，而是自立的真理，並是長存的原因，又是本體自然，本類固有的特點。」大儒鮑也西（Boethius，De Trinitate）在所著《聖三論》二章，也說：「天主的實體，乃是天主的生存，並是（萬物）生存的來源。」

第二十三章 主體與附性

從這個（前章的）真理，必然隨之而生的另一結論是：在天主的性體以上，不能給天主的實體加添任何事物，也不能有任何事物依附在祂的實體以內，作它的附性或附品。理證如下：

生存，（不是主體），不能從自己性體外面，分領任何事物的一部分；雖然生存的主體，卻有能力分領一些外物。沒有任何事物比生存更單純、更近於性理及其盈極。如此，生存自身不能分取任何事物。不能作主體領取某物，作自已的秉賦。生存不是領受秉賦的主體。天主的實體，卻是生存自身。故此，所有一切，都不外於實體。故此，沒有任何附性或附品，能附著於天主的實體上面。

加之，凡是依附主體的附品，都有依附的原因。因為附品是主體本性以外的附加品。故此，如有某物依附在天主的實體上，作天主的附品（或附性），它，為能依附天主，也必須另有一個原因。這個原因，或是天主的實體本身，或是另外一物。假設是另外一物，它便必須發出動作，變化天主的實體。無任何物，能在任何有容受力的主體，促成任何、或實體類、或附性類的性理出生，除非它發出動作，變化那個主體（性理、就是泛指：物性、物理、條理、形狀紋理之類）。因為，動作不是別的，乃是促使某物，領取某某生存的現實盈極（充實自已的潛能和虧虛），現實成為某某一物：必須有性理以為憑藉。故此，天主（為領受性理），也要遭受變化，被動於外物。這正是違犯前者已有的定論（回看第十三章）。

假設天主的實體自身，是產生自己所有某某附性的原因，不能是根據主體的容受力，去產生自己尚無的某某附性：因為那樣去作，便等於同一主體，在同一事體上，自己將自己作成現實完善的某某一物。故此，天主為給自己產生附性或任何附加品，用容受力容受附性，用動作力產生附性，必須是用這兩個「施、受」互相矛盾的力量，並且在自己實體，有兩個不同的部分，作這兩個力量的根據地。這兩個根據地或據點，或寄託，也是互相矛盾的：猶如有形質的物體以內，領受性理或條理，容受力的根據是物質固有的虧虛性，動力的根據，卻是本性固有的性理：自己的實體內，有物質與性理的組合。天主若果如此，也便須是一個組合體：由矛盾的成分，合構而成。這也是相反上面（第十三章），已經證明瞭的定理。

再一說：凡是附性的主體，對於自己的附性，都有潛能虧虛，對於現實盈極，所有的關係：因為，附性是一性理，實現某某主體附性生存的潛能，使它現有某某生存狀況的盈極。但是，在天主以內，沒有任何潛能性或虧虛性。證明見前（第十六章）。故此，天主以內，不能有任何附性。

另一說：凡是有某一附性的主體，根據自己的本性，在某種方式或條件下，都是能遭受變化的：因為附性，生來固有的本性，是能依附某主體，也能離開它，或不依附它。故此，假設天主也有某物，附屬於自己，作自己的附性，結果必致於天主也是能遭受變化的。與此適相衝突的論句，是上面（第十三章）已經證明瞭的定理。

加之，任何實體，如有某一附性，便不得是自身固有的任何事物：因為附性不是主體本性必備的成分。然而，天主是自身所有的每一事物。足證天主以內，無任何附性（天主自身以內之所有，都是天主本體）。

補證小前提：每一任何事物，在原因以內，所享有的生存境況高貴優美，勝於在效果以內者。天主，卻是萬物的原因。故此，天主實體以內，所有一切事物，每一個的生存境況，高貴優美程度至高無上。每物自身之所是，最適合自己之所宜有。一物自同的統一，完善精純，勝於實體以內，物質與性理之類的合一。實體因素間的合一、密切，卻勝於附性與主體的結合。如此，比較推論，最後便可看到天主是自己所有的任何每一事物。

再者，實體生存，不依賴附性；雖然附性生存，卻依賴實體。某甲既不依賴某乙，有時便能有甲而無乙。故此能有某一實體，自立自存，沒有附性。這樣的生存，看來似是主要最適合至極單純實體本性之所應有。天主的實體正是如此。足見天主的實體，完全不是任何附性所依附的主體。

公教有名的著作家，在這一個問題上，言論是一致的。為此，聖奧斯定在所著《聖三論》（卷五、第四章）曾說：「天主以內，沒有任何附性。」

從本處證明了的這個真理出發，足以批駁撒拉森人（伊斯蘭教）經典（可蘭）論證家的錯誤——Saracen，撒拉森論證家，特別指 Auerroës（審校者註）。這些經典論證家，主張天主性體以上，有一些附加的思想（參考亞維羅《形上學》，卷十二註解，第三十九號）。

評註：伊斯蘭教是信奉天主為造物真主的教；也叫作穆斯蘭教，意指真心信奉天主的教友之大聯合。我國慣稱回教。基本信條有六：一信天主惟一。二信眾位天神。三信穆罕謨德、至大先知。四信《可蘭》經典。五信肉身復活。六信人事天定。歷史所載眾位先知，交接天主，傳達天主啟示。穆罕謨德廣採群言，匯聚成書，名之為「《可蘭》」，凡猶太《古經》（《塔而木經典》*Talmud*）、《基督福音》（《四史聖經》）、中亞民間諸教史話，甚至基督信眾各派間流行的《民謠福音》（*Apocrypha*），和各派的神學，無不染指涉及，藉以充實《可蘭》內容。精神態度，是敬信天主（《可蘭經》）的啟示。和希臘科學與哲學發生接觸以後，回教神學家用科學和理性哲學的態度和方法，解釋《可蘭》經訓，分兩大主流：一個是自由學派：主張人有自由、人事天定，但天主的決定、遵守客觀的理性規則：故不傷害人理性的自由和自主。第二派就是本章所提出的「經典論證學派」：主張天主的全能主宰，沒有客觀的理性規則。善惡或是非的標準，全在乎天主自由的意願。面對著天主的意願，人沒有理性的自決和自由，只應信服和順從。此外，主張天主在時間內先造物質，後開闢天地、創造萬物。天主是純粹的必然生存。萬物的構造是以潛能而虧虛的主體，領受生存的秉賦。故此是可能性和必然性的折衷結合。天主性體既然純是生存，同時又主張天主實體以上附有某些特性、或性理、能力等等，並且說這些附性和天主的實體有實際的分別，這裡難免有自相矛盾之處。這是本章批評「經典論證家」的要點。所謂「附加的思想」指附加的性理或條理：相當所思的名理，不專指思想的動作。

就人事變遷及勢力升降的世態而論，伊斯蘭神學在《可蘭經》信仰與科學或哲學理性，相互關係的問題上，沒有得到雙方和諧的答案。守舊派、崇經學、抑理性，漸佔上風。於是經典論證派、罷黜理性的自由派。轉而獨尊《可蘭》，罷黜儒術，純經學派、遂壓倒經典論證派。此後，在正統的伊斯蘭教思想的領導分子中，沒有神學，也沒有哲學，而只有經學。經典論證派的失勢，是中世紀伊斯蘭神學的中輟。阿拉伯的哲學卻在正統的經學勢力範圍以外，大有發展。例如亞金廸、亞法拉比（Afarabi），特別是亞維新和亞維羅，是哲史有名的「四亞」，對於傳播希臘哲學，大有貢獻。聖多瑪斯為建立公教的神學體系，多借助於四亞，所持理論，大多數次和古代伊斯蘭神學理性的自由派相合，和經學派及經學的論證派相左。哲界四亞是多瑪斯所熟知，也是當時學界所盛行。在哲學的理論上，多瑪斯更接近亞維新，多瑪斯的成功，是奠定「《聖經》信仰」和「理性知識」在真理上，不相矛盾，也不相衝突。這個定理，保證經學、哲學、神學各自獨立，並行不悖，而且，有互相補充的功用。在這樣的思想體系中，神學是一個專科學術。本書稱之為「上智之學」。

本著理性推證的法則，本章內證出結論，指出反對者意見的弱點：不是攻擊阿拉伯文化：而是在人類文化的成績中，擇取優良成分，捨棄自相矛盾的言論。本章討論伊斯蘭教的經典論證派，是用亞維羅作根據。

第二十四章　種類界限與生存

從上述的定理，還可證明在天主生存上，不能加添任何因素，劃出性體界限，限定祂那生存，彷佛是用種別因素，劃分種界，限定類界：將類界縮小。

因為，除非劃出性體界限，限定實體生存的範圍，種種限定因素，一一俱全，便無任何實體，能有現實的生存。既不是理性動物，又不是無理性的動物，只說類名泛稱的動物，不能是現實生存的動物。自然界現實生存的動物只得受到種別因素：「理性」或「無理性」的劃分和限定，僅能是或有理性或無理性，不能泛泛然全無限定。因此，連主張「觀念論」的柏拉圖學派，也未嘗主張類名觀念，有脫物獨立的存在。類名的觀念，乃是類名的名理指示類有的公性。凡是類名公性的範圍，都受性體的種別因素來劃分，收縮到種界限定的生存範圍裡去。柏拉圖學派，只是主張種名所指的名理，有離物自立的存在。種名所指的名理，是種界明確的性體，不需要再有其他分異因素來劃分自己的性體界限，或限定自己種界的範圍。故此，假設天主的生存，受另某外加的因素，劃分自己本性本體的界限，限定自己的生存，祂那生存，除非具備那一外加的因素，便不能有生存的現實和盈極。同時，需知按（第二十二章）已有的證明，天主的生存乃是天主的實體。故此，依上面的假設，天主的實體，除非具備那一外加的因素，便不能有現實（盈滿至極）的生存。從此，便能推出結論說：天主不是本身必然的生存。這正是違反上面（第十三章）已經證明瞭的定理。

再者，凡是物體，為能得到生存，如果需要某某外加的因素，它對於那個因素，便有潛能和虧虛的容受力。然而天主的實體，卻沒有任何潛能或虧虛，證於上面（第十六章）。反之，天主的實體，乃是自己的生存。純是現實和盈極。故此，祂的生存，不能受任何外加的因素劃出性體界限，限定生存品級與範圍。

加之，事物為得到現實生存，所憑藉的任何內在因素，僅能或是事物的整個性體，或是性體的一部分。劃分性體界限的因素，是事物的內在因素，並且是事物生存現實所憑藉的因素：否則它便不能劃分實體的類界種界，並限定其生存範圍。故此，它必須、或是事物的性體自身，或是性體的一部分。

然而，假設有某因素，附加到天主的生存上面，它不能是天主的整個性體，因為（第二十二章）已經證明瞭，天主的生存，不是別的，乃是祂的性體。故此，只賸得是天主性體的一部分。如此，天主在性體上，便有了部分間的組合。這樣的結論，和上面（第十八章）已證定理適相衝突。

劃定性體界限的內在因素，加到某某實體上去，不是構成它的**名理或定義**，而僅僅是**構成它生存的現實盈極**：例如：「理性」加到「動物」上面，給動物構成生存的現實盈極：（盈滿至極，性體真全，現實存在，一無所缺）；但不是給動物、這個**類名**、構成它的名理或定義。「動物」、類名的名理，是「動物之為動物」，極中至正、所以然的純理。在類名的純理定義以內，種別因素，不可填入。**類名定義內，不可包含種別名**。不可給「動物」下定義說：「動物是理性的某某」。

但是，假設在天主以內，附加某某劃定性體界限的因素，這個因素必定要構成天主性體或本性，固有的**純理定義**。因為這樣的因素，給事物構成生存的現實盈極；在天主以內，生存的現實盈極，乃是天主的性體自身；證於上面（第二十二章）。

總結前論，最後的定理，只得是：無任何因素，可以加到天主的生存上面，用性體界限的劃分，限定祂實體的種界，決定祂生存的現實及範圍：如同種別因素劃分類名（泛指的）性體。

第二十五章　超越物類（範疇）

從此：必然而生的另一結論是：天主不屬於任何物類（不受類界的局限，超越物類，超越範疇）。理由：屬於任何物類的事物，在自身以內，都有某一（種別）因素，劃分性體界限，在類界以內，指定出種界。**欲屬某類，必屬某種，無一物只屬某類，而不屬某種**。在天主，這是不可能的，證於前章。故此，天主不能屬於任何某類。

加之，假設天主屬於某類，便是或屬於附性某類，或屬於實體某類。（沒有別的第三可能）。然而，天主不屬於附性任何某類，因為，（天主是第一原因，第一實有），附性卻不能是如此。天主又不能屬於實體某類：因為「實體」，這個類名，所指的實體，不是自己的生存；假設它是，它便不是被生於外物的效果：凡是實體，便應都不是效果，這是不可能的，明證於前論（回看第十三章）。天主，卻是自己的生存。故此不屬於任何某類。

再者，**類下分種，種與種不同**，個體生存互異，共有相同的類名賓辭。類名，不是別的，乃是許多種，及每種許多個體所共有的實體賓辭。凡是同類的物體，共有類名所指的共公性體。類中現有任何某物的生存，（卻是某物私有的個體生存），不能和類名所指的性體沒有分別。在天主實體以內這是不可能的，（因為天主的生存，正是天主的性體）。足見天主不屬於任何某類。

加之，任何每一物體，歸於某類，所依憑的因素和理由，是它自己的性體或本質，（不是它自己的生存）；類名賓辭，是指明某物（的本性本體）是什麼。「生存」不是物體歸屬某類的原因；因為，假設它是，凡是生存的主體，在公名泛稱的意義下，是「物體」大公名，所指的「物體」，也就應是一個類名了。但**「物體」、「生存主體」或「實有物」之類的大公名，不是類名**。它們的名理，雖然包含並指示**「生存」，但不因此而屬於某類或變成類名。足見「生存」不是物體歸類的因素。**

今假設：天主屬於某類，並以自己的性體，為歸類的因素，這是不可能的：因為，按上面（第二十二章）的證明，天主的性體，乃是天主的生存。（生存、既不是歸類的因素），足見天主不屬於任何某類。

「物」大公名，不能是類名。大哲（《形上學》：卷二、三章，九十九十八頁右二十一）證明如下：（用反證法）假設：**「物」是類名**，指示全類公有的性體，它便必須有某某種別因素，將自己的範圍收縮到某種的區分：**類下分種必有種別因素**。但是，種別因素，不分領類公性的任何部分，類名的名理，也不是種別名的名理內應有的成分。因為，假設它是，它便應兩次出現於種名的名理定義之中。這是不可能的，因為種別名的名理和類名的名理，兩個名理，不可相混，是類名名理以外的一個理；指示類名所指性體以外的一個因素。

說到這裡，請看：**「物」大公名的名理以外**，只能是「什麼物都不是」：只能是「**虛無**」。任何物名的名理，在定義內，都包含「物」大公名的名理，都不指示「物」大公名範圍以外的任何事物。**「物」大公名，是所有一切事物的賓辭：它的名理，徧在於所有一切主辭的定義以內**。如此說來，它找不到在自己名理範圍以外，有任何種別因素，可以用來限定自已，並把自已的範圍收縮狹小。故此，說到最後，必須稱認：「物」大公名，不是類名（物、是生存的主體，也可以叫作實有物。生存分自立與不自立，自立者，是實體；不自立者，是附性，依賴實體。萬事萬物，共分十總類：實體一類，附性九類：一、數量，二、品性，三、關係，四、發動，五、受動，六、空間，七、時間，八、姿勢，九、服具。合為**十總類，叫作十範疇**。「物」大公名，指示「生存主體」，泛然無限，不是類名。天主，是生存，更不能是類名了）。

從此說來，必然的結論是：「天主，不屬於任何物類」。依同理，顯然天主不能有定義，因為，**凡是定義，都是由類名和種別名合構而成**。

同時，也可以明見，論證天主，不能用「**名理的明證法**」，僅能用「**效果的明證法**」；因為「**名理的明證法**」，**論證事物，是以事物的定義作出發點**（作前提裡所根據的理由。「效果的明證法」是以事物的效果，為出發點。依吾人所能知，天主有效果、無定義；故此，論證天主時，不能用「名理的明證法」）。

有人能想：實體是類名，（並且乃是總類名：範疇名），有兩個含義：一指附性的主體，一指自立生存的物體**天主**固然不是附性的主體，但定然，是自立生存的物體（**物體，大公名泛指實有物**，不專指有形的物質實體）。從這個定理（第二十三章）證明瞭：天主不是附性。如此說來，雖然根據第一含義，「實體」不是稱呼天主的恰當名辭；但根據第二含義，如說：「天主是實體」，便甚恰當。天主，真是一個「**生存自立的實體**」。

那麼，天主便應屬於「實體」的類中。怎能說天主不屬於任何物類呢？

答覆上面的疑問如下：「實體」，範疇名的真確定義不是**「自立生存的物體」**，而是**「性體，不依賴主體能有生存的物體」**。根據下面這個真確的定義，凡是實體，在範疇的限止之中，都是**「性體與生存兩者之合」：有性體，並因之足以自立生存的主體，乃是實體**。換言之，自立生存，加性體，領受在性體中，構成的物體，是實體。本此定義，恰當說來，天主不是實體範疇中的一個實體。因為，天主的實體，超越範疇，不是「性體與生存之合」，**而是生存而已**。除自己生存以外，天主沒有性體。天主是以自己的生存，為自己的性體。故此，**天主在任何方式之下，絕對不屬於「實體」之類；如此說來，也不屬於任何物類**：因為（第二十三章）已經證明瞭，天主不屬於附性之類。既不屬於實體之類，又不屬於附性之類，故不屬於任何類。

補釋「實體定義，不是所謂自立生存的物體」。理由如下：**「物體」大公名泛指「生存主體」**，即是泛指「實有物」，不能是類名。前者，已經證明瞭「物體」或類此的大公名，都沒有類名的名理，故不是構成定義的要素。同樣「自立」是一個否定辭：否定依賴主體，只有「不依賴主體」的意思，純否定辭，也不能構成類名的名理（也不能是定義的要素）；因為類名或定義，不但應指出「某物不是什麼」，而且主要應指定「某物是什麼」：都需要用積極肯定的名辭。「物」、「生存」等等大公名太廣泛，不可入定義。「自立」、太消極、純否定，也不得入定義。故此：**「實體是自立生存的物體」，不是一個允當的定義。**

為此，恰當的說：**「實體是性體，不依賴主體，有能力自立生存的物體」。性全體備的主體，叫作「物體」**。「物體」大公名，有兩種含義：一指「性體的主體」，此種意義決定於性體全備。本此意義，實體是一性全體備的物體，即是說：它是一性體的主體。第二種含義，指「生存的主體」，此種意義，決定於「生存」或「實有」，泛指「實有物」。本此廣泛的意義，「實體，是生存自立的物體」，但是這個定義，不如前面那個定義指出性體與能力，更為積極真確。狹義的實體：是性體與生存之合，不依賴另一物作主體。天主，不能是狹義的實體。但依其廣義，實體泛指「自立生存的主體」，天主，也可以說一實體，即是一個生存自立的主體；惟需注意：天主，不是性體與生存之合，也不是生存與主體之合。因為，天主的性體與主體，乃是天主的生存。天主之所是，非他，純是生存。

第二十六章 性理與生存

從這些定理出發，便可解穿某些人犯了的一個錯誤。他們曾主張：天主（既是生存），不是別的，乃是每一事物因其性理全備，各自固有的生存。這個主張是不可能成立的。

因為，每物各自固有的「性理生存」（Formal Being），只分兩種：一是實體生存，得自實體性理，一是附性生存，成於實體附有的屬性。但是，按（第二十五章）已有的證明，天主的生存，既不是實體生存，又不是附性生存。足見天主，不可能是每一物體各自私有的那個生存（所謂「性理生存」，乃是因有性理全備，而獲得的生存：是每物是其所是，必須具備的內在因素：充實性體的生存之潛能與虧虛：因其來自性理的全備，故此叫作「性理生存」，和物質生存相對立，火的性理生存，是烘烘燃燒。人的性理生存，是度理智生活，人的物質生存，是維持身體健康）。

再一說：物體，彼此不同的根據，不是「有生存」：因為「有生存」是萬物相同的共同點：萬物相同，同於都有生存。物體相互之間，欲有分別，必須或用某些外加的分異因素，限定生存的種類界限，使不同的物體有不同的生存，彼此種類不相同；或是因為物體相互之間，有種類不相同的性體，因此各自有與自己性體相合的生存。前面第一個「或」字，指出的辦法，是不可能的，因為前面說明了，在生存上面，不能添加分異因素，如同在類上面，加添種別因素一樣。生存不是類名。生存的主體是一大公名，和「物體」或「實有物」一樣，也不能添加分異因素，將自己的範圍，劃分出許多種類的區別。

那麼，只剩第二個「或」字，指出的方法；就是物體各有不同的性體，因之領受生存，也用不同的方式（這個方法，是將生存納入不同的性體，對於天主說也是不可能的）。天主的生存，不能納入任何性體：因為天主的生存，乃是自己的性體，證於上面（第二十二章）。不同的性體，互相納入，互相合一：萬物彼此互是你我：必使萬物同是一物。這是不可能的。假設天主的生存，是萬物的性理生存，結果必是萬物純粹是一物（物各有性，性各有理，性理全備，生存各具，因此生存各是其所是。性理混合，生存合一：必致萬物純是一物而後止。這是物性實體之所不容許的）。

加之，依性體自然的次第、因素（是效果的原因）、先於效果。在某些事物中，它們的生存，也好像是某一因素的效果。例如大家公認性理，（是物體本性必備的理），是物體生存的因素。製造物體的作者（或自然、或人工），作出現實生存，或存在的物體，完成物體的精美完善，也是物體生存的因素。故此，假設天主的生存，是每個物體私自固有的生存，結果必是：天主，既是自己的生存，又是某某因素的效果；如此，天主不但不是第一原因，而且不是本身必然的生存了。這和上面（第十五章）證明瞭的定理，是相衝突的（故此，是錯誤的）。

還有一說：眾物之所公有，不是眾物以外的另一物，它和眾物的分別，只是名理的分別，是在吾人心智內，意義的分別（不是心外及身外，實際生存的分別）；例如「動物」是蘇格拉底拉底及柏拉圖眾人、和各類動物公有的類名賓辭，不指示在眾人和眾動物以外，實際生存的另一動物；不過只是在吾人心內靈智裡，有和眾人及眾物不相同的名理：指示類名所指的公性，是從劃分個體，限定種別的一切因素和特徵裡，抽拔剔取出來的：是抽象的，不是具體的。例如說：「人是動物」，這句話的意思是說：「有某其一個實際生存的實體，它是人，（因此）也是動物。在它這個實體內，人便是它所真是的動物：人之所是和動物之所是，是一個實體。」主辭種名或個體名，和賓辭公名，名理所指不同，但所談論的主體，在心外的實際上是一個主體。否則，在一個主體內，便要有許多主體了：一物竟不是一物而是許多：這是荒謬的，例如在柏拉圖一個實體內，便應有許多動物的實體：就是柏拉圖自身、「動物」類名所指的動物，和「人」種名所指的人：這（至少）是三個實體；在蘇格拉底及其他每人每物，都有同樣情形。這是荒謬至極的。故此，類名或種名之所公指，不指主體以外的另一主體。如此比較說來，「生存」、「實有」、「物體」等等超類的大公名，除非在吾人靈智以內，指示不同名理以外，在自然界，更是不能指示現實存在的、眾物以外的另一物。上面（第十三章）正是證明瞭：天是一個生存的實體，不但存在於吾人心智（思想）以內，而且存在於萬物實體的自然界。故此，天主不是萬物公有的那個生存。

再一說：依定義的本然，實體的出生，是從無入有的路程。實體的敗亡，是從有入無。出生路程的終點，不是性理，而是性理全備所構成的物體之生存。敗亡路程的終點，也不是性理的殘缺，而是性理殘缺促成了物體的不生存。換言譯出之：性理是生存的因素，性理的殘缺，是不生存的因素。從無入有是出生，是因得性理而從不生存轉而開始生存。從有入無是敗亡，是因失掉性理，而從生存轉而開始不生存。出生是一個路程：終點不是性理，而是生存。有生存，謂之有。敗亡也是一個路程，終點不是失掉性理，而是不生存，無生存，謂之無。（生存不是生物的生活，而是萬物為存在於自然界本體內必有的生存。廣於生活，深於存在）。因為，尚請注意：假設有某性理，不是構成物體生存的因素，某某主體，雖然得到了它這樣的性理，（仍得不到生存），故此仍不可說是它出生了。「出生」，是從不生存的階段出來，進入生存的階段。故此說：生存，是出生的終點。

如此說來，假設天主是萬物，因得性理而各自固有的生存，那便等於說：天主是（每物）出生過程的終點。每物出生時，天主便隨著出生，開始在時間內生存。請聽，這樣的話是錯誤的：因為、上面（第十五章）證明瞭「天主是無始無終，而是永遠的」。

此外，假設如上，結果必是每一物的生存，從無始之始，永遠已有。故不能再有出生或敗亡之可言。因為，縱令仍有出生的現象，一物出生時，必定是新得它未生以前，已有的那個（永遠生存）。那麼，該物未得那生存以前，或是自己存在，或是完全尚不存在。假設自己是已經存在的，因為，按對方上面的主張，萬物共有一個生存，作自己存在的原因；那麼，如說「某物新生」，乃不是說它領受新生存，而是說它領受舊生存的新方式。這樣說來，新物的出現，不是新生存的出生，而不過僅是生存方式的變更，把實體的出生，盡說成是附性情況的改變了。這是不知分辨實體和附性，錯莫大焉。

另一方面，試想：假設它完全尚不存在，它的出生便須是從無中生有（被天主從無中造生，不是從物質原料中，形成而生出）：這也是違反「出生」的真義：並且把天主造生和物之出生，混為一談了。（在宇宙間萬物生生的長流中，物體的出生或物理化學的變化出生，或生物蕃殖的出生，都是從物質原料中：由生存的潛能和虧虛，進入生存的現實和盈極）。

如此說來，對方上述的主張，完全不能保全自然界實體出生和敗亡的事實。故此，這個主張，顯然是不可能的。

天主啟示的聖訓，排拒上面這樣的錯誤，按《依撒意亞先知》（六章，一節），稱頌天主高於諸層高天，淩駕於萬物之上；又按聖保祿（《羅書》九章，五節），宣證天主生存，超越萬物。假設天主生存，乃是萬物各具的生存，祂便是萬物中的一物，和萬物生存看齊，不能是超越萬物了！

對方的主張，和偶像崇拜是同樣的錯誤。他們都是將無可名言的聖名、天主或神，誤加於頑石枯木，參考智慧篇（十四章，二十一節）。因為，既說天主的生存是萬物各具的生存（物因各具的生存，而是其所是）。故此，說「頑石是生存主體」，等於說：「頑石是物」；同時也等於說：「頑石是天主」，「頑石是神」。以上四句話，為偶像崇拜者，是名異實同的。說每一物都是天主生存的主體：等於說每物是天主。

依吾人看來，上述諸人釀成錯誤的原因，有以下四種：

第一是誤解往哲。往代某些名哲遺言，曾受後人誤解。例如狄耀尼（Dionysius，《天上品級論》*Heavenly Hierachy*四章），曾有以下這句話：「萬物的生存，是超越實體的天主性」。從此出發，有些人曾想那句話的意思是說：萬物，因性理齊備，各自具有的生存，乃是天主。未料想這樣的解釋，和那些原話的本義是不能符合的。因為，假設天主性，是自然界性理齊備萬物各具的生存，那麼，天主性便不是超越萬物以上，而是含在萬物以內，並且是萬物各具的一個成分或因素了。狄耀尼既已肯定天主性超越萬物，明證他主張，天主和萬物，有截然不同的分別，並且天主位置崇高，超越萬物。另一方面他又說：天主性是萬物的生存，從此，他明示自己，不過是主張，萬物以內各自具有天主的肖像，受造於天主。他（在《天主諸名論》*On the Divine Names*，二章）又說：「天主自身和身外的物體，既無接觸，又不混合。彼此不如同點與線相接，也不如同印版與蠟質相印合。」請看：這些話更清楚明白，拒絕上面那些人的誤解。

第二個原因，是理論欠妥。（他們的大前提是）公名所指眾物公有的性體，範圍寬廣，劃分種界或劃分個體，是用另加的因素。（小前提）沒有任何外加因素來劃分的性體，不會專歸某物所私有，故此，必是萬物所公有。天主的性體，不能受外加因素的劃分；天主的性體又是自己的生存：故此天主的性體和生存，必定是萬物公有的生存。這樣的結論頗不正確，因為他們沒有看到公名所指的公性，是普徧的名理，在自然界無外加的因素，固然不能有現實的生存，但在心智內，無外加的因素，始能被人懂曉，並受人思想。例如：自然界，不外加「理性」或「無理性」的種別因素，公名泛稱的動物，不能有現實的生存，雖然在心智裡，公名的名理，不外加任何分異因素，現實受到人的理解和思想。普遍的名理，受人思想，沒有外加的因素：只有純理朗然；但不是沒有容受外加因素的容受力。這個能受外加因素劃分的可能性，是公名的名理必有的一些含義。缺少了這個可能性，類名的名理不能成立：類名所指的性體，也便不是可公之於全類每物的公性了！例如「動物」類名，還有其他所有一切類名，都是如此。

說到這裡，請看天主的生存，不但在思想裡，而且在自然界，有現實的存在，兩處裡都沒有任何外加的因素，不但現實不受任何外加因素的劃分和限定，而且也沒有容受外加因素的可能性。特須注意：「現實不容受外加因素，並且（永遠）不可能容受外加因素的增補、劃分、或限定等等。」這是天主性體和生存固有的特徵。用此特徵作前提，更能推證出：「天主的生存，是天主自己專有的生存，不是萬物公有的生存：更不是大公名泛然渾指的普遍名理。」這個結論是正確的。因為，天主的生存，和其餘萬物截然分別明白的確實原因，正是由於這個特徵：「實體無限，不能有任何外物可以加入」。能有所加，必非無限。本此理由，大註解家（註一）在《原因論》（命題第九）嘗說：第一原因，由於本善純粹，外無可加，故有別於外物，並在特有的方式下，自立為個體。

第三個原因，是錯懂單純。在吾人間，物體由分子組合而成，分析起來，不能永無止境，必至最後單純分子而後止。吾人實體內，各種成分或要素之間，最單純的那一個，是各人專有的本體生存（生存以上有植物性的生活，生活以上，有動物性的官感。官感是身體內外器官的知識和情慾。官感以上，有人的理智和神智。分析人的實體，生存是最深、最單純、最基本的要素。萬物的實體，莫不如此）。上面那些人，從此事實出發，推想出他們那個結論認為：分析吾人實體，由繁至簡，歸結到最後，發現各要素間，最單純的那一個，便是生存：並且這個生存就是天主。只有天主的生存，是極單純的。由繁至簡的分析，或在吾人，或在萬物，必分析到天主生存而後止（天主的生存以下，不拘是什麼，都不是純粹的至極單純：不能是分析約盡的終止點）。為此理論所惑，他們乃陷入了錯誤。還有一點，也是他們的論式失效的原因，就是：他們沒有注意到在吾人實體內最單純的那個生存，是實體內在的一個因素，不在實體以外，自立獨存，自己構成一個「完全物體」（故此，不能和天主的生存混而為一）。吾人形容天主說「天主實體至純，純是生存」，卻是指示天主的生存，乃是一個完善無缺，自立獨存的「物體」：即是「完全物體」，不能同時又是構成其他「完全物體」的內在成分（物體不指物質形體，而指自立生存或附物生存的實有物。完全物體，指生存現實圓滿自立的實有物）。

第四是：因辭害義。吾人言談之間，常說天主無所不在，或說：天主深在人心和物心，或說：天主徧在萬物。有些人沒有懂到這些辭句的真義不是說天主在每物以內作物體（內在的）一個要素，卻只是說天主在每物以內，作物體的原因：發生出造生和保存的效力。物體既是天主造生的效果，天主，不拘在任何方式或限度下，絕對不離開物體；反之，必因其造生保存的能力（和職務）深在每個物體以內（廣在物體以外），充滿萬有之界：但這不是說天主在物體以內，彷彿是物體內部各具的性理。性理存在於物體以內，和舵手存在於船隻以內，都是「內在」，但前後兩個「內在」，本質全不相同：一是性理的內在，一是原因的內在。即是主宰的內在。比擬起來，天主的內在於每物，是舵手內在於船隻之比，不是性理內在於物質之比。

註一：《原因論》，*Toledo*，原文阿拉伯。一十八十七年以前，由翟辣爾（Gerard of Cremona）在西班牙、陶來道城（Liber de causis）編譯館譯成拉丁文，傳流歐洲學界。阿拉伯原文誤加書名：亞里斯多德著，《純善本義》；附題《原因論》。書中列舉命題三十二條。每一命題下面有相當長的註解。聖多瑪斯在一二七二年春天，著《原因論解》（*Commentary on the Book of causes*），序中指出原因論內的命題，不是出自亞里斯多德，而是來自泡克路（Proclus）著《神學基礎》，屬於柏拉圖學派，原文希臘，有阿拉伯文翻譯。約一百年來，學界誤認此書是亞里斯多德的著作。到一二七二年，這個錯誤，始被多瑪斯解破。《神學基礎》希臘原文有二百一十一個命題，一二六八年，由威廉·梅柏克（Willian of Moerbeke）譯成拉丁文。多瑪斯比較兩書，才看到兩者源流相承的關係。

在未發現這「點以前，多瑪斯也嘗認為《原因論》書內的命題著者是亞里斯多德，並認為命題的註解者是大註解家亞維羅。例如本章此處（參考沙佛理一九五四年在魯汶出版的《聖多瑪斯原因論解》）。

評註：天主是一個生存：純生存。盈極無限。萬物的每一物各有各自的生存。天主是實有。物物一實有。天主的實有，是天主生存的現實盈極。萬物中每物的實有，是每物各具的生存之現實盈極。萬物的生存，是川流，天主的生存是根源。源流相接，不是一水相混，而是因果相關。天主是因，萬物是果。原因的效力深在效果以內。效果的存在全賴原因的造生和保存。天主一善，萬物各善。萬善反映一善，猶如一月印於萬川。萬川有萬月，只是月影。天上的明月卻是實有：並是獨一無二，高懸而獨立。萬川一月，萬物一理，只有萬影一實，萬果一因的意思：不能有「萬物一物」實體合一：因果相混的意義。

第二十七章　性理與形體

證明瞭天主不是萬物的生存，故以同理可以證明天主不是任何物體的性理。

理由：按（第二十二章）已有的證明，天主的生存，不能是任何物體的性體，除非那物的性體乃是生存自身。天主的生存自身之所是，不是別的，乃只是天主。故此，不可能說天主是任何某一外物的性理（性理，是性體必備的理，有時結合物質，構成性體；有時不結合物質，而是性體自身。前者例如人。後者例如天神。實體有時是性體領受生存，有形者，例如人，無形者，例如天神，都是受造物；有時實體，不是以性體領受生存，而其性體乃是生存：整個實體，純是生存，惟一無二，此即天主，造物者）。

加之，形體的性理不是形體的生存，而是生存的因素。天主卻是生存、純生存、生存自身。故此，天主不是形體的性理。

再者，性理結合物質，產生合成的實體。對於性理和物質，實體是整體，有它們兩個部分。部分對整體，有潛能對現實和虧虛對盈極的關係。天主的實體，不包含任何潛能性或虧虛程度；故此天主不可能是結合某物的性理。

還有一理：自立有生存的物體，高貴優美，勝於依賴多物而有生存的物體。凡是任何某一形體的性理，都不是自立有生存的物體：必依賴另一物作主體，始有生存或存在。天主，既然是高貴優越至極的物體，因為是生存的第一原因，故此不能是任何主體具有的性理。

此外，還可證自「永動說」的假設。論式如下：

（用反證法）假設天主是任何某一被動物體的性理，既然祂自身是第一發動者，合而言之，祂便是一個既被動又發動的合成體：成於主體與性理之合：性理發動，主體被動：此乃（動物之類的）自動體：自己被動而動，被動於自己的靈魂（靈魂，即是人或動物之類的性理）。但請注意：這樣的自動體，可能被動，也可能不被動：它的實體，有或動，或不動的兩個可能性。這樣的實體，只由自身，沒有永動不息的能力（依「永動說」的假設，宇宙間的運動變化，是一個永不止息的長流，被動而動的發動者，為能永動不息），必須另有第一發動者只發動，不被動，施給永不止息的運動（此乃真天主。必欲假設天主是自動形體的性理，便也必須說天主以上又有天主。這是極荒謬的）。如此說來，足以明見是第一發動者才能是真天主：祂不是自動形體內的性理。上面的論證法，有益於主張「永動說」的人。為不主張「永動說」的人，同樣的結論，可得自天體運行的規律性。天體是被動而動的自動體，本身有或動或靜的可能性。同樣，也必有或快或慢的可能性。事實上，天體運行常按一致的規律和速度。這個恆久如一的規律性（既不是來自本身），必須仰賴一個完全不被動的高級原因。這個高級原因，為此理由、不是自動形體（天體）的一部分，當然也不是它內含的性理。（親筆殘篇始於此）：

《聖經》的宗旨，和這個真理相合。《聖詠》（八章，二節）說：「天主！你的偉大光榮，超越諸天之上！」《若伯傳》（十一章，八節）：「你要作什麼？（你要知道）上天雖高，高不過天主。天主廣大無限：高於天，廣於地，深於海洋。」

上面的證明，足以排除教外人眾的錯誤。他們或主張天主是天體的心靈，或主張天主是全宇宙的靈魂。他們用這樣的理由。辯護偶像崇拜的迷信，揚言全宇宙是天主，非因形體，乃因靈魂；猶如說：人有明智，也是非因肉身，乃因靈魂（靈魂是一盈極因素，充實形體生存的潛能和虧虛。簡稱盈極。人魂是人的盈極。宇宙魂是宇宙的盈極，猶言充實美備，盈滿至極）。他們本此基本命題，相信宇宙及其各部分都是神，應受人類的敬拜。大註解家亞維羅《形上學》十一卷（另版，十二卷，註解四十一），也說：「這個地方，是撒巴民族，群儒陷落的所在」（撒巴，是亞拉伯古國之一，文化古老，和猶太古國互通往來，兩國皇室並且互通婚姻，智王撒羅滿和撒巴皇后，兩國外交關係密切。撒巴舊址，是現今紅海東口的也門一帶，以敬拜上天及日月星辰著稱）。他們崇拜偶像，因為他們主張「天主」（真神），是天體的性理（即是天體的靈魂）」（近似某些人心目中的「天心」、或「天地心」、「天地神明」）。

美善：生存的盈極

第二十八章　生存與美善

雖然，有生存並有生活的物體，完美的程度，高於只有生存沒有生活的物體，但是，天主不是別的，只是自己的生存，仍然是一個全善全美的物體（物體是生存的主體，是一大公名，指實有物，猶言「生存者」或「不是虛無者」、「存在者」等等）。本處所說的「全善全美」、就是「各種各類的高貴、珍美、善良、毫無缺乏」的意思（和盈虛對立中的盈極，意思是連合一貫的）。

每物各有的尊卑，全是根據它的生存。物因生存，各是所是。人以上智為貴，因有上智，而有智人之生存，藉以現實是智人。尊貴之所在，全在生存。上智之貴如此，其餘諸德眾善，無不如此。從此可見，物體尊貴的方式與程度，決定於生存的方式與程度。物體的尊貴程度高低，根據它的生存在尊貴程度上，現實受到的限止，是如何高低。

故此，假設有某物體，本性具有生存（之理，所能具備）的全部德能：凡所能有，無不具備：凡所能是，無不兼是；這樣的物體，便也有尊貴（之理，所能含蘊）的全部德能，任何物之所能有，它都一身兼備，絲毫無缺。

今請注意：性體純是生存的物體，本性具有的生存，竭盡了生存德能的全量。這是必然的。例如：假

設有某白色，是不附著於任何主體，自立獨存的白色；它，不受主體的限止，**全有純白之理所能含蘊的一切，便是純全無缺的白色**。因為白色的缺欠，不是來自白色，而是來自主體。如同容器，按自己的形式和容量容納物品；同樣主體領受白色（或其他品性、性理、生存等等），也是自身如有缺點，便不能領受白色，依其純理所能有的純全。

天主是自己純全的生存。這是前面（第二十二章）證明瞭的定理。祂所有的生存，竭盡了生存純理所能含蘊的全量。乃是無限無量的。故此，天主不能缺乏任何某物，依理能有的任何美善。

物體所有的**尊貴和美善的程度決定於生存的肯定**，缺點的程度，決定於生存的否定。依同比例，生存的肯定和否定，互相消長。生存肯定越多，則否定越少。天主所有的生存，既是肯定了全部，故此全無生存的否定。故此，天主全無缺點。故此，天主是全善全美的。

只有生存（而無生活及其他優點）的那些物體，是不完善的，理由不是因為那個絕對（純粹）的生存自身有缺點，卻是因為它們用某種特殊的、並且極不完善的方式和限度，領受了生存的一部分，不是根據生存的全部德能擁有生存。故此，它們不能和天主相比（例如頑石枯木，只用極粗濁的物質，及其極有限的潛能和容量，領受了極微薄的一些生存）。

物體出生，都是不完善生自完善：完善者，先有於不完善者。例如種籽（對於動物或植物說，是極不完善的質料），生自發育完善的動物或植物。故此，實有界、第一物體（既是萬物最高的原因）必是完善至極的。前面（第十三章）證明瞭，天主是第一物體：第一實體。故此天主是完善至極的（第一物體、第一實體、第一實有、或第一實有物，在這裡名異實同：指示天主的本性本體純是生存無限完善的盈極）。

加之，**潛能和現實、虧虛和盈極、是互相消長的**。同時完善的程度，和生存的盈極，卻是互成正比例。每一個物體完善的程度，相當於生存的盈極程度。物體的不完善卻相當於生存的虧虛，及盈極的缺乏。潛能尚未實現，虧虛尚未充實，盈極程度不足：謂之不完善。故此：假設有某物體，它的生存境況，全無任何方式或程度的潛能和虧虛，而是純粹現實和盈極，這樣的物體，必應是完善至極的。這樣的實體正是（吾人所說的）天主。故此，天主是完善至極的。

加之，**物體動作，無不根據自己現實生存的盈極**。動作的種類和成效，遵循作者生存盈極的方式和程度。故此，由動作所作出來的效果，在尊貴或完美的盈極程度上，超不過發動者生存盈極的程度。效果的盈極程度，卻能低於發動者（即是低於動作原因），因為主體對於客體，發出的動作，終止於客體，效力有時能從客體方面，受到削弱。主體內，生存盈極的程度，高於客體，或至少不低於客體。在動作的交互關係上，主體是原因，客體是效果。原因主施，效果主受。原因分許多類。作物原因之類，發出動作，作成新物，**由果推因，最後推到一個原因，是實有界，所有萬物的真原，叫作天主**；詳證於前面（第十三章）及後面（卷二，第十五章）。為此比例與理由，將天主和外物相比較，任何外物所有一切美善，天主以內件件都有，並且有現實盈極，高於萬物的程度；反之，卻不然：天主所有，非外物所能盡有。故此，天主是完善至極的。

再者，**物以類聚，類各有極**。類中的至極，是全類的標準：釐定類中每物美善的程度。例如白色明潔，是色類的標準，去白愈遠，其色愈暗，距離各異，萬色以分。又例如道德全備，是人類中的至人，是眾人的**模範**。實有之界，所有一切物體，共有的**最高標準**：生存的盈極程度，至高無上：不能是別的，只能是天主：因為天主是自己的生存：純理無限無雜的生存。故此，任何某些物體所能有的任何美善，天主一切都有，一無所缺。一有所缺，便不是萬善共有的極則和標準了。

本此處的真理，當梅瑟先知要求瞻仰天主聖容，親眼觀望天主光榮時，天主向他答覆說：「我要給你顯示一切美善。」這裡所說的「一切美善」，便在言外是說：「天主在自身以內、現有各種美善的盈滿至極。」詳見《創世紀》（二十三章十八、十九節）。狄耀尼（Dionysius）《天主諸名論》（*On the Divine Names*）五章說：「天主不是存在於某某方式或限度之下；反之，天主是純粹絕對的，擁有生存（純理所能含蘊的）全體，並是用優先而超越的能力擁有生存全體：周圍不受任何邊界的限止。」自身本然，原有無限的全善全美。

從字源方面觀察，尚須理會「完善」二字指物體的完成。開始製造尚未完成的事物，不得謂之「完善」。凡是被製造始能形成的物體，都是從潛能和虧虛的境況，被引入現實盈極的境況：從無生存，轉而為有生存：此即謂之形成。及至完全形成之時，生存潛能，完全實現，盈滿至極，不含任何虧虛，無一餘隙中尚有任何潛能及生存的否定：整個物體生存圓滿，始真謂之「完善」。這是名辭字源的本義：不適合於形容天主：因為天主不是被製造始由潛能變為現實的一個物體。

為此，藉名辭意義的引伸擴大，所謂的「完善」，不專指變化形成，由不完善變為完善的被造物體，但是反轉過去，兼指完全不被製造，自身生存圓滿的物體。在此擴大轉指的意義下，吾人肯定天主是完善：不是被造的完成，而是自身本然的全善無缺。根據《瑪竇福音》，五章，四十八節，吾主親口所說：「你們須是完善的，就如同你們的天上父，也是完善的。」

第二十九章 模仿與模範

從上章證明瞭的定理，再進一步，可以觀察到萬物之中，如何能有並如何不能有和天主相似的特點。生存程度，比自己的原因較低的效果，在名稱和名理以及性體上，和自己的原因都互不相同。但是，無論怎樣不同，因果之間，有一些交互的相似之點，這卻是必然的。因為，本於天性的自然，作者用自己的動作，作成的物件，常和作者有相似之處。理由是：動作根於性體及性體現有的生存。物因性體而有生存，並因生存而是其所是，並作其所作。

本此原理，效果具備的性理，在高越自己的原因以內，有某些樣式和程度的存在：但根據著不同的方式、名理、性體和程度等等。為此理由，這樣的原因，叫作同名異實的原因。例如太陽，根據自己本體現實盈極的生存，發出動力，用自己的動作，在下級形體之中產生熱力：故此，從太陽生出的熱力，是太陽本體內動力的效果，和那動力，有一些相似。但下級形體的熱力，雖然相似太陽的動力，並因此，太陽的動力也叫作熱力；兩方的熱力，名同而實異：因為在本性本體上，互不相同。同樣，太陽也在某些意義下，可說是和自己動力影響變化所及的一切物體，都有相似之點。太陽在下級物體，能產生許多效果：都和太陽本體的動力相近似：同時也有性體和程度等等方面的差別。依同比例，天主造生萬物，將自己全能所造的萬種美善，分施於萬物，因此，天主和萬物，既有一些相以，同時又有一些不相似。相似之處，在於因果相關。不相似之處，在乎性體互異、程度軒殊。

本此理由，《聖經》有時稱述天主和萬物相似，有時否認萬物和天主相似。《創世紀》（一章，二十六節）說：「我們要按我們的真相和類型造人。」（真相是靈魂的神智，類型是實體獨立的生存：前者相似天主的神性，比較真切。後者相似天主的生存、僅是迷離相類似而已）。《依撒意亞先知》（四十章，十八節）卻說：「你們將天主和什麼相比？用什麼相貌形容天主？」《聖詠》（八十二章，一節）也說：「天主！有誰相似你？」

狄耀尼在《天主諸名論》九章，所說的幾句話，和本處的理論，宗旨相合：「這些同樣的（萬物）和天主相似，同時又和天主不相似。相似是盡力之所能，仿效所不能盡同。不相似是效果之所有，遜於原因。」

根據類型的相似，果如上述，與其說天主相似萬物，勿寧說萬物相似天主，更為適當。天主是萬物所仿效的標本。萬物卻不是天主所模仿的標本。天主本身之所有，全善全美。萬物所得之秉賦，來自天主，偏而不全。「相似」所依據的標準至善，純粹絕對，固然屬於天主方面，不屬於萬物方面。相似是品性、性理、條理、或形狀諸方面和至善的標準有些符合。如此，萬物符合天主，共有天主所有的某些美善，因此，可以說萬物真正相似天主；但不可以說天主符合萬物，有萬物所有的那些美善；因此如說天主相似萬物，本此意義便不適當。例如給某人畫像，吾人可說：某張畫，像似某某人（以某某人為標準），不可說：某某人，像似某張畫，（以那張畫作某某人的標準）。依此比例，如說天主相似萬物，以造物之主，模擬受造之物便更不恰當遠甚。因為「相似」在上述的意義下是效法：奉為法式而力求擬似；兩物相對，此有受於彼，因其所受，而能似於彼。受造之物，有受於天主，因其所受，相似天主。反說則不適。故此，不是天主模仿萬物，而是萬物模仿天主。一施一受，關係不可顛倒。總而言之：萬物的美善模仿天主的美善，以天主的美善為模範。

第三十章　賓辭的稱指：喻指辭：同名喻指

從上述這些定理看來，可以見到什麼可以作賓辭稱指天主，什麼不可以；什麼作賓辭只可稱指天主，什麼卻能作賓辭既稱指天主又同時稱指別的許多事物。

凡是受造物所能有的任何美善，都必得現有於天主以內，並且在那裡有另一更優越的生存方式；為此理由，不拘是什麼一些名辭，如有絕對的意義，指示不含缺點的美善，例如良善、上智、生存、實有和這樣許多別的名辭；便都能作天主主和別的許多事物的賓辭。

但是，另一方面，某樣的名辭，如果專用受造物特有的方式、程度或意義，指示一些美善，雖然也是絕對的美善，依其特有的本義，便不能給天主作賓辭。必欲用它們給天主作賓辭，它們僅能有象徵和比擬的喻指作用，不能指示它們原有的本義。這樣的名辭，都是為指示受造事物的種有性體，換言譯之，都是物類系統中的種名，例如「人」和「石頭」。如因某人思想頑固，用「石頭」作他的賓辭（構成一個論句），說：「某某人是石頭」，或「某某人是頑石或老石頭」等等，在這樣的論句以內，「石頭」是一象徵性和比擬性的喻指辭；不是種名本義的賓辭。凡是任何種名所指的性體，依其固有的性理和性分，必有特殊的生存方式及美善圓滿的程度：是本種所特有，非別種所共有：因此，種名只能作本體的「本義賓辭」，不能作別種事物的「本義賓辭」。依同樣理由，凡是「特性名」，指示事物由本種性體因素所生出的特性，如能作受造物的本義賓辭，便只能作天主的象徵賓辭，不能同時又是天主的本義賓辭（象徵賓辭是喻指辭：異類同名相喻）。

尚須理會，用絕對意義指示美善圓滿的名辭，加用「至極、無上、第一」等等形容辭，指出美善盈極的超級優越的方式和程度；只適合於天主；這樣的賓辭便只能稱述天主：給天主作賓辭。外物無以當之。例如「至善」，「第一實體」，「無上的最高實體、或實有物」和其他此類超級的形容語法。

本處方才說：有些絕對名辭，指示不含缺點的美善；這句話的意思是說：那些名辭在成立之時，原義所指的物性物體，是定義圓滿無缺的：名理完善，不含缺點；但這不是說：名辭本身的指義效力是完善的。專就名辭效力的方式或程度而論，凡是名辭都有缺點和弱點。因為我們人類，用名辭指示事物，在指示的效力上，受吾人心智理解事物時所有的限制。人類的靈智，知曉事物，是從感官所能知覺的事物，採取知識的起點；知曉明白的方式和程度，超不過它在覺識所知的事物中所發現的生存方式和程度。在覺識所知的事物中，吾人心智發現事事物物、都是性理與物質之合：性理是一回事，性理的主體是另一回事，兩不相同。在這些事物中，性理是制定物性必備的理。它固然是單純的，但不是完善無缺的：因為它沒有自立的生存。性理的主體，是性理的所有者，在實有界固然現有自立的生存，但不是單純的，而是具體的，有體構的凝聚和結合（物有物體，事有事體。事體附屬於物體。在有形界，物體是性理與物質之合，並因性理而將生存領受在物質虧虛的容量中）。為此理由，我們人類靈智，所用的任何實體名辭、凡是指示有自立生存的物體時，常指示一些凝聚結合的含義；指示單純因素時，不得用實體名辭，僅能用性理名辭。實體名辭指具體的事物，乃是指生存的主體。性理名辭，卻是抽象的，指生存的憑藉：即是指主體為領受生存必須具備的理。如此說來，吾人言談所用的一切名辭，在指義的效力上，常包含一些不完善的意義，不堪稱指天主，雖然所指的事物，在超級優越的方式之下，卻是天主所宜有；例如「良善」，及「良善實體」，兩個名辭，前者抽象，後者具體，足資明證。抽象指性理。具體指事物。事物有自立生存。性理無自立生存。人間的名辭，不分抽象和具體，只就指義效用而論，無一能是天主的恰當稱謂辭；反之，專看名辭，依制名目的，所欲指的實理，那些同樣名辭，都能是天主的稱謂辭：稱指天主是如何如何：在論說句內，給天主作賓辭。

根據上面的說明、按狄耀尼（《天主諸名論》第一章及五章）所有的名訓，上述那樣的名辭，可能在否定句內給天主作賓辭（例如說：「天主不是良善的」），也可能在肯定句內，給天主作賓辭（例如說：「天主是良善的」）。肯定天主是良善的是肯定「良善的」三字的名理，否定天主是良善的，是否定「良善的」三字指意效力的缺點。人間言語所談的那些美善，在天主以內，實有的超級優越程度，用人類制定的名辭，不能指示出來：這乃是說，用肯定法不能指示出來；必欲指示若干，便只可用否定法，或用關係的比較法；例如說：天主無始無終，（指天主生存永遠，超越時間限制）；又例如說：天主無限（指天主既無物質界限又無性理界限）：都是用了否定法。但是例如說：「天主是第一原因」，或說：「天主是無上的至善」，乃是用了關係的比較法，依照天主和外物所有的關係，說出天主超越萬物（在骨子裡，仍是否定法：比較出了天主不是像萬物那樣的低落）。原因是：我們人類無力領略天主是什麼，但能知道天主不是什麼，並能知道比較起來，萬物對於天主，必有什麼樣的關係。這是定理，回憶上文即可明見，回看第十四章。

第三十一章 實體與賓辭

從前者已有的定論，還可看到天主的美善全備，和許多名辭稱指天主，並不違反天主實體的單純。前（第二十九章）已經說明了：萬物以內所有的一切美善，天主都有，猶如效果的美善，必有於同名異實的原因以內。這樣的原因，在效能中，包含效果的美善，例如熱的效果，所有的熱度，實有於太陽的效能之中。原因的效能和所生的效果，必定互有某某類似之點，因為原因發出動作，常產生和自己相類似的效果：太陽的效能產生物體的熱度，因此吾人說太陽有熱力，這不但是因為太陽產生熱度，而且是因為太陽產生熱度所用的效能和熱度有些相同的理。太陽用一個效能，在下級物體內產生熱度，並且產生許多別的效果，例如乾燥。如此，熱度和乾燥，在火以內，是兩個不同的品性，生自太陽的一個效能。太陽用相同的一個能力，產生許多不同的效果。

依同樣的比例，萬物各因不同性理所能有的一切美善，都是天主用相同的一個能力所產生的效果。這一切效果的現有，都歸功於天主那一個能力。這是必然的。並且那一個能力不是別的，乃正是天主的本性本體，不能是本體以外的附加品或附性；因為按前者（第二十三章）已有的證明，在天主本性本體上，不能添置任何附性或附品。

如此說來，可以斷定，我們說「天主是明智的」，不但根據了天主產生明智，而且是因為吾人根據我們現有的聰明，在某些方式下，肖似天主造生我們的聰明時所用的那個能力。明智、上智、聰明等等此類的名辭，不是類系以內的種名，但有超類的指義作用。故此，能在某些限度下，指出效果和同名異實的原因，互有的相似點：聰明的天主，造生了我們人類的聰明。超類名辭，可以如此。不超類的名辭，不可以如此，例如種名。理由如下：

種名的本義，指示生存品級內一個固定的品級：有一定的方式和程度的限制：例如「石頭」指示石頭的本性固有的生存方式，和天主生存的方式大有分別。專就石頭的本義而論，物質塊然的石頭，不是天主本體的一部分。因此，可以說「聰明的天主造生了吾人的聰明」，但不可以說「石頭的天主（石像）造生了礦類的石頭」。雖然如此，石頭仍根據生存、美善、美好及其他類此名辭所指的理，肖似天主（故此，既可以說「石頭是生存的主體」，「石頭是美好的」，又可以說「天主是生存的實體，也是美好的」；但是，雖然可以說「石頭是礦類的物質」，卻不可以說「天主是礦類的物質」）。石頭的種名，（及特性名），是如此。其他各類受造物的種名（特性名），也都與此相仿（此處的「生存」二字，不指「生活存在」，而泛指極深極廣，「未亡未離」的內在現實：是任何實體「實有而非無」的內在憑藉：在天主，生存指天主的實體。在萬物，指每物從天主領取而來的生存：領受在自己的實體以內。生存的範圍，廣於生活。生活是生物的生存。但礦類無生活，卻有生存。既有生存，必因之同時而有存在。生存是絕對的，從實體內部建立實體。存在是相對的，在實體既建立以後和以外，在實有界佔領位置：和實有界發生關係）。

高級原因的一個能力，在下級物類中能產生許多不同的效果。天主造物的能力便是如此。為明瞭此點，可取譬於方才所說的太陽，用一個能力，產生火中的兩個效果：熱度與乾燥。同理可取譬於吾人的知識能力和動作能力。詳示如下：

靈智用單獨惟一的能力，認識官感部分用許多異類官能所認識的各類事物，並在此外認識許多別的事物。並且，靈智的能力越高強，越能以簡御繁，藉一知萬；用一個理統知低弱智力用許多理仍不能盡知的許多事物。高深的一個理，足以兼含浮淺的許多理，並是那許多理的總根源。又可譬如治理國家的最高治權，是一個政權，它的權力伸展到屬下各部門，各級層，許多不同權限所負責治理的一切事物：為達到福國利民的一個目的：一以禦萬。

天主，也就是依照同樣的比例，用自己單純獨一的生存，擁有各式各樣的美善。生存之理，兼含萬善萬美之理。天主以外，萬類物體，各自用許多不同能力，所能得到的美善仍甚卑微，遠不及天主「一以含萬」所有的全善全美。

從此可以明見，用許多名辭，稱揚天主，給天主作賓辭和形容辭，為人間的語言是必需的。吾人本性自然的智慧，只是由果推因，追本溯源，用因果律的推證法，從許多效果，追溯到最後的真源，除非如此，便無法認識天主；為此理由，吾人表達天主的美善，所用的名辭，必須眾多而互異，相當於吾人在萬物中所發現的美善，也是眾多而互異。我們人類的知識本性是如此：由萬物眾理，窺知天主一理。天主的知識，正和吾人相反。天主由自己本體的一理，統知萬物眾理：兼備萬物美善。

假設吾人能用靈智，洞見天主的真性實體，和祂自身所是，完全沒有兩樣；同時假設也能制定一個恰當允確的名辭，給天主作本性專有的本名；那麼，吾人便能用一個名辭，表達出天主的本性本體；不須再用現用的許多名辭。這是天主給那些將來用天主的本性本體親自洞見天主的人們，預先許下了的鴻恩。《匝加利亞先知》（末章，九節記載）：「到那一天，人類只有一個主宰；主宰只有一個名稱。」

評註：人的靈智是理性的智力：既在萬物察知眾理，便在眾理以內，窺見貫通眾理的至一實理：此即生存之理。按理的貫通，步步推究，反本追原，追到萬物生存之源，便知天主的生存，純粹無限，含蘊萬理。具備萬善。人靈智生活的發展，是印合天主生存之無限實理。印合到最完善的程度，由知天主而兼知萬物，是人生境界最高的真福，非人本性所能力致，僅應仰賴天主全能全善的助佑。天主和人，兩個靈智生存，心交神會，妙合如一。到那時，人稱呼天主，只用一個恰當至極的名稱；非現世所能知。

第三十二章 同指辭：同名同指

——同指辭為一般的「單義辭」或「一義辭」，univocai。（審校者註）

從上面的這些定理，再進一步，便可明證天主和萬物共有的賓辭，無一是同名同指的賓辭。

理由：效果生於原因，從原因領受的性理，如果和原因發生動作，產生效果，所根據的自身性理，不是同種，那麼，那個效果，從自己領得的那個性理，所採取的名稱和賓辭，便不能對於原因有同名同指的賓稱作用或指義作用。例如：火生於太陽。兩個論句，一個說：「火是熱的」，一個說：「太陽是熱的」，兩處的熱字，字同，名同；指的意思不完全相同。故此：「熱的」，在那兩個論句內，不是一個同名同指的賓辭。

天主，最高原因，產生了萬物。萬物，從天主領取而來的性理，在優美的程度上，達不到天主能力的崇高：和天主的美善，不是同種。萬物之所領受，零星而分散，並有特殊的局限；天主自身之所有，完整精純而單一，並無特殊的局限：而是竭盡了名辭所指大公而普遍的無限實理（回看第二十八及二十九章）。故此可以明見，無任何名辭能給天主和萬物作同名同指的賓辭。

加之：假設有某效果，性體優越，竟能和原因本種固有的性體看齊，它仍不能和原因共有一個同名同指的賓辭，除非它領受了和原因相同的種性或性理，並且有相同的生存方式和程度，作領受那個性理的根據和目的。為此，縱令假設有某房屋，建築的藝術十分完善，在品性和狀貌的條理上，完全和工程師心智內的理想恰相符合，「房屋」這個名辭，給「理想的建築物」和「物質的建築物」作賓辭，仍不是同名同指的實辭；因為兩下裡的生存方式和程度等等，彼此全不相似：一方面是心智內的理想，有知識界的生存：不含物質；一方面卻是物質的狀貌條理品質等等：有物質界的生存。依同樣比例，宇宙以內的萬物，受造於天主，縱令假設它們得到了和天主的理想完全相似的性理，仍不能和天主共有同名同指的賓辭，因為它們沒有和天主相同的生存方式和程度。理由是：凡天主以內所有一切，無一不是天主的生存自身，回閱前者（第二十三章）已舉出的理由足資明證。這是天主的特點，非任何外物所能有。從此可見不能有任何名辭，會給天主和萬物作同名同指的賓辭。

還有一個理由如下：能給許多主辭，作**同名同指的賓辭的名辭**，只有五種：或**類名**，或**種名**，或**種別名**，或**附性名**，或**特性名**。但是天主不能有類名作賓辭，也不能有種別名作賓辭，上面（第二十四及二十五章）已經證明瞭這一點。如此，天主也不能有種名作賓辭，也不能有定義作賓辭，因為種名的名理和定義是由類名加種別名合構而成的。

又按上面（第二十三章）已有的證明，天主也不能有任何附性或附品；如此，天主也就不能有任何附性名或特性名作賓辭，因為特性名所指的特性，（在本體論的意義之下），是屬於附性之類。如此，逐一去掉，最後只賸的一個結論乃是：無任何名辭，能用同名同指的賓稱作用，稱指天主和萬物。

復次：同名同指的賓辭，至少在名理上，比任何所稱指的主辭，都比較更是單純的：沒有那樣複雜的組合。但是，不拘是在事物方面，或是在名理方面，不能有比天主更單純的事物或名辭。故此，天主和萬物，不能共有任何同名同指的賓辭。

復次：同名同指的賓辭，是每個主辭所應分領——指的是「分享」或「分有」(participul)(審校者註)的。例如種名作主辭，分領類名作賓辭。個體名作主辭，分領種名作賓辭。但是天主不能分領任何事物或名辭。因為「分領」是領取某某整體內的一部分，在類級系統內，範圍較狹的名辭，分領寬廣名辭範圍的一部分：例如種名的範圍(外延)，是類名整個範圍內的一部分：受類名範圍的限定。凡是被分領的事物或名辭，都受本身範圍的限定；被領受到主體以內，也受主體容量的限定。主體既是分領一部分，便不是獲有全部：沒有所指美善的各種方式和程度。這為天主是不合宜的。故此，天主和萬物不應共有任何名辭作同名同指的賓辭。

此外，對於若干主體，分先稱後稱的賓辭，都不是同名同指的賓辭。按邏輯的定理，先稱辭，是後稱辭定義內的一部分：包含在它定義裡面。例如在「附性」名辭的名理和定義內，包含著實體名，例如說：(「能笑會言，是人的特性」；又例如：廣泛的說)：「附性是依附實體而生存的事物」。在這些定義的實例中，附性是後稱辭。實體是先稱辭。人先知先稱辭的名理，然後始能用它指明後稱辭的定義。根據「物體」或「事物」大公名的名理而論，實體有優先的理由，用「物體」作自己的賓辭：勝於附性。

故此，假設「物體」或「事物」大公名，是實體和附性共有的同名同指的賓辭(物體，便應是實體定義的一部分，但因實體既是附性定義的部分，物體也是附性定義的一部分，故此)，實體也應是物體或事物大公名，名理或定義的一部分。這顯然是不可能的：在名理的次第上，物體或事物大公名，先於實體，附性等等類名。先後不可顛倒。用實體去說明物體或事物大公名的名理，乃是先後倒置（以暗昧解說顯明）。

另一方面，尚須注意：天主和萬物共有的任何賓辭，無一是同級賓辭，**都有先稱後稱的次第**：給天主作賓辭，是稱指天主本體之所是：直稱天主的性體；給萬物作賓辭，卻是稱指每物秉賦分領之所有。例如說：「天主是善良的」，「天主是物體」，「天主是生存的主體」，乃是說：「天主的本性本體，是善良性自身」，「天主是物體大公名所指的實在性自身」，「天主的本性本體是生存」。但是例如說：「蘇格拉底是人」，卻不是說：「蘇格拉底的本性本體是人性自身」，而是說：「蘇格拉底有人性」，即是說：「蘇格拉底的性體以內有人性的秉賦：分領了人類共有的人性」。天主，不能分領任何性分的秉賦。故此，天主和萬物不可能共有同名同指的名辭作賓辭。

評註：就廣狹範圍比較，兩個名辭一廣一狹，例如動物類名廣於人類的種名，廣者叫作先稱辭，狹者叫作後稱辭。依名理的次第、先後、廣狹不可顛倒。

第三十三章　異指辭：同名異指

——指「多義辭」或是「歧義辭」，equivocal（審校者註）

從上面的前提，也可以明證：凡天主和萬物所共有的任何賓辭，在指義作用上，不純是同名異指。例如有些名辭，偶然能是名同而指異的。這樣的一些名辭，對於若干主辭，在品級、秩序和關係上，彼此比較，沒有任何先稱或後稱、單純或組合、原因或效果等等的分別：它們的任何一個給許多事物作賓辭，形容那些事物互不相同的屬性；意義在事物上全不相同，只是名辭相同，而且完全是偶然的相同，因為，那一個名辭，填置在此某主辭下面作它的賓辭，不指示此一主辭和彼某主辭，相互之間，或一方對另一方，有任何關係或次第（例如碧空星漢之間的牛郎織女和地上人間的牛郎織女。男人叫作「漢」，河流叫作「漢」，中國也叫作「漢」，某某朝代也叫作「漢」。都是叫出一個相同的名辭，稱指全不相同，又全不相干的事物）。

上述這樣的情形，不能發生在天主和萬物共有的那些賓辭上，因為那些賓辭，在所指的公共範圍內，常指出主辭間的因果關係（例如說：「天主是明智的，人也是明智的」。在明智公名所指的範圍內，天主的明智是人明智的原因。人明智是天主明智所造成的效果）。回閱前者（第二十九及三十二章）舉出的理由，即可明證此點。

從此可見，天主和萬物共有的賓辭當中，在指義上，沒有任何一個純是同名異指的。

加之，在純同名異指的賓辭範圍內，只有名辭的同一，所指的事物內，全無相似之點。但，按前面（第二十九章）舉出的種種理由，足以明證，萬物對於天主有某些相似的地方。故此，它們共有的賓辭，在指義上，不得純是同名而異指。

又證：每遇純粹同名異指的賓辭，形容許多主辭，吾人用任何那樣的一個名辭作中辭，從一個主辭的知識，推證不出另一個主辭的知識來（構成的論式無效，證不出真結論），因為，吾人認識事物不靠名辭，但靠名理。然則，按（第三十及三十一章和別處屢屢）已經說過的許多理由，足以明見吾人從萬物中所現有的一切出發，（推本窮源），可以達到天主許多真理的知識。故此，天主和萬物，共有的那些賓辭，在指義上，不是純粹的異實同名。

此外，名辭的名同指異（名實不符，心口不合），阻止議論程式的進行。前言不答後語（指鹿為馬），議論首尾不相連貫，證不出有效的結論。故此，假設天主和萬物，共有的賓辭，沒有不是純粹同名而異指的。那麼，從受造萬物出發，窮本追原，推證造物真主，便不能構成任何有效的論式。這一點，正和神學界的公論相反。

加之：人類語言，定名指實，名辭不虛設，賓辭不虛稱：凡是名辭，不論肯定否定，都有實義所指。但今假設天主和萬物共有的賓辭，都是完全異實而異指的名辭。那麼，我們用它們稱指天主，便全無實義可指：因為，在吾人知識以內，它們那些名辭的意義，只是根據它們給受造物作賓辭時所有的意義：論受造物有意義，論到天主，既然依照假設，是純粹名同而義乖的，故不能有意義。如此說來，凡討論天主所證出的結論，便都是廢話虛設：例如說：「天主是良善的」，及其他類此的結論，就都成了有名無實的空話。這又是相反神學界的公論。

另一方面，縱令吾人認可，用這樣的名辭，即是「良善、明智」等等，吾人只能認識天不是什麼，不能認識天主積極的是什麼。例如說：「天主有生活」，這句話的意思假設只有「天主不屬於死物之類」的消極意義；其他類此論句，無不如此，即連在這樣的假設之下，名辭仍然至少在消極的意義上，有實義相同之點：給天主和受造物作賓辭：共同否定兩方所不有的某某一點：既說「天主和某受造物是活物」，便是否定兩方都不能有的一個賓辭：「死物」：既有相同的否定意義，故此，不純是同名而異指。

評註：人類的知識是理性智力的知識。所知的物性事理，都不是沒有官感覺識所知的事物作根據。人造的名辭首先直指這些事物的種類及定義。萬類共有的大公名，有許多可以泛指萬物和天主，根據因果間彼此不能沒有的似點。兩相近似，不是一體自同，但也不是兩相純異。既有這一近似之點作根據，同名賓辭，在兩處裡，所指的實理，便不能全無實際意義。故此不是純粹的同名異指。卻有實理相近似的共同點或共同範圍。

第三十四章 通指辭：同名通指

——指「類比辭」，analogical（審校者註）

如此說來，可以只好說：賓辭稱指天主和萬物時，既不是同名異指，也不是同名同指，而是同名通指：指示多方對於一方有某某秩序或關係相通相連。

多方之間，關係相通的方式有二：

第一方式，是「多對一」：例如：相對著一個健康，說「動物健康」，是說：「動物是健康的主體」。說「醫藥健康」，是說：「醫藥治病恢復健康」，「醫藥是產生健康的原因」。說「食物健康」，是說「食物保養身體的健康」。又說「尿色健康」，是說「尿色是健康的徵驗」。「健康」二字，給這許多主辭作賓辭，指示它們對於健康有相通的關係；本此關係，彼此之間也有一些關係和秩序的連貫。

第二方式，是「兩者之間一對一」：不是兩者對第三者發生關係，而是兩者之間一對一，或雙方、或單方發生關係。例如說：「實體是物」，「附品或附性也是物」：「物」，大公名，泛指事事物物，給實體和附性作賓辭，指示附性對於實體必有的關係：附性依附實體；此外，不指示實體和附性，對於某某第三者所能有的關係（附性依附實對，是單方以一對一的關係）。

天主和萬物共有的賓辭，同名通指，是根據「關係相通」的第二方式：萬物的任何一物和天主，兩者相對，受造物對於天主，在生存上，有必然的關係；不是根據第一方式；因為如說天主和受造物，共同對於第三者發生關係，便必須肯定在先稱後稱，或先有後有的次第上，有某物先於天主：這是不可能的（萬物對於天主，是受造物對於造物者，效果對於原因，單方面每物一對一的關係）。

尚須注意：在這樣的同名通指的關係上，事物先後和名理先後的次第，有時相同，有時不相同。理由如下：

名理先後的次第，遵循知識先後的次第。吾人心內的名理，是智力知曉事物時所形成的思想。名辭是名理的符號。事物先後和知識先後次第相同時，名理先後、名稱先後、事物本性的先後等等的次第，也便相同。如此，比較事物生存的先後，實體依其本性，先於附性，因為實體是附性的原因；同時，比較知識的先後，也是實體依名理的定義，先於附性：因為在附性的定義內，必須填入實體：欲知附性是什麼，須要先知實體是什麼。如此兩下裡，各方比較，可知「物」大公名作賓辭，先稱實體，後稱附性。實體主要，附性卻是次要的。在這裡，名辭先稱後稱的次第，和物性先後及名理先後的次第，三方都是相同。同名通指，常有首指、次指、先指、後指的等級。

反之，有時比較兩物先後，能有某物，物性在先，吾人知之的可知性卻在後：當此之時，在通指的等級上，事物先後和名理的先後，次第不相同：例如「治病的能力」，先有於醫藥之中，後有於動物之中。因為動物的健康是醫藥療治的效果。依物性次第，原因先於效果。但因吾人認識醫藥治病的效能，必經的門路，是觀察效果：故此在知識的次第上，吾人先知效果，後知原因。吾人命名指物，採取名稱，也是從效果方面採取過來借指原因。由此看來，依事物的次第，醫藥治病的效能，先於動物的健康：健康先稱醫藥，後稱動物。但依名理的次第，健康先稱其主體：動物；後稱醫藥。

如此，既然吾人先知萬物，後知天主；由萬物推知天主；故此吾人所定的名辭給天主和萬物作賓辭，依所指的事物，先稱天主，後稱萬物；依所包含的知識和名理，先稱萬物，後稱天主：用之以稱萬物，便見其意義更顯真確。吾人既在知識上是由果知因，故在制定名稱時，也是借效果的名稱，加以變通，稱指原因。換言譯之：原因的知識得自效果；原因的名稱也是得自效果。

評註：萬物受造於天主。萬物是效果。天主是原因。既知萬物是效果，便知其原因是天主：因為天主乃是萬物生存的原因。天主的實有和生存情況，是可以理證的：證自「有果必有因」，並證自萬物的效果性。「萬物是效果」，在有形之界，是可以實驗證明的：因為萬物的眾多互異，及生死變化，都是實驗可見的事實：足證它們是效果。有形的原因產生有形的效果，也是可以實驗的。超越有形宇宙的造物者，造生有形的萬物，這個事實分因果兩端。效果這一端是可以實驗的。原因那一端，不是可以實驗的：因為實驗，是用官感的覺識，例如眼見手摸去實際接觸或觀摩。故此，只可以理證：據理推證：根據「有果必有因」的理。人類理性知識的價值，及理性言語的意義，不但根據官感覺識的實證，而且主要是以理智知理，並推理的理證，為其本性固有的基礎。同名通指的賓辭，依此基礎，有實理的指義，故能建立理證的思想體系：不是全無實義的。明白了這一點，便可看到理性的理證，是神學否定法確有實效的保證，不可受現代邏輯實證論的動搖和眩惑。所謂邏輯實徵論或實證論基本的定理，主張官感經驗的實證，是人類知識及語言實義的惟一基礎，這樣的主張不適合人理性知識及語言的本質。人間語言內，不但超類大公名，而且萬物的類名和種名，都是超越官感經驗的抽象名辭：有官感所絕無力領略的實理，只有理性智力所能曉悟。例如數理、物理及其他。理性的理證，是人類知識和語言的中心基礎。本章定論有不朽的價值。

第三十五章　同義辭：異名同指

從上述一切，還可證明，為討論和稱指天主所舉出的一切名稱和賓辭，雖然指示一個相同的事物，但它們仍不是異名同指：因為它們不指示一個相同的理。

證明：天主實體單純而惟一。物類萬殊，各因不同性理肖似天主；依同比例，吾人靈智，經過物類萬殊的理，也就是說，經過物類萬殊的美善，上達以推知天主；充此方法之所能知，吾人用種類萬殊的觀點和概念、想法等等，在某些樣式限制之下，模擬天主的精純實理，以求肖似於萬一。為認識一物，吾人靈智想出許多想法，百般形容、描畫：這並不是吾人知識的錯誤和虛妄：因為天主的生存是單純的，方式和程度本體優越，致使吾人按上面（第二十九及三十一章）已有的證明，非用許多性理及花樣，不能在思想裡模擬天主生存實況於萬一。吾人靈智根據各種不同的思想，發明許多不同的名辭，稱述天主的美善，每個名辭稱指的實理，不是相同的：雖然指示的實體完全是一個，但因實理有許多，故此名辭也有許多：這許多名辭，名理不全相同。故此，不是異名同指。因為，名辭的意義，首先指示心智的思想，其次指示思想所懂明瞭的事物。名辭代表思想，並經過思想代表事物。許多名辭代表許多不同的思想，故不是異名同指；許多思想描寫一個事物，故無傷於事物方面，實體的單純。

評註：名辭代表思想，並經過思想代表事物。事物的本體或實體是單純的。一個單純的實體，包含許多思想可理解的方面。每一方面的理，都是可知可思，並且也是可名的。理是理智之所見，不是官感之所覺。理在所覺的形物以內。物有形，理卻無形。但理是實理。許多名辭所指的實體雖是一個，但所表達的實理卻是許多。實理既不相同，名辭便不是異名同指。名理的基礎，不在官感覺識的實證，而在理性的智解。實證主義者不顧理性的智解，專重覺識的證驗；故看不到理智思想的實義。

第三十六章 思想、語言、事物

從此再進一步推論，可以明見吾人靈智，用分判和結合的方法，形成許多論句，談論實體單純的天主，不是虛妄的空談：雖然天主是完全單純的。

因為吾人的靈智，按（前章）已有的說明，為能懂曉天主的知識，必須想出許多理由和條理。雖然如此，吾人仍然明白，這許多思想，共同代表的事物，本身全是單一的。實際上，靈智懂曉事物，不將靈智生存和動作的方式，附加到所懂的事物上去。例如它用非物質的方式認識石頭，雖然這個知識不是物質的，但它卻知道石頭本身不是沒有物質的。依同樣的比例和理由，吾人的靈智，用話語的結合，**構成論句**，說出事物的單一，並用話語的結合，作事物單一自同的標誌。例如用構辭「是」字，將「天主」、「良善」或「良善性」等等話語，結合起來，構成論句：「天主是良善的」，或「天主是良善性自身」，在這些論句內名辭有許多互不相同，名理的繁多互殊，歸屬於吾人靈智，天主的實體惟一，單純而自同，卻是歸屬於吾人靈智，（用那許多名理），所懂到了的事物。

為此理由，吾人靈智，有時在論句以內，填入介辭（或繫辭，或前置辭），構成論句後，標明論句內分子的複雜。例如說：「在天主以內，有良善的德性。」這樣論句內，名理的複雜紛歧，也是屬於靈智；

同時它所道出的某些統一和單純、卻應歸屬於事物方面。

評註：在語言的心理學和哲學裡，極應分辨事物、思想和名辭。又應分辨思想的能力、思想的事件和思想的內容。名辭的名理，是思想所思的內容：代表事物的理。名辭是如此。論句也是如此。事物有時甚簡單。思想卻比較複雜。名辭或論句，卻能更是複雜。有些簡單事物，洞見時易知易明；回憶反省時，卻千條萬緒，應費許多思想；用言語解說起來，更是千言萬語，仍難形容盡致。事物、知識、思想、言語，四者互不相同。繁簡互異。同一事物，人能知之於許多思想。一個思想，可表達於許多辭句。簡單的思想，能表達於委曲婉轉、繁複綺麗的辭句。

第三十七章　良善、仁善、生存

用我們（在第三十九章）證明瞭的「天主全善全美」作前提，尚能推證出「天主良好」的結論來：證法如下：

吾人說「任何某物良好」，是由於那某物本身固有的德性。德性是它的每個主體及主體動作良好的內在因素（參看亞里斯多德《道德論》卷二，六章、一一六頁左三）。主體及其動作良好，乃是其德性所使然。但是，德性非他，乃是一種美善。按（亞里斯多德）《物理學》，卷七（三章，二四六頁左二至右一）的證明，德性成全時，物體始堪稱為良好。故此，物之良好，乃是物之成全：也即是物之美善。並且因此每物都追求自己的成全和美善，以自己的成全和美善當作自己良好可貴的福美。已經證明瞭天主是美善全備的，故此天主是良好的。

又證：上面（第十三章）證明瞭在發動和被動的系統上，有一個不動的第一發動者，它就是天主。完全不動的發動者，在發動的方式上，是愛情對象、可喜愛的吸引：引動愛情的追慕。天主，既是不被動的第一發動者，故此是第一可喜愛追慕的對象。可愛慕的對象，引人追慕有兩種理由：或因為它真實良好，或因為它貌似良好。第一種良好，是良好的本義。貌似的良好，引人愛慕的原因，不是它的本身，而是它外貌所呈現的良好。良好的事物，卻是本身引人追慕。天主既是第一可愛慕的對象，故此天主是真實良好。

再證：**良好乃是萬物之所追求**。大哲《道德論》卷一（一章）舉出了這一句名言，意思極好。萬物之所追求，乃是各按自己的方式和限度，領受生存的現實盈極。明證此點如下：每一物體，按自己的本性（傾向和能力），抵抗自己的滅亡。貪生厭死，是物之常情：根於物之本性。生存的現實盈極，建立良好之所以然。良好之理，成於生存。因此，失掉生存的現實，是不良好：正和良好相反：是兇惡之理之所由立。明見於大哲《形上學》（卷九，卷八，九章、一五一頁左四）。兇惡之理生自潛能虧虛。

但是，按上面（第十五章）已有的證明，天主是生存現實的盈極本體：不含任何潛能和虧虛。故此，祂是真實良好的（良好就是良善：指良好可愛的美善）。

加證：生存和良善的流傳，發源於良善。可明證於良善的本體和定義。依本性本體而論，每一物體的良善美好，是它本體生存的現實盈極：應有盡有，全備無缺。每一物體，由於自己生存現實的飽滿盈極，發出動作：並用自己的動作，流傳自己的良好美善。因此，按大哲《氣象學》卷四（三章，三八〇頁左一三），**物體能產生同類**，**是美善全備的徵驗**。另一方面，依定義而論，**良好乃是可追慕的美善**。有目的和止點，或歸宿的意思。乃是目的之追求，引起物體發出動力，完成某動作。為此理由（按狄耀尼《天主諸名論》四章，所有的名論），**良好的現實**，**乃是良好美善**，**及生存的流傳**。天主有這樣的流傳能力：因為上面（第十三章）已經證明瞭：天主是造生萬物生存的原因：因為天主是自立而必然的生存實體。故此，天主是真實良好的（猶言天主至仁）。

為此種種理由，《聖詠》（柒式，一）詠唱說：「對於良心正直的人，依撒爾人民的天主是多麼良好！」《哀歌》第三（二十五），歌誦說：「對於仰望上主的人們，對於尋求上主的靈魂，上主是良好的！」

（良好，就是良善慈仁；是性體的一種美善。天主的性體：全美全善；萬美萬善，全備至極，一無所缺。天主既是如此美善，故此也是良善慈仁的：仁愛至極：造生萬物，流傳生存；可愛至極：是萬物共同追求的至善）。

第三十八章 良善與本體生存

從這些理由，還可推出一個結論：就是：「天主是自己的良善。」（良善是仁善，是天主的本體）證明：在每個物體以內，它的現實盈極的生存，便是它自己的良善。天主不但是現實生存盈極的物體，而且是它自己的生存自身，證明見於上面（第二十二章）。故此，天主不但是一個有善良的物體，而且是善良自身。

此外：每一個物體的成全完備，便是它的善良。證明見於前章。天主的美善，不是天主實體以上添加的附性。反之，按上面（第二十八章）已有的證明，天主的生存自身是美善全備的。故此，天主的善良，不是天主的附性，而是天主的實體。

又證：每個實體不是善良自身的物體，因有善良的秉賦，始得稱為善良。秉賦而來，是來自先有的原因，從而領取善良的理由。如此，上溯推求，不能推至無窮：因為在目的各級排成的系統上，不得上溯無限。目的有終止或止點的意思，和「無限止」的意思，適相矛盾。善良有目的和止點的意思。故在善良品級的系統上，必須上溯，終止於某一個最高的至善。它不分領善良的秉賦，因而和另某高級善良發生關係；但因自己的性體本身，純是善良的：此即天主。故此天主是自己的善良性（善良是祂的本體）。

又證：生存的主體，能分領某某秉賦。生存自身，卻不能分領任何秉賦而作秉賦的主體：因為分領秉賦的主體乃是潛能和虧虛。生存卻是現實和盈極。然而，按（第二十二章）已有的證明，天主乃是生存自身。故此，不是因秉賦而有美善，乃是本體美善（天主本體是生存：故是美善）。

加證：在任何單純的物體以內，生存和生存的主體，純是一物，因為，假設不是一物而是兩物，彼此互有分別，合成一個物體：便不是單純的了：而是組合的。然而，按（第十八章）已有的證明，天主的實體，是完全單純的。故此，祂和祂的生存，並和祂的善良三者，同是一物，和祂的實體全無分別。故此，祂是祂的善良性。

用同樣的理由，還可證明天主的善良和天主的善良性，也是一回事，彼此全無分別。或說「天主是善良的」，或說「天主是善良」，或說「天主是善良性」，三句話的意義，完全相同。為此，瑪竇《聖經》，拾玖章、十七節說：除了惟一天主以外，無人善良（天主至好至善至仁）。

第三十九章　惡劣：生存的否定或損失

從此，進一步，顯然可以明見天主以內，不能有惡劣。

證明：生存和善良性及各種性體名辭所指一切，在自己單純的本體以外，沒有任何其他的攙雜；雖然生存的主體或善良性的主體，可能在生存和善良性以外，加有其他某某事物。因為主體既承載一種美善之後，無妨多加一些，也承載另一種美善：例如一個物體，既是白色的，無妨同時也是甜的。但是性體不能如此：因為每個性體或本性，都封鎖在自己界限嚴明的定義以內，故此不能再容納任何外物。然則，按（前章）已有的證明，天主不但是善良的，而且是（純）善良性（自身）。故此，在祂以內，不能有任何事物或成分，竟不是（純）善良性（自身）。如此說來，在祂以內，任何惡劣，完全不能有。

加證：任何物體，在生存期間，不容並有和本性相反的事物：例如：人，除非停止是人，不容在自身以內並有無理智的獸性，或無知覺的植物性：（因為人是理性動物，不能同時又是無理性的禽獸或無知覺的植物）。然而按（前章）已有的證明，天主的性體，乃是純善良性（自身）。故此，除非天主停止是天主，在祂自身以內，不能有善惡並存的餘地。善惡，本性相反，不能兼是天主至純的本性。天主是永遠的，證於上面（第十五章）：不能有時停止是天主：故此，天主不能是惡而非善。

再證：天主的本體，是自己的生存，不能有「秉賦賓辭」，只能有「本體賓辭」。前章舉出的理由，足資明證。假設天主能有「惡劣」等類的名辭，作自己的賓辭；便只能用它們作自己的本體賓辭，不能作秉賦賓辭。本體賓辭，指示主體的本體是什麼。秉賦賓辭，指示主體的秉賦有什麼。天主至上至純，不從外物領取秉賦附加在本體以內，故不能有任何秉賦賓辭。但另一方面，「惡劣」之類的名辭，不能給任何主體作本體賓辭。惡性或劣性不會是任何物體的本性。假設某物，本性就是惡性，它便不能有生存：因為，按（第三十七章）的說明，生存是善良的。「惡性」指示惡之所以為惡的純惡本體，和「善性」一樣，不能在本體以外，另添外物的攙雜。故此，惡劣之類的名辭，不能作天主的賓辭。「天主是惡劣的」，這樣的論句不能成立（因為是自相矛盾的）。

又證：惡劣和善良是相反的。善良之理，在於美善全備。惡劣之理，故此是在乎不美善全備。完善和不完善，是正反相對的。天主是全善全美，萬善全備的，詳證見於上面（第二十八章）。故此，在天主以內不能有惡劣。

此外，物體的完善，是根據它的生存現實和盈極。不完善，故此應是缺乏生存的現實和盈極。故此，惡劣便是缺乏，或虧缺，或包含缺乏。但是缺乏或虧缺等等的情況，是以潛能或虧虛為其寓存所在的主體。然而，天主以內不能有潛能或虧虛。故此，也不能有惡。

此外，（大哲《道德論》卷一，一章，一九四頁左三），善良非他，乃是萬物之所追求。每物本性，逃避凶惡。相反物性傾向的事物，附加在某物以上，是強迫它接受並是不合於它的本性：這就是惡毒，或凶惡，或災禍。每物所有的惡，既是為它是惡，為它不好；或為它有害，都有凶惡或毒惡的意義；至少，純就「為它不好」的方面著眼：惡是它被迫而遭受的凶禍；雖然在組合物體中，能有某某方面，惡也是它本性能有的（例如：人本性有眼，本性也能生來無目）。但是天主不是複雜成分合構而成的組合體，在自身以內，不能有任何被迫而有的毒物、毒害或與本性不合的事物侵入或攙雜。詳證於前面（第十八及十九章）。故此，天主以內不能有凶惡，或受毒害。

《聖經》也旁證這個結論真實：《聖若望》**律定本**《第一書信》（第壹章，五節）說：「天主是光明，在祂本體以內，沒有任何黑暗。」《若伯傳》第三十四章，十節說：「天主絕無邪惡，全能真主、絕無罪惡」。

第四十章　萬善之善與生存

從前面已有的定論，還可證明出來：天主是萬善之善（聖奧斯定《聖三論》卷八，三章《拉丁教父文庫》卷四十二，九四九欄）。

證明：每個物體的善良，是它自身的完美，詳見第三七章。天主完善完美，萬般美善，無不全備：純粹美善；故此，按（第二十八章）已有的證明，天主用自己的全善全美，包括萬物所有的諸般美善。故此，祂的善良，包括萬有一切的善良。這就是說：天主是萬善之善。

又證：秉賦如何者，惟因其近似本體，始堪稱為如何。秉賦就是領取某某性理或才能的一部分。例如火燒熱了鐵，將鐵燒得通紅。鐵發熱發光，近似火的本體：從火的本體，領取了一部分火的性理和能力。然則，天主是本體善良；萬物的善良不是萬物的本體，而是萬物在本體以外所有的秉賦：來自善良的本體天主：詳證於前面（第三十八章）。故此，物無一善，除非近似天主的美好良善。故說：天主是萬善之善。

再證：凡是事物之引人追求，都是為了目的。善良之理非他，惟在其引人追求。凡足以稱為善良的事物，必須或是目的，或是因為它有利於達到目的。故此，最後目的是萬物領取善良之理，所必有的來源。此即天主。詳證於下面（本書，卷三，第十七章）。故此，天主是萬善之善。

從此，可見上主給梅瑟預許面晤時，為什麼說：「我要給你顯示萬善」，原句載於出穀記（三十三章，十九節）。《智書》——指「智慧書」（審校者註）（八章拉丁通本，七章，二節），論天主上智，也有以下這句話說：「我既有上智，萬善乃隨之俱來而為我所有！」這些話，言外有什麼意思？回閱本章即可領悟。

第四十一章 至善與生存

從此轉進，便可證明：天主是至高無上、至大無比的良善。

證明：萬物的公善超越任何一物的私善。按大哲《道德論》卷一，八章（一九四頁右二三）所說：民族的公善公益，大於一人的私善私益。整體的善良和完美，超越部分的善良和美好。然而，天主對萬物之比，乃是公善對私善之比：因為，按（前章）已有的證明，天主是萬善之善。故此，天主乃是至高無上，至大無外的良善。

又證：每一物類中的至大元首，是同類萬物的原因。這是大哲的名論，原話載於《形上學》卷一，副壹，一章（九九三頁右二三）。原因強於效果。按（前章）已有的證明，萬物所有的善良之理，都是來自天主。故此，祂是至高無上，至大無外的至善。

加證：越無黑色攙雜，則顏色越發潔白。依同比例，越無惡劣攙雜，則物體越是善良。然則，天主絕對極無惡劣攙雜，因為在祂以內，既不能有惡劣的現實，又不能有惡劣的潛能；並且按（第三十九章）已有的證明，這乃是天主固有的本性。故此，祂是至高無上，至大無外的至善。

從此可以領悟《聖經》上以下這句話，言外暗指的含義：「沒有和上主一般神聖的人物。」原句見於《撒慕爾紀》上卷，二章（二節）

第四十二章 獨一無二與自立生存

用上面證明瞭的定理作前提，轉進一步，便可推演出另一顯明的結論，就是（在實有之界）只有一個天主，不能有許多。天主的實體，是獨一無二的。

證明：至善無偶，是一個絕對必然的定律。至高無上，至大無外的至善，（在實有界），不能有兩個。超額贏餘的美善，既可說是超額贏餘，便只能現有於一物（否則，兩額相同，無一可謂超額）。無上至善，超越萬善，故不能現有於兩物。按（第四十一章）已有的證明，天主是至高無上，至大無外的至善。故此（實有界），只有一個天主。

此外，前在（第二十八章）證明瞭，天主是萬善萬美，能有盡有，完備無缺的。全善無偶，也是一個絕對定律。假設（實有界）有許多天主，便也必須有許多全善的實體。這是不可能的：因為，既然兩個都是全善無缺：純全完備，應有盡有，則兩者彼此完全無有可以分辨的地方。全無分異，故不能分開而成為許多：無異故無別。故此，依理而論，肯定有許多天主，是不可能的。

又證：為產生一個效果，一因已足時，寧用一因，勿用多因：寧儉勿費（參考《物理學》卷八，六章，二五八頁，右十）。萬物的自然秩序，現有的美善，便是更好無可復加的美善。為什麼呢？因為第一原因的發動能力強大，足以實現萬物的潛能，竭盡萬物虧虛的容量，賦以美善的充盈飽滿。為完成這個效果，高下各級原因，追本溯源，約盡歸一，統歸於一個至高無上的原因。這樣的原因，有了一個，就已充足。故此，無理由假設這樣的原因能有許多。原因之設，寧少無多。

加證：一個恆久不息、規律不變的運動，不能發自許多原因。理由：假設有許多原因發動，或同時都發動，或不同時都發動，兩個或然的假設，都是不可能的。假設同時都發動，便無一是完善的發動者；反之，必須那許多原因，都連合在一齊，始能代替某一完善的發動者：充任其工作。這樣的情況，不適宜發生在第一發動者；因為（依生存和邏輯的次第），完善者先於不完善者。連合不完善的許多原因，充任完善的原因，卻是先後倒置了。故此，不可承認它們能同時都發動。轉進一步想，既然它們不是同時都發動，故此，任何一個都是時而發動，時而不發動：有時可能都不發動，或少數發動，餘者靜止。從此想來，可知它們所發出的運動，既不能是恆久不息，又不能是規律不變的。恆久如一的運動，只能是發自一個發動者。不常發動者，乃是不規則的發動者。例如：在下級各發動者，事實明顯：或被迫而動，始則強猛，終則衰弱；或順著本性，自然發動，正是相反：其來以漸，始於微弱，終於強大：都不是恆久如一的。按哲學界已經證明瞭的公論，第一（層天體）的運動，是恆久如一的。（參考大哲《物理學》卷八，七章，二六一頁左二十）。故此，它的第一發動者，必須是一個，不是兩個或許多。那個第一發動者，就是天主。

再證：在萬物自然的秩序內，有形質的實體，以無形質的神靈實體，為自己的目的和至善：因為，萬物本性，無不竭力追求能得的至善；形體勵志追求接近擬似的美好良善，在無形的神靈實體內，更是豐富而飽滿。

但是，有形萬物的一切運動和變化，現實所有，無不追本溯源，約盡歸一，統歸於一個第一原因：至高無上，再無更高原因，又出其上。故此，第一（層天體的）運動是以第一原因，為自己的目的；它的這個原因，是一個無形質的神靈實體，是至高無上，獨一無二的；除祂以外，沒有別的任何一個，足以是萬物運動的最後原因和目的。在祂以下，各級原因，無一不歸屬於祂。吾人所說的「天主」這一個名辭，所指的實體，乃是這個第一原因。故此，實有之界，只有一個天主。

加證：數目眾多，種類萬殊的事物，彼此互相關連，組成秩序的統一，是以全體共同歸依的某一單位元為基礎和目的：例如軍隊的秩序統一，各師團互相配合，是以全軍隊共同歸依的元帥為基礎和目的。元帥的統一指揮和勝利的目的，是全軍隊秩序合一的所以然。任何某些互異的事物，不拘在任何某一關係上，彼此連合起來，組織和行動，配合統一。其基礎與目的，不能是各事物固有的本性；因為它的本性是互異的，分歧的：更趨向分裂，不趨向合一；它們合一的理由，也不能是來自政出多門：因為假設許多互不相同的統治者，負責維持秩序，各自意見不同，目的和政策也互相不同，便不會組成秩序的統一。如此說來，事物眾多、互相連合，組成的秩序，或是出於偶然，或是必須歸依某某惟一的至高組織者，賴它編排組織，調動配合，引領組織內的一切分子，共司追求它所規定的目的。

宇宙間，現有的一切部分，都是互相連合，用交互的關係，組成了秩序的統一：高下相成，強弱相需，異類相濟，例如下級地上的形體，被動於上級天上的形體；同時，天上的形體，被動於無形質的實體，詳證於上面（第十三及二十章）。這樣的宇宙秩序，並不是出於偶然的：不是無因而至的：因為，常常如此，或大部分如此的事實，不能是沒有原因主動的偶然事情。故此，這個宇宙全體，只有一個組織者和統治者：編排它的秩序，配合它的行動。這個宇宙以外，沒有別的另一個宇宙。宇宙惟一，主宰惟一，此即天主。故此，天主也是惟一無二的。

再證：假設有兩個物體，每一個都是必然的生存實體，那麼，兩者（既是各自獨立，本體不同），同時卻有相同的生存必然之理：每一個都是本體與此理之合：或至少其中一個有某分異因素，附加在生存實體以上：是一個由本體與此因素，相合而構成的實體。但按上面（第十八章）已有的證明，組合的實體，無一能是自身必然生存的實體。反之，自身必然生存的實體，是單純至極、精純無雜的「純生存之理」所指的「生存現實」。這樣的必然生存的純淨實體，只能有一個，不能是許多。天主不是別的，乃是這樣的實體。故此，有許多天主是不可能的。

加證：假設兩個必然生存的實體，共同有一個生存的必然性。從這個假設出發，不但應承認兩者互有分異的某某因素，而且必須說，這個因素，為補足生存的必然，是有一些需要，或是一無需要。這個或然的兩條思路，都是走不通的：請逐步推想如下：假設它是一無需要，故此是偶然添加的附性。因為，凡是附加到某物以上，又不是構成其本體生存的因素，都是附性。故此，這個附性生自某某原因：這個原因，或是該某物原有的本體，或是本體以外的另某事物。假設是它的本體，同時因為按上面（第二十二章）已證明瞭的定理，它的本體乃是它生存的必然性自身；故此，生存的必然性，應是產生那個附性的原因。但是生存的必然性，依假設是兩物現實共有的。故此，兩物也應共有那個附性。如此想來，只根據那個附性，兩物仍是互無分別（為能互有分別，必需另有因素，仍是一附性，結果仍是推至無窮，兩物互無分別）。

另一方面，假設那個附性，不是生自該某物的本體，而是生自另外一物。除非先有此物作原因，那個附性便無由而生。同時，除非有此附性，上述兩物，則不能互有分別。故此，除非有那另一物作原因，則此兩物，仍非兩物，乃是一物。為能分成兩物，各自獨立起來，必需各自依賴那另某一物作原因：兩者固有的必然生存，如此說來，乃是那個原因所產生的效果：兩者之中，竟無一個是自身必然的生存了：被生的必然生存，不能是自身必然的生存。

轉回去，假設兩物互異所有的那個分異因素，為補足生存的必然性，是有一些需要的：故此是本體的內在因素；在此假設之下，那個分異因素，被包含在生存的必然性以內，或是如類名包含在種名的定義以內，例如「生物」類名，包含在「動物」種名的定義以內；或是如種別名包含在種名定義內，對於類名，發生種別的限定作用：將類名的界限縮小，在類名的大公範圍內，指定出較小的種別界限來：例如「人」種名的定義內，「理性」是種別名，指出種別特徵，將「動物」類名的範圍縮小，指定出「理性動物」的種別界限來，說定：「人是理性動物」。

假設那個分異因素，是必然生存的類名賓辭，包含在它的定義以內；那麼，不拘在什麼地方，一有生存的必然，便有那個類名賓辭；猶如那裡有動物，那裡便有生物；換言之，是動物者，則必是生物。如有兩個生存必然的物體，既然共有那相同的類名作自己的賓辭，便不能又用那個賓辭，指出彼此互有的分別來。

另一方面，假設那個分異因素，是如同種別名限定類名那樣去限定生存的必然性；本著這樣的假設想去，也是此路不通：因為限定類名的種別名，並不去補足類名的定義。但類名所指的實體，僅能賴種別因素的充實，而領受生存的現實和盈極。種別名所指的種別因素，乃是種名所指本體，必備的盈極因素和生存因素：和類名的定義，沒有關係。**類名**，在未加**種別名**以前，自己有圓滿的定義。例如：「動物」類名，定義圓滿不需要附加「理性」或「無理性」等等的「**種別名**」。「動物」**類名**，自身的名理圓滿；不加種別名；仍能有圓滿的定義；但是類名所指的動物實體，除非有理性或是無理性，便不能有現實的生存。實有界，現實生存的動物，不是無理性的禽獸，便是有理性的人類；不能是非人非獸的渾然動物。

如此說來，乃是有某因素，補足必然的生存現實，不是補足必然生存的名理或定義。這卻是不可能的。理由有二：第一、凡是必然生存的實體以內，它的本性本體乃是它的生存。按上面（第二十二章）已有的證明，在必然生存的實體，天主以內，性體和生存無別。（種別因素，是性體因素。故此，在天主以內，也是和祂的生存沒有分別。假設有兩個天主，仍舊不能用共有的那個種別因素，來分別彼此）。第二、果然如此，乃是說：必然生存的物體，用那另某因素作自己生存現實的原因：從這個原因領取自己現有的生存。這是不可能的。

綜合本段一切議論，足證不能肯定有許多實體，其中任何一個都是自身必然的生存。一說許多實體當中，有一個是自身必然的生存，其餘一切，便不可說是自身必然的。故此，自身必然生存的實體，天主，只能有一個，不能有許多。

再證：假設有兩個天主，那麼，「天主」這個名辭，稱指兩個天主，給兩個實體作賓辭，或是同名同指，或是同名異指。根據本處議論的宗旨，不得是同名異指：因為如有說話者共同習用的容許，無妨製定同名異指的名辭，指示任何事物（例如牛郎織女，既指地上男耕女織的一對人物，又指天上不耕不織、無男女可辨的兩顆星宿）。

今如假設：「天主」是一個同名同指的名辭，給兩個天主作賓辭，兩處指示相同的名理：如此說來，兩個天主，根據一個名理，應有一個自同的性體或本性。這個性體，在兩個天主以內，是共同根據一個生存，或各根據一個生存。假設是根據一個生存，故此兩個天主共是一個天主，只是一個，不是兩個。實體的本性不同，則不能兩物共有一個生存。實體的本性相同，又有一個生存，兩物乃是一物，無以分作兩個。另一方面，假設各自以內，各有一個生存，兩個生存分立的實體；有相同的本性；那麼，兩者之中任何一個的實體，既與本性有別，又與生存有別；實體不是本性，也不是生存，而是本性和生存的主體或收容所。這在天主，是不可能的：因為按（第二十三章及二十八章）已有的證明，吾人必須肯定在天主以內，實體乃是性體，並是生存。故此，兩個天主，無一能是如此，無一能是我們所認識的真天主。「天主」二字的真義，依吾人已承認的定義，指示「實體既是性體或本性，又是生存」的一個無限實有：（純粹盈極：純粹現實的生存：沒有物質和性理的界限：純是實理無限的生存）。根據「天主」二字的真義和上面的講解，不可能肯定有兩個或許多天主。

加證：「此某」或「彼某」等等語法，指定單立的個體。這樣指定了的個體，有時有自己專有的賓辭（例如說：「此某人、耶穌、是童貞瑪利亞的獨子」。在這句話裡，「此某人、耶穌」，是用單稱冠辭，指定了的個體名辭，並且是主辭，「童貞瑪利亞的獨子」，是那個主辭專有的賓辭。實有之界，只有一個此某人、耶穌；只有一個童貞瑪利亞的獨子；並且此某人耶穌和童貞瑪利亞的獨子，兩個單稱名辭，在那一句話裡，只形容一個單立的實體。先認清了上面這幾點，然後展開議論如下）：

個體專有的賓辭，只是此某個體所獨有，非其他任何物體所可共有：因為個體專有的賓辭，指示此某個體單獨專有的特性；除此某單立的個體以外，不能出現在任何第二個體以內。此某或彼某單立的個體，所有的生存，也是個體指定了的此某或彼某生存。個體指定了的生存，也只能屬於一個實體所專有（這是大前提。下面是小前提）：

然則，天主是此某必然生存的主體。祂生存的必然性是祂獨自專有的賓辭：故此，非任何第二物體所能共有。如此，也不能有許多實體，每個的生存都是必然的生存；所以也不能有許多天主（「不能有許多天主」是最後結論）。

補證上面的小前提（用反證法）：假設此某必然生存的必然性，不是此某必然生存的主體所專有的個體賓辭，那麼，它這個自己現有的生存，及此某單稱的指定，便都不是本體必然的：那兩處的必然性，都不是以它的本體為根據，它的必然性，乃應根據另某一物。但是，每個現實生存的單立體，根據它自己生存的現實，是和一切外物都不相同的：它有此某指定的生存，是此某指定的某物：不同時又是任何另某物。故此，如說：此某必然生存的主體，在自己生存現實上，根據另某外物，而得生存的必然性；乃是違犯了「必然生存的主體」的基本定義：等於言論自相矛盾。故此，必須肯定前面小前提的真確，就是：天主是此某必然生存的主體：祂生存的必然性，是祂獨自專有的賓辭。

再證：「天主」這一名辭，在名理上，所指示的性體，是在這個「此某獨立實體、天主」以內，個體化了的。天主性體個體化的因素是什麼？或是天主的性體自身，或是另某一物。如果是另某一物，天主的實體便必須是此另某一物與天主性體合構而成的組合;這是不可能的:因為這是相反天主實體的單純及全善。既不可能是另某一物,便必須是天主的性體本身了;如果是天主的性體本身,便也不能是另某一物。故此,天主性體個體化的原因,是天主的性體自身。

但是,須知任何個體化的原因或因素,是某某個體所獨有,不能被許多個體所共有。足見:天主的性體,既是天主個體成立的因素,不能被許多個體所共有。從此說來,必得的結論是:不可能有許多天主。

加證:(仍用反證法)假設有許多天主,天主性的性體,在每個天主以內,在數目上,必須不是一個。每個天主,各自有一個天主性的性體。在這裡,性體是名理或定義,指定的物之本性。許多天主,便有許多天主性的性體:故此,必須有某分異因素,將此某天主以內的性體和彼某天主以內的性體,標明出互不相同的特點來:如此,每個天主便是此某特點和性體之組合。這卻是不可能的:因為天主的性體,根據上面(第二十三及二十四章)已有的證明,既不容受本體種別因素的添加,又不容受附性異點的添加:天主的性體,精純盈極,外無可加:這是天主的本體;另一方面,天主的性體,不是任何有形物質以內所可包含的性理;故此也不能用物質塊然的劃分,作為自己實體分立的因素。既無任何分異因素,足以劃分天主的性體。故此(從一個天主性的性體),不可能分辨出許多天主來。天主只有一個,不能有許多。

又證:抽象的理智可領悟的生存之理,在實理之界,只有一個(理一而物殊。實理至一,物體萬殊。理智、藉物懂理,可以離物觀理;離物觀理,則見實理惟一。各種物理,無不如此)。例如白色,只是一理,離物觀白,白色之理(顯在心智以內),只是一個。然則,天主的生存,乃是離物獨立的生存,是生存純理的無限實有:因為,按上面(第二十三章)已有的證明,天主的實體不是別的,乃是自己的生存。

天主的純粹生存和生存惟一的純理，是一個離物獨立的現實盈極（不但是心智內一個抽象的純理，並且是竭盡了這個純理無限的廣大，有獨立的實體生存）。故此，天主只是一個，不是許多。

又證：任何一物的固有生存，是自己所獨有，只是一個。但按上面（第二十二章）的證明，天主的實體，純是自己的獨立生存：故此只能是一個，不能是許多。

再證：依照同樣的方式和限度，事物擁有生存，並擁有獨立的統一。因此，每個物體，竭盡所能，抵抗自身的分解，免因分解，而趨於滅亡：失掉生存。然而，天主的性體擁有生存，根據的方式和限度，至為高大至為剛強。故此，在天主性體以內，有至高大，至剛強的獨立統一。足證完全沒有方法分別成許多。

加證：每一物類之中，實體分多，始於一元：這是吾人有眼俱見的事實。也就是為此，任何物類之中，吾人常能發現最先有的第一元始：它是同類萬物的元首和標準。在某同一物類之中，任何許多物體間的共同性或共同之點，必須依據著某某一個因素：以此因素，為全類相同的原因，並是共同點的來源。然則，生存是萬物所共有的，是萬物的共同點。故此，必須只有一個因素，是萬物的元始和標準：此即天主。

又證：在任何元首的統治內，位居首席的元首，追求統治範圍內的獨立和統一。為這個理由，最強的政體，是一個元首主政的政體，即是一君主政或王政。四體百肢共有一頭。一身不二首，一國不二王。凡此種種實例，足以明示吾人，位居最高的元首，須有獨立和統一。為此，天主既是宇宙萬物的最高原因，吾人即應公認祂是純粹獨立統一，惟一無二的。

從《聖經》裡面，吾人也可取得一些聖訓，明明公認天主惟一無二。《申命紀》六章，四節，命人說：「依撒爾人，請聽！你的上主、天主，是一個天主」；《出谷記》二十章，三節，也說：「你，除我以外，沒有別的許多天主」；聖保祿《致厄弗所人書》肆章，五節，也說：「一個上主，一個信德，云云。」（天主是全無形質的純神。造了宇宙間的神人萬物。天主造生的眾位天神，也是神。但受造的眾神，不是造生萬物的天主真神。天主真神，是全能神，是至上實體。受造的眾神，不是全能神，也不是造物主。全能的造物真主，實體純神只有一個）。

用上面這個真理可以排拒許多人所信從的「多神教」，及類似的謬說。天主是造物主，全能神，至上實體的專名。用去指示或稱呼受造的眾神，猶如說：「受造的造物主」，便甚不適宜。許多異教人，稱至上實體是至上神，稱呼天主造物者叫神，稱呼天主造的一切神靈、無形、永遠長生的一切實體，也都叫神；難免有神與神名稱混亂的弊端。這樣亂用神名，混指造物者和受造物，是人間言語的習慣，也可發現在《聖經》以內。在那裡，天主叫作神，眾聖天神受造生於天主，也叫作神，甚至有些人物或官長，也竟有時叫作神：好像都叫作天主。例如《聖詠》（捌伍，八）說：「主！在眾神當中，沒有一個可以和你相比！」別處又說：「我說了，你們都是神！」參看《聖詠》第捌壹，六節。《聖經》裡，許多處有許多這樣的話語：是人間說話的習慣：「神與神」，混而難分。

摩尼教人主張宇宙萬物，共有的第一元始，不是一個，而是兩個，各自獨立平等，善惡相敵，一個不是另一個的原因：等於說有兩個至上實體：故此和真理有違。

亞利安（Arianism）派人誤信聖父和聖子，兩位不是一體一性一個天主，而是兩性兩體兩個天主；還用許多謬說攻擊天主實體惟一的真理。亞利安派的異端人信從《聖經》，吾人用《聖經》的明證，可以給他們證實聖子是真天主。他們便迫於明證，不得再不信從：（天主雖有三位，但三位共是一體。三位一體，不是三位三體）。

第四十三章 無限與純生存

先有數量和體積，而後始有無限之可言。「無限」二字，是數量和體積的賓辭。（所謂「賓辭和主辭」，乃是「隨辭和引辭」的意思。主辭引於前，賓辭隨於後。「某某實體是人」，既被肯定於前，則「某某實體是理性動物」，必隨之被肯定於後。「人是理性動物」，在這句話內，「人」是主辭、引辭。「理性動物」是賓辭、隨辭。「是」是構辭，連合二辭構成論句，表達二辭間賓主關係，就是引隨關係。故此），大哲及學界公論共認「無限」是「量」的隨辭（參看大哲《物理學》卷一，二章，一八五頁左三四）。本此定義，「無限」是「物質量數的無限」：或無限多，或無限少，或無限大，或無限小；既是物質的，故非天主之所能有。按已有的證明（回看前章），天主不但是惟一無二，獨立統一的，而且單純精粹，體內沒有任何分子，或本體分子，或附性分子的組合。故此，策算數目，不能說天主是無限的（既不能說天主是無限多，也不能說天主是無限少）。專按體積連續合一廣展而言，天主沒有形質，不是物質塊然的賓體，故此，丈量體積，也不能說天主是無限的。（既不能說祂是無限高大，也不能說祂是無限瘦小）。必欲探討天主是否無限，只賸本著「神靈界的偉大」之觀點，去看一看是否天主是無限的。神靈界的偉大，不是物質的，而是精神的。

精神的偉大分兩種：一是能力偉大；二是本體偉大。本體偉大，是性體美滿的程度高大。例如說某物有白色，或更白，或欠白，根據它現有白色滿全的程度高低而比較釐定。能力的偉大，從工作或成效的偉大，可以比較出來，物體先有本體的偉大，而後有能力的偉大，再後有工作的偉大，最後有成效的偉大。本體生存現實盈滿至極，從而滋生出動作能力。生存現實盈極的程度越高，則能力強大的程度也越高。如此說來，只賸根據性體滿全的程度，談論神靈事物是否偉大。聖奧斯定（《聖三論》卷六，九章），也說：「在無堆塊大小可言的事物內，只有優劣可以比較：優者為大，劣者為小（優劣在質。堆塊是量）」。在這裡，質是性質、品性或品質，不是物質。量是數量和積量，卻是物質界的。

認清上述諸點，就應在此處證明，根據精神的偉大方式和程度而論，天主是無限的。

尚須理會「無限」有兩種意義：一是缺乏應有的界限，可以簡稱缺限。例如體積或面積的積量，或數目多少的數量，本性生來，為能現實存在，應有固定的界限；故此它們如果（依假設），沒有那應有的界限，便是「無限」：質實言之，乃是「缺限」：有缺乏盡頭或終止的意思。這樣的「無限」，兼含著「不齊備、尚未完成、或不完善」等等的「不好」意思。第二種意義，「無限」是「否定界限」，不受局限或範圍。

論到天主無限，不可用第一種意義，說天主缺乏本性應有的界限。那是等於說天主不完善。只可以說天主完善至極，全不受任何疆界的拘束或範圍的限止。本此全善無限無量的積極意義，吾人應承認天主是無限的。詳證如下：

一證：性體有限的物體，都受類界的限止。天主不屬於任何類：祂是超類的。祂的美善全備，兼包萬類的美善，詳見上面（第二十五及二十八章）已有的證明。故此，祂是無限的。

二證：寓存在另一主體內的**盈極因素**，由此主體而受限止。主體常按自己的容量和方式，領受所容納的事物。故此，不寓存在任何主體以內的盈極，便不受任何限止；例如：假設白色獨立存在，不附著於任何物體之上；它的白色完善，便是無限的：凡所能有，全都盡有，不受阻礙或限制。然則，天主是絕對完全不寓存於任何外物以內的盈極因素：因為盈極因素，只有兩種，或物質以內的性理；或性體以內，就是性理以內的生存；按（第二十六及二十七章）已有的證明，天主固然純是盈極與現實，但既不是物質以內的性理，又不是性理以內的生存：因為，按上面（第二十一章）已有的證明，天主的本體，純是自己的生存：既超物質，又超性理。既無物質界限，又無性理界限。生存獨立，現實盈滿至極：無限無疆。這是最後只賸的必然結論。

再證：在宇宙萬物之中，吾人發現：一方面有某因素，只是**潛能和虧虛，例如第一物質**。一方面有某因素，只是**現實和盈極**；根據上面（第十六章）的證明：**純現實和盈極**，乃是天主。第三方面，有某事物是潛能與現實之合，即是虧虛與盈極，兩因素的組合：例如天主以外，所有一切事物：受造於天主：用自己主體的潛能和虧虛，容納性理或生存的現實和盈極。

但是，**潛能**是領受**盈極**的能力，虧虛是容納盈極的容量。潛能和現實，虧虛和盈極，前後兩相對，是**完缺對立**（矛盾對立），**盈虛相關**的。在對立相關的比例上，雙方對稱相等，潛能和虧虛的容量，不能超過正對面現實和盈極的程度：依純理絕對而論，是如此；徧察每個實例，也是如此：矛盾對立，反比例對稱相等，是盈虛對稱的定律。按此定律，吾人既知第一物質是潛能無限和虧虛無限，便必然推出一個結論，就是和它矛盾對立的第一神體，定是現實無限和盈極無限。純潛能既是潛能無限，則純現實是現實無限極虧虛既是虧虛無限，則純盈極是盈極無限。**天主是純現實和純盈極**，故此，天主是現實無限和盈極無限：等於說：實體和生存的完善，都是無限的。

又證：**盈極和現實**，越沒有虧虛和潛能的攙雜，精純程度越高，完善的程度也便越高。因此，凡是不純淨的盈極或現實，既有虧虛和潛能的攙雜，必有完善的界限。反之，純淨的盈極和現實，因為沒有虧虛和潛能的攙雜，故此完善至極，沒有界限。然則，天主是純淨的盈極和現實，全無任何虧虛和潛能。詳證見前（第十九章）。故此，祂是完善無限的。

加證：依照絕對的純理去觀察，**生存**，是一個無限的盈極和現實。萬物生生，數目無限，方式無限，程度無限，各自**分領生存**，取之不盡，用之不竭。生存，在其自身的盈極現實，彷彿是一個無限的寶庫。故此，如果某某物體的生存是有限的，必是受了某某外來因素的限止。這個外在的因素，或是那個生存的原因，或是領受那個生存的主體。然而天主的生存，既不能有原因，又不能有主體：因為天主的實體自身乃是自立而必然的生存，故此沒有外在的原因。又因為天主的實體自身，既是自己的生存，故此沒有主體：不用主體作自己的收容所。故此，祂自己的生存是無限的。祂的實體自身，也是無限的。

還證：有某優點的任何主體，分領那個優點的程度，越高強豐滿，本體也便越增完善。但是，假設有某實體本性本體完善無缺，並且它的生存，乃是自己的良好美善，那麼，除它以外，不能再有任何更高的生存方式和程度：不但不能實有，而且不能設想。然則，天主正是它那樣的一個實體。故此，比天主更善良、更美好的實體，是不堪設想的。故此，天主的美好善良是無限的。

加證：吾人的靈智，懂曉任何事物時，有開展無限的胸襟：下面的實例，足資證實此點。面對著任何有限的數量，吾人的靈智，常能設想出更大的數量來。靈智胸懷的開展和上進，是無止境的：它的最後境界，是無限的。「物力不虛設」，是一條定律。假設：實有界沒有一個靈智可知的無限事物，那麼，無限的靈智，便是等於虛設。既然這是不可能的，故此，實有界必須有某事物是靈智可知的，是無限的：並且它必須是萬物以上，至大無比的實體。這樣的實體，也就是我們所說的天主。故此，天主是無限的。

又證：效果廣展的寬大，超不過自己的原因。只有天主，除天主以外，沒有別物，能是吾人靈智的原因。天主是造生萬物的第一原因：至高無上。故此，吾人靈智，無力設想出比天主更大的物體來。既然面對著一切有限的物體，吾人靈智常能想出更大的物體來，如此推論到最後，足見天主不是一個有限的物體。

加證：無限的能力，不能寓存在有限的本體中：因為每一物體，都是憑藉著本有的性理，發出動力和動作。性理乃是物之性體（如在天神），或是性體的一部分（如在形體）；性體即是本體。能力，是一個名辭，指示動作的根原。然而天主所有的動作能力，不是有限的；因為祂發出的動作，運動在無限的時間以內。無限長久的運動，不能不有無限大的動力；詳證見於上面（第二十章）。如此推想，結論必是：天主的性體是無限的。

上面的理由，根據了主張「宇宙永遠」的意見。不接受那個意見，仍能找出更強大的理由，證實「天主能力無限」的結論。茲改證如下：

潛能和虧虛分許多，視其與現實和盈極、相去遠近而定。比較起來，每個原因，發出動作，將某物由潛能引入現實，充實其虧虛，越能將那離現實更遠的潛能，引入現實，完成的工作越鉅重艱難，表現所有的動力，也便越是強大。例如為燒熱清水，比燒熱清氣需用更大的火力。水比氣，更難燒熱；和熱的現實，相去的距離更遠。然則，潛能和現實之間的距離，最遠者，莫過於虛無與實有，完全沒有的東西，是虛無。生存完備的實體存在，是實有。實無和實有之間的距離，是無限的距離。完全沒有的東西，沒有任何生存，不但沒有現實的生存，而且連潛能的生存都沒有。如此想來，假設整個的宇宙，原先是完全沒有，純是虛無，然後被造始從純無而變為實有。那麼，足見造物者的力量是無限的（無限的力量，根於無限的本體。故此，天主的本體是無限的）。

前段的這個論證，為主張「宇宙永遠」的人也有效。因為他們雖然主張宇宙的實體是無始無終，永遠固有的；但他們仍承認天主是宇宙實體的原因。他們主張說：永遠的天主是宇宙永遠的原因；猶如從無始之始以前的永遠時期，腳是腳印的原因；縱令假設有永遠的腳，在永遠的沙灘上，永遠印出無始無終永遠長存的腳印。肯定了「宇宙永遠」的主張，用前段所舉出的理由，仍照舊能證出「天主能力無限」的結論。因為，天主造生萬物，或根據他們的意見，造自永遠；或根據吾人意見，造於時間；天主是萬物生存的公共原因：沒有不是天主產生的物體。如此說來，天主產生世物時，不用任何先有的物質作原料，也不用任何先有的潛能因素作主體。既不用物質作原料，又不用主體作寄託。這樣，從純無中產生現有的實物，是造生萬物的真義：需要造物的天主有無限大的能力。詳加申說證明如下：

發動能力和被動潛能，兩者之間成正比例：依同理，盈極因素的廣大，和虧虛容器，容量的廣大，也是互成正比例。理智所假設先有，或實際所真是先有的被動潛能和虧虛，如果它的潛能性和虧虛性、程度越深，為實現其潛能，充實其虧虛，原因方面，所需用的發動力和盈極因素，也應更是越加高強廣大。既然世物有限的能力，由先備的物質潛能，產生出某某效果；從此深思推究，最後只賸的結論便是：天主的能力，不用任何先備的潛能，竟產生了萬物，必定不是有限的，而是無限的。如此說來，天主的性體即是本體，也是無限的。

加證：每一個物體，生存的壽命越長久，它那生存的原因，效力也越強大。壽命無限長久的物體生存，必有效力無限強大的原因。然則天主的壽命是無限長久的：因為上面（第十五章）證明瞭，天主是永遠長存，無始無終的。天主，在自身以外，沒有另一物能是祂自己生存的原因。祂的永遠生存，是本體自立的生存，沒有別的原因。故此，祂的本體自身，有無限久存的能力：並且本體自身是無限的。

《聖經》的名訓，足以佐證本處所推論而得的真理。《聖詠》（壹肆肆，三）說：「天主偉大，可讚至極，不會讚美太過。祂的偉大是無限的。」

極古老的眾哲名論，也旁證這個道理真實。他們彷彿是被真理所迫（參看大哲《物理學》卷三，四章，二三頁右一），都曾主張萬物的第一本原是無限的。他們不知正確的名辭真義；有些人竟認為第一本原的無限是數目的眾多無限；依照德謨克利特（Demoerotus）的學說，主張萬物的原始因素，是原子：細微不可分，數目無窮盡。又按亞納撒（Anaxagoras）的意見，主張萬物的原始因素，是每個物體內性質相同的分子，也是數目無限。

還有些人，主張萬物第一原因的無限，是體積廣展，連合統一的無限，主張某一原素（或水、或火），或某一無限混沌的形體，是萬物的第一原始：第一根原。

但用後代眾位哲人的研究，證明瞭萬物的第一原因，不是任何無限的形體；加上另一方面，又證明瞭萬物的第一原因，必須在某某方式或意義之下，是無限的：故此最後的結論，綜合各家所見的原理、主張：足以作萬物真原的那個第一原因，固然是無限的，但不是有物質的形界實體，也不是形界實體內的物質能力。

智力：生存的自覺

第四十四章　靈智的知識能力

從上面的定理，轉進一步，可以證明天主有靈智的知識能力。

一證：上面（第十三章）證明瞭，在發動和被動的系統上，（依因果律，反本追源，逐一上溯推進），不能進至無窮，必須有所終止：止於至上惟一的第一不動的發動者。按論證法可證出的結論，萬物的被動而動，共同被動於這個第一發動者。

轉進一步，須理會到，凡是自動者，都是用知識和情意（apetite），發出自己的活動。事實上，吾人發現宇宙間，只有那些有知識和情意的實體，是自動而動的；因為它們能被動而動，也能被動而不動，或不被動而動：這樣的能力，是它們本體固有的。察驗事實，便可看到。如此推想，在第一發動者本體以內，有能力發動的那一部分，必定具有知識和情意。在用知識和情意發出的活動上，有知識和情意的活動實體，是被動而動的主體；情意所追求及知識所領略的對象，是不被動而動的客體。

發動萬物之動的第一原因，就是吾人所說的天主，是完全不被動的發動者。為此理由，祂的本體和自力發動的那一部分，（都在自身以內），互有的關係和比例，是情意所追求的客體和相對的主體，所有的關係和比例（一個本體：自己用情意的反射作用，自己愛慕自己：自己作自己的主體和客體。依同理，自己認識自己）。

說到這裡，須知祂的本體，不是感官情意所追慕的對象：因為感官的情意（屬於肉身器官感覺的有形世界），所追慕的對象，不外於覺識所知的有形世界。器官覺識所知的事物，只是限於特殊時間和空間以內的個體事物。為此，器官感覺之界的情意，所追慕的對象，不是純理絕對的公善大善，而僅是特殊事物的私善小善。然請注意：純理絕對的大善，依本體先後的次第作比較，先有於此時此地個體的小善以前：並是小善所以是善的基本理由和目的（純理絕對的公善和大善，沒有特殊個體的形質，非形體器官的知識所能知曉，也非器官情意之所追慕。知曉並追慕純理絕對的公善和大善，是高於器官覺識及情意以上的知識和情意：屬於理智和神智：姑且可攏統稱之為靈智的知識和情意）。如此說來，第一發動者作自己情意所追慕的至善，必定是靈智所知的純理至善。依同理，祂自己愛慕自己，作此自愛的主體，也是一個有靈智知識和情意的主體：故此，簡言譯之，祂是一個靈智實體。更進一步講（假設低級的靈智實體，用知識和情意的反射作用，自知、自愛；並且，因此每個靈智自愛的本體，是可愛慕的美善，也必定是有自知的靈智），那麼，低級的靈智美善是如此；何況高級的靈智美善呢？依此比較上推，不難明見至高無上的第一至善，既是靈智界的愛情對象，便（不但是被知被愛於靈智；而且自身）必有靈智的知識和情意。此理真實，尤甚於低級靈智。

由此觀之，既然依照哲學界許多人的主張，假設第一發動者的活動，是自動而動；便必須肯定天主是有靈智的實體。

補證「靈智美善，必定有靈智」，靈智動作的現實，成於主體與客體的交接合一：智力與可知相交：

便產生知識的現實。靈智實體，本體自知自愛，乃是主體與客體交接合一。故此，靈智美善既是本體自愛，必有自知的靈智（低級靈智實體，例如人類的靈魂，和各級天神，都是自知自愛的美善實體：有靈智的生存與活動。低級如此，何況高級？各級如此，何況至高無上的至善天主呢？故此，天主是有靈智生存和活動的實體）。

二證：假設（按亞里斯多德的主張）：萬物被動而動的最高原因不是一個自動的第一發動者，而是一個完全不被動的發動者：從此假設出發，仍舊必然生出相同的結論：因為第一發動者，是萬物運動和變化，共同所有的原因。共同所有的原因，是萬物的公共原因。凡是發動者，個個都是憑藉著某某性理而發出活動，在活動之時，以此性理為活動的終向及目標。發動者的活動無不引某性理為標準（低級發動者，有低級的性理。高級發動者，有高級性理，作為自己活動所依據的憑藉和所追求的目的）。至高無上的第一發動者，必須有至高無上的性理和至善，作自己活動的憑藉和目的。至高無上的性理，是萬物分賦的大公性理：普徧實有於萬物之中：是萬物的公理。在公理的意義和方式之下，所謂的「公共性理」，非在靈智以內不能有。（靈智是知公理的知識能力。靈智以內現有公理，便是靈智知識的現實。第一發動者，既有公理作自己活動的憑藉、標準和至善；故此，祂有靈智知識和情意的現實）。故此，天主即是第一發動者，必定是有靈智的。

加證：在主動和工具的關係上去觀察，總不會有任何無靈智的實體主動，用一個有靈智的自動者作工具；反之，後者能用前者作工具。宇宙以內，所有的一切發動者，都是天主的工具。天主是第一發動者，是其餘萬物變動的主動者，萬物和天主，有工具與主動的比例。事實上，宇宙以內有許多實體，是用靈智發出動作。故此，第一發動者，天主，（既好像是用他們作工具），便不可能自身，是一無靈智的發動者，故此，天主必定是有靈智的。

再證：某物之有靈智，是由於它沒有物質，可驗之於離物懂理的抽象作用：性理被靈智用抽象作用，從物質形象中，抽取出來，離開物質，始受靈智現實曉悟。因此，靈智知理，是知普徧的理，不是知單立的個體，就是說：不知物質的個體：因為物質能受塊然的劃分，是個體分立的因素。性理被懂的現實和靈智懂理的現實，是一個現實。在懂理的現實上，懂理的靈智和靈智所懂的理，彷彿是結合成了一體。從此可見，現實被懂，既是由於性理沒有了物質；現實懂理識性，也便必是由於靈智本體沒有物質。上面（第十六、十七、二十及二十七章）已經證明瞭，天主是完全沒有物質的。由此可見，祂是有靈智的。

還證：按上面（第二十八章）的證明，任何物類所有的美善，天主無不全備。又按上面（第十八，二十二，二十四，二十七及三十一章）舉出的種種理由，足以明見天主實體以內，並不由於萬善兼備，而發生複雜的組合，反而仍有本體的單純精一。以一兼萬，是理統萬殊的特點。萬物美善之中，最強大優越的一點，便是實有某物，具有靈性的智力。物體，因有智力，始能在某某方式和程度之下，既是自己本體現實之所是，又是萬物現實之所是：用自己本體單純的生存現實，兼含萬物所有的一切美善。這是吾人靈性知識的特性：一心含眾理，一理統萬理與萬物：未知以前，可能是如此。既知以後，現實是如此。既然，天主現實兼備萬物和萬理的一切美善，確實是以本體純一的生存現實，包含萬理萬善，故此，天主是有靈智的。

又證：凡是物體，如果常用固定的方式，追求某某目的，未追求以前，先規定目的：或自己規定，或由外在某原因來給自己規定：假設沒有預先規定的目的，自己便無以追求此某目的或選擇另一目的，而捨棄其他目的。萬物本性，各自追求固定的目的。趨利避害，順性而動：常是如此，或大多數次是如此，故非偶然：必根於本體固有的恆性，偶然者，稀有、不常有、不多有。有些物體，沒有靈智，不認識目的可愛之理。故此，不自己給自己，預先規定目的；為能現實追求某某目的，需要有物性的創作者，給它們豫先規定目的。物性的創造者，給萬物賦與生存，並且是自身必然的生存：（是萬物生存的泉源。生存是萬物的目的和至善。給萬物分賦生存和物性的創造者），吾人稱之為天主。詳證於上面（第十三及四十二章）所舉出的那些理由。既有能力給物性豫先規定目的，不能不用靈智認識目的的美善之理。故此，天主是有靈智的。

加證：實體全備，而性理的秉賦卻不全備的物體，是不完善的物體。凡是不完善的物體，都不是自生的，而是生於完善的另某物體（例如赤子生於成年的父母）。依本性自然的秩序，比較優劣先後，完善的實體，優先於不完善的實體：猶如盈極現實，優先於潛能虧虛。認清了上面的原則，請轉念觀察，事實上，存在於特殊事物中的性理，都是受個體事物分領了一部分，沒有竭盡了自身純理大公範圍的廣大和真全：分領的秉賦不全：故此，都是不完善的。如此推論，足見它們必需生自另一些不受個體或特殊事物局限的完善性理。這些自身完善純全的性理，是事物內秉賦的，那些不完善性理的來源。這樣的完善性理，是真全的純理，具有能以偏賦某類某種萬物以內的大公性；在此純全而普偏的大公性條件之下，除非在某某靈智的思想以內，不能存在。現實真全而大公的純理，只能是被某某靈智現實懂曉和思想的理。

說到這裡，請作一個假設：如果那些純理，（在純全的條件下，不但存在於某某靈智的思想以內，而在實有界）現實真有本體獨立的生存；那麼（從此假設，必生的結果，乃是：它們不但是被靈智所認識的理），而且，它們還必定是有靈智的實體（因為，按前面方才提出的定理，不受物質個體局限，而實有生存的純理：是靈智知識的主體和客體，沒有物質，而現實合一：必是有靈智現實生存和活動的實體）；同時，另一方面，因為，它們非如此（真有實體獨立的生存），便不能用現實的動作，產生不完善的性理，作它們分賦流行的泉源。一言以譯之：根據上面的假設：凡是無物質而獨立生存的純理，都是有靈智的實體（因為它們有現實的動作：自知，自愛，並是自己以下眾理的泉源和原因）。

如此說來，天主既是第一盈極和現實，竭盡了盈極和現實的純理，有獨立生存，是本體自立不倚的生存，並是萬物生存的來源：造生了萬物及物中的性理和生存；故此結論必須是：天主是有靈智的實體。

《經》證：公教信仰，公認這個結論的真實。《聖經》裡《若伯傳》九章，四節，論天主說：「天主，有心，故有上智，天主，有力，故有強健」。同傳十二章，十六節：「天主以內，強健與上智兼備」。《聖詠》第一三八，六節說：「從我（所知一切，我知道了）𤨔的知識美妙可奇，非我所知之可比擬」。聖保祿，《致羅馬人書》十一章，三十三節，呼號說：「哦！天主的知識和上智，多麼豐富而高深！」

史證：這個真理，自古流行人間，根深蒂固，嶙峋屹立，重如泰山。溯察希臘字源，古人造字、定名，呼「天主」為「諦耀視」，拉丁轉音為「諦悟視」，來自希臘動辭「諦睚視太」，原義指示「觀察」或「看見」：都有知識的含義。（Theos=Deus.Theastai=Videre）。

第四十五章　知識、生存、本體

從「天主有靈智」這個定理裡面，可以推出另一結論，就是：天主靈智的知識，乃是天主自己的本體。

證明：靈智的知識，是靈智實體的活動，內成於靈智實體以內：存在於其中；不過渡於體外某物，而成於外物體內。動作的內成和外成，分別至大。例如火，燃燒某物，將它燒熱，是一外成動作：完成於火本體以外的那某一物，並在那一外物內，產生變化：外物被燒，遂因而受到變化。內成動作，不變化外物，而成全主體。事實上，某物不因受靈智之懂曉，而遭受變化；但是靈智因懂曉那某物，而成全了自己知識的增長，懂曉和知識的增長，是成全在靈智以內。然則，天主實體以內，所有的任何事物，都是天主的本體。詳證於前面（第二十三章）。故此，天主的靈智知識，乃是天主的本體，並且是天主的生存，又是天主的實體自身：因為天主的實體自身，便是自己的本性本體，又是自己的生存。

另證：靈智的知識和靈智，互有生存和本體之間的比例。然則，天主的生存乃是天主的本性本體，詳證見前（第二十三章）。故此，天主靈智的知識乃是天主的靈智。但是天主的靈智，按上面（第二十三章）的證明，不是天主的附性或附品。故此，它是天主的本體。如此推論到最後，必須肯定天主靈智的知識，乃是天主的本體。

加證：在完善美滿的程度上作比較，第二現實或盈極優於第一現實和盈極；例如現實思想某某知識，優於現實固有那某某知識，（藏在記憶裡），但不思想它或回想不起來。然而，按（前章）的證明，天主的知識或靈智的懂曉，是天主自身的本體；因為，按上面（第二十二及二十三章）的詳細證明，凡是美善，天主都是本體俱備，不是得自秉賦：或分領其一部分。今如假設祂知識的現實思想，不是祂的本體，那麼，便有另某境況，在優美和崇高的程度上，勝於祂的本體。如此說來，祂的本體便不是善良美好至高無上的極點了（回看第二十八章）。因此，祂便不是至高無上的第一實體了。這是和前者既有的定理相反的，故此是不可能的。用此反證法反回去，足證靈智知識的現實思想：現實的昭昭明察，是最現實的現實：最盈極的盈極：不能不是天主至善的本體。

復證：靈智的昭昭明察，是靈智實體生存的現實和盈極。假設天主的靈智實體，不是天主靈智的現實明察；那麼，前後相對，便有潛能虧虛對現實盈極的比例。果然如此的話，必須要說，天主實體以內，便有了潛能虧虛對現實盈極的對立和組合。按上面（第十六章）的證明，這是不可能的。反回去，必須肯定天主靈智的現實明察，乃是天主的本體。

又證：凡是實體的目的，都是發出動力，完成現實的動作。假設天主的動作不是天主的實體，而是另外一事，那麼，天主實體的目的也便要是和自身不同的另外一物。若果如此，天主的本體也就不得是自己的美好善良或福美了：因為，凡是實體，都是以自己的福美，為自己的目的。（參看前面第三十七及三十八章）。天主是以自己的本體為自己的福美。故此，反回來，必須結論說：天主靈智的現實動作，乃是天主的靈智本體。

既然如此，轉進數步推論，足以見得天主的靈智明察，是一個單純的、永遠的、不變化的現實存在的動作：並且純是現實盈極：沒有絲毫的潛能虧虛：這樣的精純現實，盈極無限，並且兼是前面已經證明瞭天主所有的一切美善；故此，天主的靈智現況，常是現實，沒有潛能；常是盈極，沒有虧虛；永知全知，故不開始懂到或學習新知識，甚以至於在靈智昭察的現實上，連絲毫任何變更，或組合的現象都沒有：純是一個光明澄澈的昭察無疆！純一不雜，萬理現前：事無不知，物無不見（本處各點，詳論見下）。

第四十六章 思想與意像（智像）

從上面明證的種種定理看來，足以明見天主的靈智懂曉或思想萬物，所用的意像（Intelligible species），只有一個，並且只是天主的本體，不能是別的。

理證：靈智內的意像，是靈智動作必備的性理因素，猶如任何能動作的主體，都是以自己的性理作自己動作的內在因素。（例如火體以火的性理，作出火的動作）。然則，按（第四十五章）已有的證明，天主的靈智動作，乃是天主的實體。那麼，假設天主的靈智動作，是用自己本體以外的某某意像，作內在的因素和憑藉或原由；這就是等於說：天主本體以外，另有某物是天主本體的因素和根原。這是不可能的：因為是相反上面多處已證明的定理。天主的本體是萬物的第一原因，不能又是任何另一原因的效果。故此，反回去說：天主靈智知物，所用的意像，不能不是祂的本體（劉勰《文心雕龍》所說的意像近似此處的意像）。

再證：靈智知物，由潛能虧虛，轉而為現實盈極，所用的盈極因素，是靈智的意像；猶如官感知物，由潛能虧虛，轉而為現實盈極，所用的盈極因素，是官感的意像（Sensible species）。如此比較起來，足見靈智的意像，對於靈智，有現實盈極，對於潛能虧虛，所有的比例和關係。今假設天主的靈智知曉或思想事物，是用和自身不同的另某意像，這就是等於說：天主的本體，對於某某外物，有潛能虧虛對於現實盈極，所有的比例和關係。這卻是不可能的：詳證見前（第十六及十七章）。

加證：靈智的意像，如果存在於靈智以內，而非靈智的本體，那麼，它所有的生存，乃是附性生存：寄存於主體以內。為此理由，我們人類的知識，算是附性的一種。然而，按上面（第二十三章）已有的證明，在天主以內，不能有任何附性。故此，在天主的靈智以內所有的意像，不能不是天主的本體自身。

再證：所謂的靈智意像，乃是所知某物的印像（libeness），靈智內的印像，代表所知的某物：是知識的成因。今假設天主靈智以內，所有的某某靈智意像，不是天主的本體，那麼，天主靈智以內，便有所知某物的印像：或代表天主的本體，或代表另某物。但它不能代表天主的本體：因為天主的本體，可以被靈智知曉，非意像所能代表：本體可知的原因全在本體，不在本體以外。同時，天主靈智以內，除天主本體以外，也不能有任何意像代表任何另某外物：因為，如果有，便應是由那某某外物，將自己的印像，印在天主本體上：（使祂遭受變化，並假定祂有感受變化的潛能：這是不可能的，回看第十六及十七章）。如果假設那個外物的印像，是由天主本體，自己印在自己上面，這也是不可能：因為這是「施受合一」：等於「因果相混」和「因果顛倒」：並且須要某一原因，發出動力，不是將自己的印像，而是將另某外物的印像，印在感受銘刻的主體上：**原因主施**。**主體主受**，在此處，不但施受合一，因果相混，而且是違反「因果相似」的定律。一個原因，彷彿是印章，竟印出異外某物的印像來，是不可能的。話又說回去：外物的印像，既不能由外物印在天主本體上，又不能由天主本體印在自己本體上。故此，天主以內，除自己的本體以外，不可能有任何靈智的意像。

另證：天主的靈智動作或知識，按上面（第四十五章）已有的證明，乃是天主的生存。那麼，假設天主在自己本體以外，另有某某靈智意像，作自己靈智動作的原因；這便是說：天主在自己本體以外，另有某物作自己生存的原因。這是不可能的。故此天主靈智動作或知識，所必備的靈智意像，不得不是天主的本體自身（這裡所說的本體便是本性本體，側重性理可知的光明方面）。

第四十七章　靈智的光明自照

從上面的這個定理，轉進一步，便可明見天主自己認識自己，是靈智光明，完善無缺的知識。證明如下：

靈智，用靈智的意像，透入所知的事物。靈智動作或知識的完善，繫於兩點：一是靈智意像，完全符合所知的事物真相。二是靈智意像和靈智，互有完善的結合。此種結合的完善程度，隨靈智在知物或懂理時，所有的智力強大程度而正比例相並提高。智力越強，意像越深，知物則越明。然則，天主靈智知物和知己，所用的意像，是天主的本體自己，和天主實體自身完全相同；和天主的智力也完全相同：共是一個。故此，天主自己認識自己，是靈智光明，完善無缺的知識。

再證：物質界的事物，能實受靈智懂曉或認識，所經的門路，是脫離物質和物質條件。自身本性，已和物質及物質條件，絕異而分離的事物，是自身本性，可被靈智認識的事物。然則，可知者，現實被知，是根據可知者和智力，兩相合一的現實。按（第四十四章）已有的證明，天主的智力，乃是天主的實體自身。故此，在天主以內，可知者，全無物質，和智力現實合一，完善至極。既然如此，足見天主用靈智，自己認識自己，是完善至極的知識。

又證：靈智現實認識某物，是由於智力的現實，和被知者的現實，兩相現實合一。然天主的靈智，是永常現實的智力：因為天主以內，全無潛能虧虛和美善的缺乏。同時天主的本體，就本體光明的自身，按已有的明證，是極為完善而可知的。天主的靈智和天主的本體，按上面（第四十五及四十六章）的證明，共是一體。天主的實體，乃是自己的智力，並是自己的本體：知者和被知者，現實合一，密切一體：完善至極，無可復加。由此觀之，顯然可見：天主靈智認識自己，是完善無缺的知識。

再證：設有甲乙兩物，甲如以可知的方式，存在於乙，甲則被知於乙，甲乙如此。物物皆然。然則，天主的本體，是以可知的方式，存在於天主以內：因為天主本性本體的生存，現實固有於自然界，和祂真理可知的生存，現實固有於靈智內，共是一個相同的生存現實：按前者（第四十五章）已有的證明，天主的生存，便是天主的靈智活動。如此說來，天主的靈智，認識自己的本性本體。天主的本性本體，乃是天主自己。故此，天主用自己靈智的知識，自己認識自己。

加證：靈魂的能力，互有不同對象，因此，互有分別。所知的對象越完善，智力的動作也便越完善。然則，天主的性體，在靈智可知的對象之中，是最完善的一個：因為祂是完善至極的現實盈極，又是第一真理。另一方面，天主靈智的動作也是崇高至極的；因為，按（第四十五章）已有的證明，天主靈智的動作，便是天主的生存。故此，天主認識自己，是自己靈智的知識。

再證：按（第二十八章）已有的證明，萬物各種美善的極峯，都實有於天主以內。在受造物中，最高的至善，莫過於用靈智認識天主：因為有靈智的實體，本性優越，勝於現有的萬物：優越的理由，在乎有靈智的知識。但靈智可知的事物中，最崇高、最優越的首推天主。故此，天主用靈智，有認識自己的知識：並有這個知識的最高程度。

經證：天主默啟的《聖經》，旁證這個真理的確實：大宗徒《致格林德人書》第一書，二章，十節說：「天主的神靈，深明眾物，並且也通達天主的深奧」（天主上智，昭明靈覺，現實光明，常照不息，自照照物，明透至極）。

第四十八章 首先對象

從上面所提出的種種理由，轉進推究，足以明見天主首先直接只知自己。

理證：性理是動作的根原。動作適合於性理。靈智因某物性理，構成意像，所認識的某物，是它首先直接知悉的惟一事物。然則，按（第四十六章）已有的證明，天主靈智的知識，所因的性理和意像，不是別的，乃只是祂自己的本性本體。故此祂首先直接所知的，也不是別的，乃只是祂自己的本體。

再證：任何靈智，首先直接所知的事物，不可能同時是許多。一種動作，不能同時有許多終點。然而天主，按（第四十七章）已有的證明，至少有時，用自己的靈智認識自己。假設祂認識另某一物，也是彷佛用它作首先直接所知的對象；那麼，祂的靈智，便必須，（至少有時），先認識自己，觀察自己，然後轉移視線，去認識那另某一物，注意它，觀察它。它的本體卑劣，遠低於天主。如此，天主的知識，隨對象而轉移：由優美變為低劣（知識變劣，在天主，便是本體變劣）。這是不可能的。故此天主，不用任何外物，作自己首先直接知悉的對象。

加證：靈智的許多動作，隨對象不同，而有區分。假設天主用靈智，認識自己，又認識外物：每物都是首要對象，祂因對象眾多，便應發出許多靈智的動作。結果必致於或將祂的本性本體分成許多；或是祂實有某某靈智動作，不是祂的實體，而是祂的附性。這兩個結果，都是不可能的。詳證見前（第十八、二十三、四十二、四十五章）。從此看來，最後可見，天主所知的事物當中，除天主本性本體以外，沒有任何一個能是祂靈智首先直接知悉的事物（這裡的事物，指示知識的對象）。

又證：根據它和自己所知的事物互有的分別，靈智對於所知，有潛能虧虛對於現實盈極，所有的此例和關係。假設天主首先直接知悉和自己不同的某物，祂便對於此某物有潛能虧虛的立場。這是不可能的，詳證見前（第十六章）。

另證：被知者，是知者的成全。靈智的成全，根據現實的知識。知識的現實，由於知者和被知者的合一。假設天主靈智，首先直接所知的事物，不是天主自己，祂便用所知的外物，來成全自己的美善：正是用低劣的外物，成全高於萬物的美善。這是不可能的。故此，天主不首先直接知悉任何外物。

加證：智者知識的整體，是由許多已知的事物所構成。假設天主所知的許多事物，都是祂首先直接所知的事物，結果必是天主的知識是由許多成分合構而成；如此想去，天主的本體也便應是由許多成分合構而成的，或至少天主的知識乃應是天主的附性：附加在天主本體以上。按前面（第十八、二十三、四十五章）已有的證明：這兩種結果，都是不可能的。故此，反回去，最後的結論是：天主靈智，首先直接所知的事物，只能是天主的實體，不能是別的。

再證：靈智動作現有的優美和種別，都是根據它首先直接知悉的事物：這樣的事物，乃是它的對象。假設天主首先直接所知的事物，是和自己不同的外物，那麼，祂靈智動作的優美和種別，也便應根據外物，以此外物為原因。這卻是不可能的。因為，按（第四十五章）已有的證明：天主的動作，乃是天主的本體（天主的本體不能是任何外在原因的效果）。如此說來，足證天主首先直接知悉的事物，只能是自己的本體，不能是任何外物。

評註：全書最值注意的一個特點，是從第四十四章開始直到本章終止，各章緊相連接，只有理證和經證；理證甚多，經證只有兩處（援引聖保祿及若伯傳）；史證絕無僅有，只提到了天主聖名的希臘字源：指示「天主神明，照察萬物」。內容通暢，宛似行雲流水，緻密平滑，毫無止礙。最可奇的，是希臘和阿拉伯哲人眾多，教內古新《聖經》，歷代教父、聖師；論天主光明自照，昭明靈覺，常惺不寐等等名言，也相當繁夥；但聖多瑪斯筆鋒馳縱，一概無遑稱引，僅將深奧而明透的理論，矢口直敘，口若懸河，不假遲延，彷彿是顧不到翻閱古人的舊書。十足表現此段思想的精練純熟，及其高深和重要。至上生存，盈極無限，純粹精一，光明自照，晶瑩澄澈，常惺常覺：說明了「無上現實，聰明正直而一」的本體。縱貫古今，橫通中外，這數章的思想，登上了神學和哲學知識的最高峯。視之為人類上智思想的中心，非為不可！然而請看人心的神明，是無上神明的肖像：也是常明常覺：物來順應，感而遂通。人即物窮理而知天主光明。天主卻光明澄澈，自照照物：照顯萬理，眷愛萬善，造生萬有：發愛施仁：光明四射。萬物和人心的光明，都是天主的光明。

真理：生存的含蘊

第四十九章　知己與知物

從前面「天主首先直接認識自己」，這個定理出發，轉進推論，必須推出另一結論，肯定天主在自己本體以內認識自身以外的事物。

理證（大前提）：知其因，則足以知其果。按（大哲《分析學後編》，即是證明法之分析，卷二，一章一七頁右三），吾人既知某某事物的原因，方可謂真知那某某事物。（小前提）然則天主因自己的本體，是萬物生存的原因；同時祂對於自己的本體，又有完滿無缺的知識。故此，（結論）必須肯定祂也認識外物。

再證：效果生於原因，相似原因，故此，原因以內，豫先具備一切效果的相似之點。這些似點存在於原因以內和原因有相同的生存方式：猶如物函器中必隨容器的性質和形式及容量的程度。在物隨物，是一物在另一物內，生存，或存在情況的定律。這是大前提。今在（小前提），假設天主是某些事物的原因，既然，按祂的本性，天主又是一靈智實體；祂一切效果的似點，故此，在祂以內，也應是在生存或存在的實況上，有靈智可知的方式。同時須知物以靈智可知的方式，存在於某物以內，便是受此某物靈智的知曉。故此，結論是：天主在自身以內，用自己的靈智，知曉自身以外的事物。

加證（大前提）：不拘誰真全認識某物，他便認識此某物，依其本性，真能有的一切賓辭，和它依理應有的一切情況。天主，按自己的本性，應是外物的原因，也應真全認識自己的本體，並因而真全認識自己是外物的原因，為此，不能不在某些方式下，也認識自己所生的效果。這些效果，是天主自身以外的事物，因為無任何物能是自己的原因。最後結論，故此是：天主認識自身以外的事物。

推論至此，將以上兩個定理，連合在一齊，足以明見：天主認識自己，是以自己的本體為首先直接認識的對象；天主認識外物，卻是在親眼明見的自身本體以內：（如同池中賞月：既見池中的秋水如鏡，便看見水中的月影皎潔：因見地下池內影，便知天上空中月，反說亦然）。

（史證）歷史古代名家狄耀尼的《天主諸名論》，七章，明言說：「天主不因明見萬物，而投身深入萬物；但因原因執一涵萬，包涵萬物，故知萬物」。同書下文又說：「天主上智，既知自己，乃知外物」。

經證：《聖經》名言，似乎也有言外的含意，旁證本章結論：《聖詠》一〇〇，二十）論天主說：「天主，從諸天以上的高處，（高瞻遠矚）垂顧自己（選拔）的聖人」。這就等於說：天主從自己至高無上的本體，明見自身以外的事物。

第五十章 真確（明確）

有些人曾說：天主因認識自己而認識生存的純理。在生存純理之下，觀看萬物，只見萬物，都是生存的主體，不見每物尚是其他。只知每物是「物體」，或只知每物是「生存的主體」，是渾統的知識：只知萬物之所同；沒有對每物明確分辨的知識：不知萬物之所異及每個事物固有的詳情。換言之，他們主張天主對於萬物，只有大公名理（物體、生存、存在），所指的普遍知識：含渾攏統；不知專名或本名所指的個體特性及情況：只有攏統的知識，沒有明晰的知識。他們這樣的主張是錯誤的。故此本處尚須證明：天主認識己身以外的一切事物，是用明晰的知識，認識它們和天主，並和彼此交互所有的分別。這樣明晰的知識，乃是根據每物私有本名和專名所指的個體性理和情況，認識所有一切事物：明確詳細至極。

為證明這樣的結論，基本的前提，先應肯定：「天主是萬物的原因」。這個命題，上面（第十三章）已經舉出了一些理由，下面（本書卷二，第十五章）還要詳加討論，許多理由，足資明證勿疑。本此命題，任何一物之所有，莫非天主所造生：或直接，或間接。既知原因，便知其效果。既知天主，又知天主和任何事物之間所有一切中級原因，便能知任何事物以內所含有的任何性理、成分、情況等等。然則（小前提），天主認識自己，也認識自己和任何事物間所有的一切中級原因。前在（第四十七章）已經證明瞭天主對於自己有真全無缺的知識。既知自己，便知由自己直接生出的效能。既知此直接效能，**便知此直接效能的直接效能**。既知效能，便知其效果。如此逐級貫通，由最高原因，經過一切中間各級原因，至到最後效果，無不真全知曉（這是因果知識的貫通律）。這上面的基本前提和此定律合起來，足證天主認識事物內所有一切。這樣的知識乃是真全明晰的知識：既知萬物之所公有，又知每物之所專有。大公名，作賓辭，指萬物之所公有。專名或特性名作賓辭，指每物之所專有或特有：所以各是其所是，而與眾不同。故此，天主不但知萬物之所同，而且確知萬物之互異。

加證：用智力發出動作，作出某某事物，同時必認識所作此某事物本身固有的條理和性情：因為作者的知識，決定所作事物應有的性理（性理就是性情和條理的所以然）。然則，天主是用智力，造生萬物：因為每個作者，都只是根據自己現實生存的盈極，發出動作，作成某某事物。生存如何，動作便如何。天主的生存乃是天主的靈智生活：足見天主的動作，也是靈智的動作。如此說來，足證天主認識自己所作任何某一事物本身固有的性情和條理。這就是說，天主認識自己作成的效果，是確知它本身之所專有，並知它和其餘萬物所以互異的內情、實情和詳情。

再證：萬物的區分，不能是出於偶然：因為遵守著一定的秩序。萬物現有的區分，必是來自某某原因的趨向。但不是來自物體本性的必然，所決定的趨向：因為這樣的趨向，追求物體的專二統一和自同；不能註定物體的區分、分多和分異。如此想來，最後只好承認萬物現有的區分，是來自某某原因的知識和意旨。知識和意願的旨趨，不是物體本性的必然。物性，各具一理。知識兼收眾理。意志隨之，兼而愛之。靈智的特性，明似是觀察萬物的區分：因此古代哲人亞納撒（詳名亞納克撒高拉斯），也曾主張靈智是判分萬物和萬理的原因，（參考亞里斯多德《物理學》卷八，一章，二五〇頁右二六，九章，二六五頁右二三）。故此，萬物互異的原因，是一個有知識的原因，不但有知識，而且是最高的第一原因：詳加補證如下：

宇宙全體萬物的區分，不能是來自任何某一次級的原因，因為這樣的一切原因，仍屬於彼此互異的萬物總體以內：那裡的每一物，都是第一原因所產生的效果。故此，用知識和意志規定萬事、萬物、萬理的區分，這件事，乃是第一原因的本務。至論第一原因和萬物，上下互有的區分，不是另有原因，而是根據第一原因的本體。天主根據自身的本體，有別於身外所有的萬物（天主的自身本體，不是物質的形體：「自身本體」四字，是從物質界，借取過來，轉指純神的自身本體：祂是超越物質和性理的生存現實）。天主是用智力和意力開闢天地，判分萬物。

由此觀之，足見天主認識萬物，是明知每物的異點。

又證：不拘認識任何事物，天主的知識是完善至極的真知和全知，因為按上面（第二十八章）的證明，在天主純善本體以內，兼備萬善，件件純全。然而，公名渾統的知識，不是完善純全的知識：因為不足以知曉那某某事物，自身本體生存完善，必備的最後美善。比較先後，先有的美善，是物類公有的。最後的美善，是個體生存所獨有的，是具體事物內最主要的。脫開獨立生存的個體，類名或公名，渾統泛指的美善，不飄然存在。沒有最後必備的美善，個體獨有的生存不能成立。公名渾統泛指的知識，僅知事物的潛能，不知事物的現實：玄遠含渾，而不切近本體。故此，假設天主既知自己的本體，而用萬物公名的名理，泛知萬物之所公有，便不能不同時兼知每物本體之所專有。天主對於每一物，有明晰確切的知識。

還證：不拘誰，既知某物的性體，便知其性體本身所有的屬性。「物體」大公名泛指生存的主體，根據大公名理之所指，物體之所以為物體，本身兼有的屬性，是獨立統一與眾多，詳論見於大哲《形上學》卷四（另版卷三，二章，一〇〇三頁右一至二十五）。故此，假設天主既知自身本體，而知大公名理所指物體的本性，從此假設隨之必生的結果乃是天主兼知物體的眾多。既知物體生存之理，則兼知物體眾多之理。然而眾多之理，無分異之理，無由成立。既知眾多之理，便兼知分異之理。故此天主認識萬物，是確知萬物互相分異之理：明知每物專有的特點。

加證：不拘誰，既然真全知曉某某大公的性體，他便兼知那個性體偏有於諸物中所有的方式和程度；例如：既知白色，便知白色偏有於諸物中，有深淺或濃淡的分別。但生存的方式和程度，是物體品級高下不同之所由成立。準此，假設天主因認識自己，而認識「物體」大公名理所指的性體，並且真全明知，萬善無缺，一如（第二十八章）已有的證明；那麼，天主便認識萬物的每一品級：全知總體，盡知萬品。如此想來，足見天主對於自身以外的萬物，必有明晰允確的知識。

另證：不拘誰，如果真全知曉某物，他便知悉那物內情的詳細。然則，天主知曉自身本體，有真全的知識，故此祂知曉自身以內，根據動作效能所包含的一切內容。但祂既是萬物生存的原因，祂根據動作效能在自身以內包含萬物固有的性理。每物各具的真性實理，都包含在天主本體以內。足見天主對於萬物的每一物，有明晰允確的知識。

還證：不拘誰，如果認識某某性體，他便認識那個性體的分賦和流行，否則，不得謂真知。例如不知「動物」類公名所指性體，現能分賦流行於許多主體以內（並且「動物」類公名，因此能作許多主體的賓辭），那便不是真知「動物」類名所指性體全意之所謂。然則，天主的性體，用近似仿效的化工，可以分賦流行於萬事萬物之間。故此，天主知曉任何某物，在多少方式和程度下，可能肖似祂自己的性體。事物以不同方式和程度，肖似模擬天主的性體，是事物性理萬殊的來源。本此意義（《物理學》卷一，九章，一九十二頁左十七），大哲亞里斯多德將事物本性具備的性理，定名叫作「神性的因素」：指示它是肖似天主性體的一個東西。從此看來，足見天主對於萬物，所有的知識，是確知每物各自具有的性理。

另證：人類和他類有知識的主體，認識許多事物，是確知事物的眾多，及彼此互有的區分：分析明辨，確知同異。今如假設天主泛知萬物公理之所同，不明知每物自性之所異，那便是說天主是極不明智的：猶如有些人竟一度主張：「眾人知訟，而神不知訟」：就是說天主不知分辨事物的是非曲直。大哲認為這樣的主張是不合情理的。詳見《靈魂論》卷一（五章，四一〇頁左五）；《形上學》，卷三（另版卷二，四章，一〇〇〇頁右五）。

經證：律定本《聖經》的權威名訓，旁證本章定論。《創世紀》，一章（三一節）：天主明見自己所作一切。天主所作成的萬物是美好至極的」。聖保祿《致希伯來人書》，四章，十三節：「在天主面前，沒有祂看不見的所造物：萬事萬物，在祂眼下都是昭然若揭：無微不著，無隱不顯。」

第五十一章　萬物、萬理、咸備於神智內

物因被知而存在於天主靈智以內。天主靈智囊括萬物而不失天主本體的純一。現應考察在天主本體純一的靈智以內，萬物用什麼方式存在，而不失萬物的互異與眾多。

在天主靈智以內，萬物的眾多，不是說每物有特異獨立的生存，而存在於天主以內。理證如下：這些被知的萬物，在天主本體以內，如有各自獨立的生存，它們或是和天主的性體相同，或是附加到天主性體上面，作天主的附性。它們若果然和天主的性體相同，那麼便須肯定天主性體以內有許多複雜的成分。這是上面（第十八、二十、三十一及四十二章）用許多理由證明不可接受的。同時上面（第二十三章）也證明瞭在天主以內，不能有任何附性。

另一方面，也不能主張物被知而在靈智，即成為理：靈智所知的純理（在天主以內，固然沒有各自獨立的生存），但在天主及任何靈智以外，各自卻有獨立現實的存在。這是柏拉圖為避免上段舉出的許多不便，提倡「純理說」所抱持的意見。詳見於柏拉圖《靈魂不滅論》，《費道對話集》（*Phaedo*）四十八及四十九章；《宇宙論》、《迪麥午對話集》、《靈魂論》和《費德勞對話集》。這樣的意見不能成立，因為有形萬物本性具備的理，沒有無物質的獨立存在；況且這些物理的定義，不兼含物質之理，也不是吾人

靈智所可設想而領悟的。退一步，縱令假設物的純理，有脫物獨立的生存，這仍然不足以說明如何天主的靈智真知萬物的眾多。

理證：既然那些純理在天主性體以外獨立存在，假設非有它們，天主便無以認識萬物的眾多，結果必須說：在靈智的活動上，天主知識的真全，依賴外在的原因：隨之再進一步推演，也必須說：在生存上，天主也應依賴外在的原因：因為祂的生存乃是祂的靈智活動。前面（第十三章）證明瞭的定理，正是與此相反：天主的生存，沒有外在的原因。

再證：凡是實體與本性不同的物體，都是天主所造成的效果，詳證於下面（本書卷二，第十五章），為此理由，既說上述的那些純理存在於天主以外，必須也肯定說：它們是天主造生的效果。天主卻是用靈智的能力，造生萬物，詳證於本書，卷二（第二十三及二四章）。故此，性理自然的秩序，預先需要天主的靈智，真知這些可知的純理，以此為先備的條件，方能使這些純理真有被靈智知曉，並且方能真有獨立存在的可能。天主認識它們是它們存在的理由，它們眾多互異，現實存在於天主以外，卻不是天主認識它們的理由。它們由於被天主認識而存在；天主不由於它們存在而認識它們；它們不由於自己存在，而被天主認識。故此主張它們存在於天主以外，無以說明怎樣天主便認識它們。

還證：物被知的現實，便是靈智知物的現實，猶如物被感官覺知的現實，便是感官覺知外物的現實。從客體被知及主體知物之前，主客互有的區分方面看去，主客雙方，對於知識事件的形成，都是尚在潛能虧虛的境況中。取一感官知物的實例，足資明證。視覺的覺力和有形可見的意像，合而為一；受到了意像的刺激、報導和充實：形成現實完滿的視覺知識。除非在此知識形成以後，既無視官見物的現實，又無物被視見的現實：僅有能知或能被知的可能性。

依此理由和此例，今請假設天主靈智所知的萬物純理實際存在於天主靈智以外，從此假設，隨之而生的結論，應是天主的靈智有知純理的潛能，同樣萬物純理，也有被知的潛能。雙方需要依賴另某原因的引導和推動，為能從潛能虧虛的狀態，轉而入於現實盈極的狀態。這是不可能的：因為這一另某原因，應是在生存上，高於天主，並且先於天主。

另證：在靈智的知識內，被知的客體，必須現實存在於知識的主體以內。故此，肯定萬物的純理，獨立存在於天主靈智主體的外界，不足以說明天主怎能認識萬物的眾多與互異。反之，必須肯定它們現實存在於天主神智以內。

第五十二章 天主的神智與人類或神類

從上面同樣的理由種種，可以明明看出，也不能主張上述萬物純理，眾多互異，現存於天主以外的另某靈智以內，例如人類的靈魂，或神界的眾位天神；並在那裡受到天主靈智的觀察和認識。這是不合理的：因為那是假設天主對於自己的某一動作，應當依賴某某後生的靈智：（天主先請教於某人或某天神想出物理，供天主觀察，並合天主根據觀察之所得，著手動作，造生事物，也造生人和天神），這是不可能的。

實有之界、實體、附性，都是生於天主的全能造化。實體有獨立的本體生存。附性沒有獨立的生存，但依附於某某主體而分享主體的生存。實體，在天主以外，全是天主所造生，附性亦然（或直接，或間接）。本此理由，上述萬物的純理，為能現實存在於任何某一後生的靈智以內，預先必須有天主的靈智，由天主發出靈智的能力，作它們出生和存在的原因。反說，用它們作天主靈智知識的原因則不可：故無益於說明天主怎能實知萬物眾理。

從同樣的假設，隨之而生的另一結論，是天主的靈智，既不結合所知眾理，便是僅有知識的潛能和虧虛：這也是不可能的（天主全善，現實盈極：不能有任何潛能和虧虛。從此，用反證法反回去，足證前提的主張和假設，不能成立）。

生存是每物各自之所專有，動作亦然：比例相同。猶如每物是因自己的性體而生存，不是因另某外物的性體而生存，依同比例，無物竟是用外物的本能，來作自己的本能應作的工作。靈智亦然：萬。無此某靈智，配備上動作的能力和需要，竟是由另某靈智，現實作出靈智動作的道理。（豈有此灶燒火，另灶為炊的可能？）

如此說來，足見：由於某某次級靈智以內現有許多可知的純理，不能完成第一靈智認識萬物（純理）的眾多與互異。

第五十三章　靈性的智力包含萬物

果如上述（物體不在靈智以內，便不能被靈智認識；物體及物之純理，既不脫物獨存，又不存在於下級靈智而作上級靈智知識的原因；它們在天主以內，又不能有特異獨立的生存），那麼，天主為能確知萬物及萬理，怎能將萬物和萬理，現實包含在自己神智以內呢？這是刻下的難題。

但是只要仔細觀察，靈智所知的事物，怎樣存在於靈智以內，先決定了「怎樣存在」的方式，上面的難題，便不難解除了。

為盡可能從吾人靈智出發，上達以認識天主的靈智，需要注意到這一點：

吾人所懂曉的外物，現存於吾人靈智以內，存在的方式，不是物在外面自然界本性固有的具體方式，但是必須在吾人靈智以內，現實形成那某物的**意像**，藉此**意像**，靈智現實有某物的知識。這個意像，彷彿是那某某物體專有的性理，實現吾人靈智的潛能，充實其知識的虧虛，當其潛能實現盈滿至極之時，吾人靈智，乃豁然開朗，現實懂曉那某某事物自身。然而知識的形成及活動，不是由內及外的外成動作：不是由靈智開始，過到外面而終止於被知的外物以內：即不是如同火的燃燒，始自火內，過到火外，終止於燒熱外物：在外物以內，產生燃燒的效果與變化。靈智的知識，卻始於內，成於內，現存於靈智以內（是典型的內成動作)。雖然如此，但和被知的外物，保持知識以內，知者和被知者的關係。這個關係的成立，是由於方才所說的意像，對內是靈智動作的因素，彷彿是知識形成必備的條理：是知識內容所領悟的理；同時對外是代表那某某被知外物的肖像或印像：像似外物本性固有的條理。為了這對內和對外的雙重任務，所謂的「意像」是知識形成的重要因素(參看真理論：題二，三節)。

進一步，還需注意到：靈智受到了外物意像的刺激和雕琢，彷彿是物質領受到性理的充實，現實完成知識的動作之時，在自己意識範圍以內，按著意像所刻畫的條理，形成所知事物的**意思**。這個意思，便是名辭定義，為說明那某某物的性體是什麼所指出的理。這個意思，是定義內所指明的思想。思想，生於心田以內，相似所思想的外物。這個**思想**或**意思**，有時也譯作**觀念**、**意念**、**理念**、**概念**或**心**影，都有意識內容的意思：簡稱「理」，指靈智知物時之所曉悟。理念的形成，是靈智知識所需要的，並是它現實所擁有的：因為靈智懂曉面前某物，在此物不在面前時，仍能懂曉它，思想它。思想面前已經不在的事物，是靈智的能力，和官感知識的想像力，在這一點上，彼此有些相同。思外物，懂外物，與外物在不在面前漠不相關：只要有外物的理念，現在於靈智以內，靈智便能思而通達以曉悟外物的真性實理。

然而靈智和**想像力**，也有互不相同之處。靈性的智力大於**想像力**；智力不但能思想面前不在的事物，而且升高一步，領悟抽象的事物：從無物質條件不能實有於自然界的事物中，洞曉離開物質條件始能實受曉悟的事物之本然：靈智如此離物質而知物體之實理：這樣的抽象知識，是靈智的知識，非**想像力**所能領略(**想像力**，思想有物質條件的形體事物，用覺識意像。靈智思想無物質條件的抽象實理，用靈識意像。覺識意像，簡稱覺像或想像。靈識意像，簡稱靈像或智像。覺像或智像，在共同之點上，都是外物被知時在意識範圍內所銘刻的印像。但想像力因覺像而知物質界的有形事物：覺像所產生的知識，止於有形事物，以外界的有形事物某某為終點。智力，因智像而知形體內，脫離形質，始能呈露的，實理之本然。既有知於實理之本然，智力乃在意識範圍內，形成一個理念。智像在智力意識以內所產生的知識，止於理念：以理念的形成為終點。理念，不是智像（印像或意像），而是智像結合智力而產生的意識內容，叫作意思：就是外物實理之現被領悟在心智以內者：和理想有些相近：和名理定義所指的心內實理，完全相同。這個智力所知的理念：是智力所見的智見：是靈性上智，通達實理而現有的識見：它乃是靈智動作的終點和完成。故此，不可將理念（思想實理）和智像混而為一：因為智像是靈智動作的始點和內在的因素：它由智力所面對的外物實理，銘刻在意識範圍以內，結合智力，實現智力的潛能，充實智慧的虧虛：將靈智由知識的潛能和虧虛，引入知識的現實和盈極（猶如靈魂結合肉身而構成全人：如此，智像結合智力而構成理念。智象與理念，乃有靈魂與全人所互有的分別：靈魂是全人的始因和盈極因素：充實肉身的潛能虧虛）；如此，智像是理念的始因和盈極因素：充實靈智的潛能虧虛。智像是知識的始點。理念是知識的終點。分別判然，不可相混。雖然如此，仍須注意：智像和理念都是靈智所知事物的肖像：肖似並代表所知事物。

理念，形成於心內，肖似心外事物實理之本然。為什麼理由呢？？由於智像是外物（實理本然）的肖像，被外物實理，銘刻雕鏤在智力意識以內：是智力潛能虧虛，賴以實現飽滿的盈極因素：猶如性理是實現物質潛能，並充實其虧虛的盈極因素：同時，智像又是靈智知識的始點和成因：由此，隨之而生的結果，乃是靈智（在自己心內）所形成的理念，必肖似所知的那某某外物實理的本然。背後根據的公理卻是：有什麼樣的作者，便有什麼樣的工作和作品。（作品肖似作者。效果肖似原因）。理念是靈智結合智像，依智像的條理而作成的作品；必定肖似外物實理本然面目的印像：印在靈智的心板上的（靈智心板的本性，是如同明鏡止水，虛而能受，面臨外物，必證明照印）。

理念既是某某事物（實理本然）的肖像，由此隨之而生的另一結果，乃是：靈智（在自己意識以內），形成此某理念之時，乃現時曉悟所面臨的那個某某事物（實理的本然）；並在理念既成以後，將理念保存心內供人回想，不必須常有那某某外物現臨面前）。

（上面說明了吾人靈智知識必有的因素：內有智力、智像和理念，外有外物實理的本然。下面轉進一步，指出天主靈智知識和吾人靈智知識的同異，並答解本章提出的難題）：

天主的靈智和吾人靈智有所不同，按上面（第四十六章）已有的證明，天主的靈智，為認識事物所必須具備的智像，全然不是別的，乃是天主的本性本體。然而同時須知，天主的本性本體，也便是萬物的肖像和樣本，詳見前面（第二十九章）。為此理由，隨之而生的結果，正是：天主用靈智認識自己本性本體的實理本然和真相之時，（在自己心內），所形成的理念，乃是自己的理性，即是（《聖經》上所說的）天主神智以內的聖言，這樣的理念，不但對內是天主本體的肖像：供天主觀賞自己的本體真相，而且對外是萬物實理本然面目的肖像和樣本：萬物的本性本體，都是依照天主本體內含的模範，（受天主造生）。如此說來，足見天主只有一個智像，此乃天主的本性本體；只有一個理念，此即天主聖言；；並且，天主的靈智，用這一個智像和這一個理念，足以認識（自身本體以外）萬物的眾多與互異（並確知每物實理本然的真面目。天主本體純一，兼涵眾理：以一涵萬，詳說起來：便是本處最後幾句話，所指明的意思。實際上，怎樣「以一涵萬」呢？仍有詳確分解的必要，首先應看到問題的難處何在，詳見下章）。

第五十四章 實理純一、實物萬殊

然而反復想去，仍可能有某人認為天主本體如此至一、至同、而至純，實難或甚至不可能又是物體萬殊，每物各具的實理之本然及真相的模範或樣本。萬殊互異怎能肖似至一的純然自同呢？這個難題詳情如下：

事物萬殊互異的理由，是每物各自專有的性理。本性不同，條理不同，是事物互異的理由。如有甲乙兩物，互不相同，那麼，第三者丙，如果根據自己專有的性理和甲相近似或相類同，它便必定和乙不相近似或不相類同。在同一性理的觀點上，甲乙不同，丙同於甲便不能同於乙（這是同異邏輯裡，不證自明的公律，絕對是真確無疑的）。另一方面，種異而類同的物體，在種名所指的專有性理上，互不相同（例如人指示理性動物，驢指示無理性動物），但在某類公名所指的類同之性理上，無妨互有相同之處，並且它們共同的類性也無妨共有一個（外在的）模範或樣本：例如人驢不同種，但同類：同屬於「動物」類名泛指的物類（今假設物類萬殊，共有萬類以上某某互同的大公性理，並以天主的性體作模範或樣本）。從此，隨之而生的結果是：天主因認識自己而認識外物時，關於外物，只有公名泛指的含渾知識，不能兼有每物本名專指的明確知識。然而，按上面（第五十章）已有的證明，天主認識外物時，應有各物本名專指的明確知識。為此理由，天主的本性本體，不但應是萬類公性相同的樣本，而且還應是萬物互異，每物各具的不同本性之樣本。為什麼理由呢？因為，被知事物的印像，在知識的現實上，必現有於知者的意識以內：知識現實的形成，乃是根據那個印像，在意識內，現實呈露的方式和情況，隨之而完成知識的動作：猶如火燃燒的動作，是根據熱力現實存在於被燒的物體中所呈露的存在方式（和情況、程度等等），隨之而完成方式相同的動作。實際上，就存在方式及任務而論，被知事物的肖像，存在於知者意識內，乃是（猶如性理之存在於物質潛能中，惟一的分別在於性理在物質內，是物質個體形成的所以然）。肖像，如同性理，在知者意識內，是靈智知識形成的所以然（不含具體凝固的物質）。靈智，由於意識內實有某物的肖像，遂因而認識那某某物體（按上面第四十六章已有的證明，天主神智的意識範圍內，為認識萬物所應有的事物之肖像，不是來自事物的刺激和銘刻，而是先天具備於天主的本性本體：並且乃是天主的本體自身）。

準此而論，足見：既然按已有的證明，天主關於外界眾物，有明晰準確的各物本名所專指的知識，那麼，天主的本體，必定須是每個單立物體，本身各自專有的性理。然而前面說了：萬物各具的性理，是彼此不同的。天主至一至純的自同性體，怎能同時又是萬理互不相同的共同樣本和模範呢？這不是明明相反同異邏輯裡那條千真萬確的公律嗎？請看，這就是難題癥結之所在。茲將怎樣一個純同的性體，確是萬物互殊的理由和模範、問題，精深研討如下：

按大哲《形上學》，卷八（另版卷七，三章、一四一三頁右三三）所說：事物的性理和定義，指示事物是什麼，按種類範圍大小，排成品級高下的系統，便和數目的系統相似。加一或減一，數目大小互異，數目的種類便隨著改變；例如三加一則變為四，四減一則變為三。三和四，兩整數的分別，有性理的種別區分（一奇一偶，一可除盡，一不可除盡等等特性：矛盾互異）。依同比例，定義的內容，包含許多區分，加一或減一，定義改變，前後互有種名所指種界及種有性體的區分。例如動物是有知覺的實體，是動物的定義，加上「理性」的區分，便構成「理性動物」的定義，減去「理性」的區分，便構成「無理性動物」的定義，前後兩種定義，有種別的區分，指示出種名「人」和「畜性」兩個不同的種界和性體。

靈智知事物的區分，而形成事物的定義。自然（的化工）聚合事物的性理，而形成事物的性體。區分指出性理。定義指出性體。在那些本體以內包含許多性理或成分的事物中，靈智和自然（化工）的作法，互不相同。自然（化工），聚合許多性理或因素，構成某物的性體，因而賦與此某物以生存。那些因素聚合則物生；離散乃物性之所不堪忍受：強使離散則物死。因素離散則性體崩潰，物便隨之而敗亡。例如從肉軀減去靈魂，人隨之而死亡，所餘的動物之性體，也不能繼續生存。靈智知物明理，作法卻不是如此。靈智合聚名理而成定義，能知此定義的整體，有時將那些名理，分開來看，仍能各自成立另一定義。名理如不相混，或不相涵蓋，靈智便能分開曉辨，思其一不兼思其二。為此之故，在三數的數理之內，既然包含著「二與一」之合，靈智便只觀察「二字所指的名理，不兼顧「三」字的名理，和「一」字的名理。同樣，在理性動物的定義以內（有知覺的生物），吾人靈智可以將名理分開，單想其一，例如「有知覺的」，不想其餘或其他。靈智意識內，分開的思想，仍是思想：各自能分別成立。自然物體內，分開的性體，不能仍是性體，性體瓦解，殘斷者，不能生存：這就是靈智工作和自然（化工）的不同之點。自然界，實體合則生，散則死。知識界，定義合則可懂可思，分則仍舊可懂可思：既無傷於整體定義，也無傷於各小區分的定義。靈智可以合觀整體，也可以分觀整體內的各部分或各方面不同的觀點：各就其名理的真全，分別而曉悟之，取其名理之一，暫不思其名理之二。

本此理由，足見吾人靈智，實際上，無妨採取某一包含名理眾多的定義：用它所指的性體，作為許多物體各自固有的實理，取此名理指示一物之實理，思此名理之時，不兼思其他。例如靈智取「十」字所指的名理，可以在此名理之中，觀察它所包含的「九」字所指的名理：曉悟到「九」數之理，乃是「十中減一」；既然能在十字定義中（十是九加一），減一見九，不害於見十見一，並見十內所包含的各級較小數目，足見也能取「十」字的定義作為領悟所含眾數之定義的總根據：一個「十」字的理，兼是所含眾數的理：只要靈智用分別曉辨的工夫，知所加減便可。從「十」字的數理，因加減而生的眾數之理，在靈智的知識以內，都是奉「十」字的數理，作為已理的來源、根據和標準。

依同樣的比例，既知人的本體定義是「理性的動物」，靈智便能在此定義內，找到「畜牲」定義的標準樣本或模範：藉以構成「畜牲是無理性的動物」之定義，指明畜牲本性本體的所以然：如此，只要不加某些積極的性理區分，還可構成「畜牲」總類中，所能包含的各種分類及分種，各自所專有的定義：都是從「人」的本體定義中，分別曉辨觀察領悟而來。為此理由，歷史上，曾有某一哲學家，名叫克來孟（Clement），曾說過以下這句名言：「在物類品級中，高級是低級的模範。」（模範就是標準、樣本、典型或至善理想等等，也就可以簡說是：理。參看狄耀尼《天主諸名論》，五章）

討論至此，請看天主的性體，在自身以內，包含萬物的美善，不是因為分子複雜的組合，而是因為至善精純的優越，詳見前者（第三十一章）已有的證明。萬物所有的性理，或是全體之所公有，或每物之所專有（個個為成立實體的生存都是一盈極的因素），都有些積極的貢獻（並為成立實體的定義），個個都有所肯定，都是積極名理之所指示：就此而論，凡是性理，都是美善：美是全備無缺，善是珍美可貴：故此，都是盈極因素。性理眾多，品級分高低。低者距離標準至上的「真實生存」較遠，就此距離而言，比較起來，包含一些不美善的缺點（但這樣的缺點是相對的：是比上之不足，不傷於本身固有的積極美善。自身絕對的美善，如和下級相比較，還是比下則有餘）。猶如數目大小相比，減一則比上不足。加一則比下有餘。自守，則仍有積極的本數。

如此說來，天主的靈智在自己本體內，能包含每物所固有的性理與生存及其本善：洞曉每物，在那一點或那個程度，近似祂的本體；；又在那一點或程度，缺乏祂本體的某些美善（從最高至善，逐級減低下降，生存美善的程度，下降一級，便構成較低的物體之一種）。例如天主的神智，既洞曉自己的本體可以受某類外物模仿擬似，僅有生命的方式和程度而無知覺，天主由此便在自己意識以內，只擇取植物固有的性理，分別觀察它。但例如洞曉自己的本體，可以受外物模仿擬似，只達到知覺的程度而無靈智，天主便因而選擇觀察動物固有的性理；（如此，照例推往，如果洞曉自己的本體，可以受外物模仿擬似達到理性（能推論理由）的靈智程度，而無直認眾理的神性靈智，天主便由此，只觀察人類理性動物固有的性理，形成人「理性動物」的定義；而不觀察眾天神的神智。如此，照例還可推至各種物類的定義：在自己本體中，分別看到萬物各自固有的實理。

如此說來，足以明見天主的本性本體，竭盡絕對無限的至善，在天主神智的知識裡，有能力充任外間每一事物各自固有的實理：即是作每一外物的性體之模範及理念。由此觀之，足見天主憑藉自己的性體，便能關於萬物，實有明晰確切的知識：**純由一理，徧知萬物**。

物各有理。物不同理則不同。不同則有分異。分異乃眾多之元始。為此理由，必須在天主神智以內，注意觀察到萬理現前互有的分異及萬理的眾多；因為天主神智以內它所知乃是物體萬殊，各自固有的實理：天主本體一理，兼是萬物各有的眾理。就此方面看去，天主神智，不但明見自己本體的實理純一，而且同時俱見萬理的眾多與互異。何以見之呢？？根據什麼呢？答案乃是根據天主認識每個所造的物體，對於天主本體，各自固有的擬似之觀點及程度。從萬物方面看，每物模仿擬似天主本體的純善，各自呈現不同的形式和程度。從此，推論到最後，必生出的結論，乃是：只是根據天主認識萬物模仿自己的本體，能有許多不同的形式和程度，只是根據了這個，天主神智以內，所知的萬物實理，才呈現出種類的繁多與個體間的分異（萬物是天主所造生。受造物和造物主，有單方面生死所繫的關係。關係的一端，是天主純一的本體，相對的另一端，是數目繁多的萬物。天主自視，見已純一；視已萬能，乃見萬物：多在物方，一在己方。見本體純一的至善，便見能力兼含的萬善。視而見之，命而生之。**天主全善，既是一體而萬能；天主全知，便是視一而見萬**。既能見萬，便知眾理。天主神智以內，眾理現前。其故如此）。

根據上述的意義、聖師奧斯定（《八十三問題集》問四十六）曾說：天主因理造物，物不同，理亦不同：人有人之理，馬有馬之理。又說：天主心智以內，萬物眾理，現實俱備，但樣式眾多。

本章的定論，在某些限制下，也保存了柏拉圖「**純理實有**」的學說：物質界，萬物之所有，都是依照純理而形成。（是乃吾人與柏拉圖之所同。純理實有，不飄然獨存於物外與心外，乃實有於天主神智的意識以內：此乃吾人與柏拉圖之所異。回看前面第五十一章）。

第五十五章 以簡御繁、識一知萬

從上面這些理由，再進一步推論，便明見天主的靈智有視一見萬的特性（用一個知識的動作，在一個理念的意識中，全知所能知的一切事物，叫作「視一見萬」：就是「識一知萬」，或「一中知萬」的意思。換言譯之：在一個智見中，一下子全知萬物）。

吾人靈智（和天主的靈智大有不同），無力在一個智見的現實裡同時全知萬物：因為靈智現實知物，乃是物現實被知於靈智，假設它由一知多是在一個智見的現實裡，同時偏知眾物，它便同時依據同一的類性，兼是眾物（猶如在同一動物的公類中，它同時是一個動物又是許多動物：同時是馬又是牛羊等等）：這是不可能的。一個主辭，不能用同類的許多種名或個體名，同時作自己的賓辭。同類之下，分出來的許多種或個體，互有矛盾或衝突的分別：一物是其一，便同時不能兼是其餘。方才說「依據同一的類性」，「同類之下」等等，是指出「異實不互是」的定律主要條件之所在：因為「異實同類，則不能互是」，這個定律是絕對常真的。反之，如說「異實異類，則不互是」，便不是一個常真的命題：因為一個主辭指出的一個主體，（例如此某形體、木板），無妨在自身實體上，兼備異類的多種或多個不同的性理，因而可能同時兼有許多異類的許多賓辭，肯定它同時兼是異類許多賓辭所指的事物：例如此某形體，同時有某形狀的方或圓，兼有某顏色的紅或綠等等。一個物體，同時是木板，兼是方形的，兼是紅色的：它是一塊紅方板。這便沒有絲毫不可能的理。

吾人靈智，所能知的眾理，或在智像，或在理念，既在靈智以能充實靈智，是靈智為能現實知理所必備的**盈極因素**，故此，便都有共同的靈智意識內的生存：都是靈智知識的因素：所以都屬於一類：根據共同的靈智意識內的生存共有相同的生存之理（有同類任務：助人知理：有同類特性，即是有被靈智知曉的可知性。眾理在心，種異、性異、體異而類同：它們是「實異而類同的」，故此，吾人靈智無力同時兼是之，則無力同時兼知之，更不能用一理之理念，在一理之知識內兼知眾理）。

雖然如此，眾理在自然界的生存方式有時互無類同之性：異類的眾理，不屬同類；入於人心靈智以內，就其共有靈智意識內的生存及任務而言，便有此類性相同之處。生存方式，既有心內心外的不同。眾理互有的衝突方式，也便有心內心外的分別。「心內」是智力的意識範圍以內。「心外」是物體生存所在的自然界。衝突的物體，在自然界不能同處並存。它們的理，入於心內，卻能同時同在於一個意識範圍內，甚至能有時一並包含在一個理念以內（例如在自然界明暗不同處並存，在心智內，思暗便不能不同時思明，因為暗的定義裡，必定包含明的否定：；又例如生死、疾病、健康、左右、上下等等相對概念，在自然界，兩端對立，不能合一並存：在思想界，意思相關，定義相因而成，理念互相涵蓋，而不能相無）。也就是本此理由，足見如有許多事物，某些不拘在任何某某方式之下，入於吾人心智以內，一並包含在一個理念或定義內，合成了一個意思。當然，吾人思想這一個意思時，便同時顧及它包含的那許多事物之理：在此情況之下，吾人靈智也有一些「視一見多」的知識。例如事實上，知某物整個體積或面積之時，或立方，或長方，形狀統一，吾人一視見全，同時全見，不是先見一角，以後又見一方，或先見此一部分，然後又見另一部分。同樣，又例如既知某某論句的意思，吾人靈智便在一個理念或思想內，懂到全句意義的整體，不是斷續不連，先知主辭，後知賓辭。但在全體意義的知識內，用一個理念，完全包含了所有的一切部分。

從以上這些實例，可以歸納出一個定理，就是：不拘是怎樣多的任何事物，如果在吾人意識內，可以包含在一個理念或定義以內，它們便能被吾人靈智，在一個知識內，同時全被知曉：在那一個理念或定義的知識內，便同時現有它所包含的眾理之知識：不拘那些理有多少。簡言譯之：一個理念所能包含的眾理，在此理念被知之時，同時被知。一個知識，既知理念，便知其所含眾理。

然則，天主的本性本體，是天主為知萬物所用的惟一智像和惟一理念。詳證明見於前面（第四十六章）。故此，天主用一個知識，現知本體之時，有能力兼知萬物。天主本體的純理以內，包含著萬物眾理。故能識一己而知萬物。

又證：從注意範圍方面立論，知識能力，除非注意某物，便不現實明知那某物。因此，覺像力或想像力的器官以內，儲存著許多事物的印像，有時因為我們不注意到它們，便不現實明明思想它們。在有意力的主體中，是意力調動體內其他種種能力，發出運動或動作。智力，如無意力的調動，不注意某些事物，便視之而不見。注意範圍內所不同時包括的事物，便也非智力之所能同時一視俱見。反之，一個注意範圍所能包括的一切事物，不拘有多少，必應是智力可同時一覽無遺的。例如：人如將兩物拿來互作比較，調動注意力，觀察兩者，在一個注意範圍內，用一個現實的觀察，同時察見兩物：這是自然而必然的。

然則，在天主的知識內，萬事萬物都一並包羅在一個注意範圍內。這是必然的：因為天主有意留神，完全明見自己的本體：祂的注意範圍，是祂的本性本體。祂注意自己的本體，這便是明見自己的本體及所能包含的全量和全個領域。天主的能力和含蓄，卻是囊括宇宙萬有一切的。故此，天主明見自己的本體，便是直接洞見宇宙萬有一切。

加證：前後相繼，逐一觀察許多事物，不是一個動作：一察俱見；而是許多動作，隨所察的事物眾多察一見一；如此靈智知物，也將應用許多動作，先知其一，後知其一；前後所見的對象不同，時序的早晚也不同，故此動作也不是一個。然而天主靈智的知識，只是一個動作，並且這個動作，乃是祂的本性本體，詳證見前（第四十五章）。故此，天主的神智觀察所知萬物，不是用許多動作，前後相繼，逐物觀察，察一見一，而是用一個動作，徧觀萬物，統在一身，一察俱見。

又證：前後相繼四字的定義，不包含時間的次序，便無以成立。時間的定義裡，也不可不包含運動或變化：因為，時間的次序，乃是變化過程的階段，前後相分的數目及次序。（參考《物理學》卷四，十一早，二一九頁左）。然而，按上面（第十三章）已證明的定理，足見天主以內不能有任何運動或變化。故此，在天主觀察萬物時，也不能有任何前後相繼的時序。如此說來，結論同上：天主觀察所知的萬物，是一察俱見。

還證：天主靈智的活動或知識，乃是祂的生存。上面（第四十五章）所舉出的種種理由，足資明證。然則，按上面（第十五章）的證明，在天主的生存上，沒有先後相繼的流逝，而是全體俱備：同在於純一的現實。如此看來，足見天主觀察萬物，也不是先後相繼，而是明察一己，洞曉萬物：一視俱見。

另證：凡是靈性智力，如果是先知一物，後知另一物，便都是：時而有知識的現實，時而有知識的潛能，現實知其一，可能知其二，尚非真知其二。然而，天主的靈智在知識上，常是現實而永無潛能，常是盈極而永無虧虛。故此，天主知物，不是後以繼先，而是並察俱見」識全知。

經證：《聖經》也有明訓旁證這個真理。《依撒意亞先知》（一章，一七節）曾論：「天主以內，沒有變化的流轉，也沒有興亡交替的黯慘。」

第五十六章　知識的儲藏與現實明察

從此可見天主沒有儲藏待用的知識（在天主心內，一切知識都是現實明覺，常惺不昧的）。理證如下：

儲藏待用的知識，不現實一切全知。只有一些事物，現實明知，另有一些卻儲藏（在現不明覺的睡眠狀態），以備及時回想起來，始受明知明覺。但按前章的證明，天主的靈智，用一個知識的現實明覺，全知宇宙萬物。故此在天主神智以內，沒有儲藏待用的知識。

另證：有知識儲藏於心中而不現實明察，在某某方式和程度之下，乃是一種知識的潛能；雖然已經不是一無所知以前的潛能虧虛，但儲藏待用的潛能，仍非真是知識的現實。然而前在（第四十五章）證明瞭：天主靈智的知識，純是生動的現實，不含任何方式或程度的潛能。故此，在天主靈智以內，沒有任何方式或程度的，所謂儲藏待用的知識。

還證：凡是靈智，如有任何某些儲藏待用的知識，它的本性本體，便不同於它的動作。它的靈智動作，乃是它現實觀察和醒悟的知識：因為當它有知識儲藏待用而尚未現用之時，它缺乏自己現實的靈智動作，但不缺乏自己固有的本性本體：足證它的性體不是它的動作。然而，按上面（第四十五章）已有的證明，在天主以內，祂的性體乃是祂的動作。足見天主的靈智，沒有儲藏待用的知識。

又證：靈智，如果只有儲藏待用的知識，便在自己生存上，沒有自己最後的至善：因此也便沒有自己應有的真福。真福乃是至大美善，全在動作的現實盈極，不能只在乎儲藏待用的潛能。如果假設天主因其實體而有的知識，是儲藏待用的知識之潛能，那麼，就其實體看去，祂的生存便不能說已有萬美俱全的至善。這是錯誤的。因為正和上面（第二十八章）已證的定理相衝突。故此，反回去，足見天主不能有儲藏待用的知識。

加證：前在（第四十六章）證明瞭天主的神智知物，是通過自己的本性本體：自視本體，乃見萬物；不是通過本體以外另加的所謂靈智的**意像**。然而，凡是智力，如果有儲藏待用的知識，它便是用某些意像作媒介，藉以知物的智力：因為知識的儲藏有兩種效用：或是增長智力的才能，智力因之能領受許多**智像**，並用智像現實領悟許多實理；或是那些智像的積累：智像就是靈智的**意像**；增長儲藏待用的知識，是搜羅許多**智像**，分門別類，有頭有緒的整理起來，存養在靈智以內：在儲存期間，這些智像在靈智意識內所構成的知識，既不是完全的現實，又不是純粹的潛能：而是介於兩者之間：彷彿是儲備以代用的（先天生而具備的，或後天學習養成的），一種才能或智能（又彷彿是下意識或隱意識中，實有而潛藏的知識、態度、能力或趨向之類；也彷彿是記含中，實有但現實尚未想起來的知識）。從此可見，儲藏以待用的知識，不是顯意識中昭昭明覺的現實知識，而是比純潛能較高的一種才能。對於純現實而論，才能仍有潛能對現實，虧虛對盈極的關係和比例：簡言之，才能仍是一種潛能和虧虛：不足以是最後至高無上的現實盈極：全美全善。然而天主的靈智知識，乃是至高無上的現實全善。故此天主的靈智以內，沒有儲藏待用的知識；但有一切知識的生動現實。

另證：儲藏待用的知識，是靈智的一種才能，也叫作才具、才器、才識或智能。它屬於品性的範疇：是附性九範疇之中的一個範疇下的分類：故此它是一種附性。然而，按上面（第二十三章）的證明，天主不應有任何附性或品性，附加到自己本體以上。為此理由，天主也不應有所謂儲藏待用的知識（換言譯之，天主的靈智，只應有顯意識的知識，不應有下意識或隱意識的知識，更不應有意識範圍以外，純潛能的知識了）。

經證：儲藏待用的知識或意願或任何動作，不是現實的動作，而是待發未發的動作能力。其主體因此能力在未發動之時，所有的生存狀態，是像似睡眠的一種狀態。有知識的人，在睡眠中，僅有知識的才能儲藏待用；沒有知識的現實醒覺。然而天主神智的知識，如同太陽普照、常醒、常明、常覺：昭昭靈覺、常惺不寐。因此達味聖王在《聖詠》（一二〇，四），歌讚天主說：「請看，上主守護依撒爾人民，不分今昔和未來，永不小睡，也不大睡」；《德訓篇》二十三章，二十八節，也說：「上主的眼睛，光明照耀，遠勝於太陽」。然而太陽常有光明的現實。足見《聖經》的這些話，言外明指天主沒有儲藏待用的知識。

第五十七章　理智推理，神智洞察

從上面的這個定理出發，再深入推論，可知天主的思想不是理智推論理由或言論推證結論（天主的靈智是神智，神悟洞察。人的靈智是理智：推證理由。狹義的神智和理智，互不相同，不可相混）。

證明：吾人思想，由一個思想（隨著理路的自然），過渡到另一個思想；例如三段論法，從前提舉出的理由，推證出結論；這樣的思想，是理智推理的思想。它的特點，不是前提和結論，同時並知，而是先知前提，然後用智力的思索，從而推求出結論。假設某某靈智，前提結論同時並知，現實洞察怎樣，有某些前提，結論則隨之而生；這樣的全知洞察，雖然明瞭一切討論和推理實有的理路，和思想的脈絡、關係、次第等等，但實際上，不是理智推理的思索：因為在思前提和思結論之間，沒有先後的距離和前後相繼的連續與移動。在前後一時全知的洞察之中，沒有理論的推進，尋求尚未知的理由，而是將前提結論內所有一切內容，全盤托出，擺在目前，指明思想的脈絡和紋理：供靈智觀察曉辨，並加以判斷：知理論的是非真假。這樣，判斷理論的是非，不是理論的推證；猶如判斷物質的事物，是物質事物的知識，但此知識卻是意識內的心理現象，不是自然界的物質現象：知物質的知識，不是物質的，依同比例，可見知理論推證的知識，也不是理論的推證：只是理路線索的一瞰全見：（彷彿是坐觀路線全圖，一覽無餘：平面靜觀，不是對準方向，尚不知路途，而尋路向前，走了前段，尚不知後段；尋到了一段，走過以後，再尋另一段：神智的全知，是平面的靜觀。理智的推論是豎行的，逐步探討摸索。豎行推進的摸索，路線各段，逐漸推進，有先後相繼的時間。平面的靜觀全圖，沒有時間先後的分別：既知全圖，同時便知各段及全路始終）。

然則，前者（第五十五章）證明瞭，天主的神智，全知萬物，是一視全見（彷彿是平面的靜觀全境，一覽無餘：瞭如指掌）；不是先觀察一點，然後過一時，又觀察另一點：天主的知識，一視全知，沒有時間先後的延續。故此，天主的知識是神智的靜觀洞見，一看全知：不是理智的推理證明：逐步漸進；雖然天主的神智，也洞曉一切論證和推理內含的邏輯路線。

再證：理智推理之時，先觀察前提用一個思想，然後觀察結論，用另一個思想（前提的思想和知識，在結論未知之時，當然不同時包含結論的思想和知識），否則假設思想前提之時，同時也看到前提的知識現有結論的知識。那麼，那個理智便沒有先思前提，後思結論，逐步推論前進的必要了。然則天主的神智，用一個知識全知萬物。按上面（第四十六章）的證明：天主的知識之動作，乃是天主的性體，（本性本體），只有一個。故此，天主的知識不是理智的推論。

另證：凡是推證的理性知識，都包含潛能和現實的兩部分。未知結論，先知前提之時，結論是含蘊在前提以內，隱藏在潛能狀態中；當那時，尚缺乏結論的知識。然而，按上面（第十六章）的證明，天主神智沒有任何潛能或虧虛，也不缺乏任何知識。足證天主神智知物，不是推理證知。神智不是理智。

加證：在理智的知識裡，必有原因和效果的分別：因為前提產生結論，就此限度而論，前提是原因，結論是效果。因此，三段論法的明證法，也叫作「產生知識的三段論法」（參考《分析學後編》卷一，二章，七一頁右一八）。然而，在天主的知識裡，沒有任何部分能是另一部分可以產生的效果；因為，按上面（第四十五章）舉出的那些理由，足以明證，天主的知識乃是天主的本體。從此可見，天主的知識不能是理智的推論（神智不是理智）。

還證：本性自然的知識，是吾人不證而明知的：用不著理智的推求。例如許多公理，是第一原理，都是不證自明的。然則，天主的知識，都是本性自然的知識，並且是本性本體，自照自明的知識：因為按上面（第四十五章）的證明，祂的知識乃是祂的自性本體。故此，天主的知識不是理性的推證。

另證：凡是變動，溯本追原，必有第一原因：它是只發動而不被動的。萬物萬動的第一原因，是完全不被動的發動者。按上面（第四十四章）的證明，它乃是天主的靈智。故此，天主的靈智，必須是完全不被動的發動者。理智的推論卻是靈智從一個智識進步到另一個知識的一種變動。故此天主的靈智，不是推論理由的靈智，而是靜觀全知的靈智：另名神智（Intellect，拉丁文是 intellectus）。

又證：吾人心內最高的智力，仍低於天主的智力。吾人本體和天主本體，有相近似之點：在於吾人心內的最高智力。低級實體，在物類品級的系統上，只能在自己的最高頂點，交接高級實體。但在吾人知識以內，最高的頂點，不是理性的智力，而是不用理證便知公理的靈智：專稱神智：它是理性智力與知識的根源。吾人心內的最高智力，低於天主，尚是一種神智，何況天主的智力呢？從此可見，天主只有神智的知識，沒有理智推證的知識（吾人神智，僅知不證自明的公理及一些本性自然的知識：是有限的。天主的神智高於吾人神智：全知公理並知萬物）。

加證：按上面（第二十八章）的證明，天主是純粹的至善全無任何缺點。但理智的知識來自靈智性體的不完善。理智推理而得的知識，也是不完善的知識。理之可明，有不證自明者，有待證於他理而始明者。比較起來，不證自明的理是原理。待證始明的理，是定理。原理光明易知，勝於定理。理智的本性，非有公理的光照，無力懂明定理的真實。理智推理是用公理推證定理。神智知物，是直見物的真理自身。真理自明，不待證於外在的理由。神智的本性，不用外在的理由，足以洞曉自身光明可知的真理。比較起來，神智高於理智。靈智慧力微弱，沒有神智的光明，不足以直見真理，始需要借助於理性的證明。顯然，理智乃是微弱的靈智。天主的靈智，至善無缺，是靈明至極的神智。從此可見天主的知識不是理智推證的知識。

還證：物體的**意像**，如果已現實存在於智力意識範圍以內，那些物體便能直接被知，不需要智力環繞他處，另尋理由來證知。例如：某某石頭的印像已在視覺的意識範圍以內，眼睛便直接看見那某塊石頭：既已直視明見，便不再繞道證明。但按上面（第五十四章）的證明。天主的性體乃是萬物的樣本，映照萬物面目的真相：宇宙萬象，全已現實呈現於天主的智見以內。故此，天主認識任何某物，都是面觀洞見，不用理性繞道推尋或思索。

綜合前論，足以解除對方某些人的疑難。有人說：天主因知本體而知他物：推己及物：故是推理。答：天主因已知物，不是推理。祂的本體對於外物所有的關係，不是前提原理對於結論定理的關係；而是意像對於所知事物的關係。意像代表事物，不是如同前提推證結論：故此因知意像而知外物：是**像中知物**：面觀直見，不是推論證明。

又有人感覺，如說天主不會用理性的邏輯推證真理，似是與理不合。故此須承認天主也懂三段論法：就是天主也有理性邏輯的知識。答：天主固然懂曉理性邏輯的知識：但祂的知識是靜觀的洞曉和判斷，不是三段論法的長途推尋。

經證：除上述理性的證明以外，還有《聖經》旁證同樣的真理。聖保祿《致希伯來人書》四章，十三節，曾說：「萬事萬物，在祂眼下，都是昭然若揭：無微不著，無隱不顯」。理智推證所知的事物，不是昭然若揭直接顯著於目前的，必須用理由來揭曉證明。

第五十八章　分知、合知（論句）

用同樣的理由，還可證明天主神智的知識，沒有分知與合知的分別。

證明：天主是在認識自己本體之中，認識萬事萬物，然而祂認識自己的本體不是合知，也不是分知：因為在祂本體以內，沒有任何成分的組合。祂自己認識自己，是用單純精一的知識，洞見本體單純精一的實況。故此，不是合知（整體的結構），也不是分知某部。

又證：智力所能合知和分知的事物，本性生來，必受智力分開，個別觀察：見其一不同時見其二。假設在一個知識中，既知某物本體是什麼，同時又知它能有或不能有的各種屬性或賓辭，這個知識便不需要有合知與分知的分別。既有分合，便須分開，個別逐一觀察：不是一視全見。今假設天主的神智有合知與分知的知識，祂便必須將所知的事物分開，個別一一觀察，前後相繼，不復能注目一望，徧見萬物。這是錯誤的：因為相反上面（第五十五章）已證明瞭的定理。

加證：天主實體單純，動作也單純（部分間或整體與部分間），不能有先因後果的分別。分知與合知的知識，若與「**本體是什麼的定義之知識**」相比較：本體定義的知識先有於分知與合知之前；因為本體定義的知識是它們的**根源和原因**（天主的動作乃是天主的本體）。故此，不能有分知與合知的知識（先知兩物各自定義是什麼，然後始知兩者的同異）。

又證：靈智本有的對象，是**性體的定義**：指明「**物體是什麼**」。在這樣的知識上，靈智是不會錯誤的，除非是為了本體以外的環境而陷於偶然的錯誤。但在分知或合知的知識上，靈智能犯錯誤（分其不當分，合其不當合，便是錯誤）。可取官感的覺識作比例，說明靈智的知識。官感的知覺，非為外在環境所阻擾，認識本有對象時，永不會錯：（眼見明不知暗）。在本有對象以外，卻能陷於錯誤。然而，在天主靈智的知識範圍內，只有自己對象的本體，沒有其他任何外在環境的阻擾或偶然。故此，在天主靈智以內，只有單純的智見，沒有分合的知識。

加證：**靈智用分知與合知**（將主辭賓辭，藉構辭「是」字之類，聯結起來），**構成論句**（合知者，肯定說：「某某是某某」，分知者否定，加用「不」字說：「某某不是某某」。**論句的結構，代表思想的組合**：實有於靈智意識範圍以內，不是真在自然界心外的物體：**因為在那裡主辭和賓辭所形容的物體是一個物體**。例如說：「貓是動物」：這句話用貓和動物，主賓兩辭，指示自然界某某一個物體是動物，同時是貓）。如此說來，假設天主的神智判斷事物，也用智力的分知與合知：就是說：也用否定論句與肯定論句；那麼，祂的神智（在意識以內），也便須有思想的複雜組合。按上面（第十八章）的證明，這是不可能的。故此，反回去，足見天主神智沒有分知與合知的現象。

又證：**靈智的分知與合知**（是否定與肯定），構成不同的論句、判斷不同的事體，每一個判斷是一個不同的思想：因為論句內思想整體的組合，超不過首尾兩端，主辭和賓辭，在名理上固有的界限。為此理由靈智判斷「人是動物」所用的合知及組合，不能也用去判斷「三角是一圖形」。兩個判斷，兩個思想，互不相同。各有固定的名理界限，不能相混或相合。然則，合知或分知是靈智的一種動作：即是判斷：斷定說是或說非。許多判斷，既然各自限界固定，故此是許多不同的動作和思想。

準此而論，假設天主觀察或思想事物，也用分智與合知的那許多動作，祂的靈智知識，從而隨之，則應是許多知識，而不復是單純精一的知識；依同理，祂的性體也便應不是單純至一的了：因為按（第四十五章）已有的證明：祂的靈智動作乃是祂的性體。方才那些結果，都是不可能的。故此，依反證法反回去，足證天主無分知與合知的知識。

然而為此，吾人不應主張天主不知論句所申述的知識。因為祂的性體精純至一，故是複雜與眾多者的模範：是每物之所仿效擬似；如此，並因自己的性體認識自然界及理性知識界的繁多與組合：是用精純至一的智見，在自己精純至一的性體內，全知自然界和理性界的分合錯綜。《聖經》權威的名言和本章所證一切，聲同氣合。如說：「我（天主）的思想，不是如同你們（人類）的思想。」（見於《依撒意亞先知》五十五章、八節）《聖詠》九十三，十一節，也說：「上主認識人類的思想。」人類思想的思路，是用分知與合知，否定與肯定的步驟，逐步進行：都是天主上智所通達的；但不用分合的周折。

狄耀尼《天主諸名論》，七章，也說：「天主上智，故此，認識自己便兼知萬物：用無物質的知識，知物質的事物；用不可分的知識，知可分的事物，用純一的知識，知萬物的眾多」。

評註：偽狄耀尼和聖狄耀尼

本章將狄耀尼和《聖經》相提並論，足見狄耀尼的重要。十六世紀，教宗比約第五論製的《多瑪斯全集》（史稱《比約版》），將狄耀尼著的這本《天主諸名論》，及多瑪斯的《註疏》，一並附印在《神學大全》上編的末尾，以示兩書內容，可以互相發明。聖多瑪斯至晚在一二六八年以前，給這書作了那部註疏。考據家認為這位狄耀尼，是不晚於第五世紀中葉的一位敘利亞國神學家：不早於他所稱述的泡克路、柏勞亭（Plotinus）和楊布利科（Jamblicus）諸名家：那就是說不早於第四世紀中葉。狄耀尼自己詭託聖保祿的門生聖狄耀尼而著此書：冒稱自己是第一世紀的聖狄耀尼：用意是偽託古聖，將公教思想和新柏拉圖學派的哲學，溶化而合一。史稱偽狄耀尼。所著《天主諸名論》、《天上品級論》、《神秘神學》三書，是聖多瑪斯及中世學界推崇至極的權威名著。

第五十九章　論句與真理（語言與知識）

從上面的這個結論，轉進推究，可以明見：天主神智的知識，在動作上，不用（吾人）靈智，（在思想裡），分知與合知，否定與肯定，許多論句，逐句思想的作法；雖然如此，按大哲《形上學》（卷六，四章，一二七頁，右二七），唯獨在靈智分合知識內所有的真理，並不可說是天主所不知。（換言簡譯之：天主的知識，不用論句的思想，但全知論句的思想所要說的真理）。

證明：**靈智的真理，是靈智符合於事物**（**Adeguation of the intellect and things**，參看亞里斯多德《形上學》：卷五，七章，十一一頁右；亞維新《形上學》卷一，四章；奧維臬（威廉，William）《寰有論》卷一，十章及十四章。依撒克、依撒爾立〔Isaac the Israelife〕《定義集》）。根據真理的定義，靈智（在思想裡）說是者是，或說非者非，言中實況，便是真理。足見真理屬於「言」，不屬於靈智及其動作。「言」是「智言」，是智思之所言，不是口舌之所言。靈智的本性及動作，不是物質的。它所知的事物及事物的情況，卻有時是物質的。為知真理，不需要靈智的本性和動作符合於事物：因為「非物質」與「物質」，不能在本性和動作上，兩相符合；但靈智在意識內所知的及所說的「言」，卻必須符合事實：事物實有的情況是什麼，靈智在意識內說那情況是什麼：雙方互相符合，便是真理。然則（小前提），天主用自己單純的智見之明，沒有分知合知，否定肯定等等論句的思想，直接全知萬物，不但全知每物本體是什麼，而且全知一切論句及論句所要說的事物。詳證見前（第五十七及五十八章）。如此想來，足見天主的神智，在認識論句及其所言之際，也在自己意識內，說出智言。天主智言的內容，乃是所知論句內思想分合的知識及其性質與條理。既然天主認識論句內分合的知識，足證為了祂神智的單純，不可說祂的神智沒有真理，或不知（吾人言論在論句中所有的）真理。

加證：沒有複雜組織的任何事物，或申述在言語中或思想在智力的意識內，形成簡單的言辭或思念。這樣的言辭或思念，在單純的本身，沒有與事物符合或不符合之可分辨。符合或不符合，根據兩方相互的比較。簡單的言辭或思念，不將自己和任何事物作比較或和它相貼合，故此，論其本身（只是單辭，不是論句或命題），沒有真假之可言。但如用知合或知分的符號（肯定知合，用「是」；否定時知分，用「不是」作符號），將單辭，或簡單的思念（概念），拿去和某物相比，構成複雜的組織，說出一個論句，斷定比較的結果，是兩者相分或相合。這樣，思想的組織裡，故有真假之可言：**分者，分之，合者、合之：言中實況：便是真理**（例如說：「窗外的石像有三尺高」，或「是三尺高」）。

此外，為指示事物本體是什麼，吾人靈智所用的「定義」（在論句複雜組織的裡面），包含簡單言辭的名理：此外別無所含。簡單的言辭（叫作名辭），既無真假之可言，它的定義，就本身說，也是無真假之可言。但因定義所指的事物性體（即是本性本體），是靈智本有的對象，故此，知定義的靈智及定義本身，雖然是簡單的，但包含一些比較的知識：知某某定義是此某某物體本性固有的定義：將此定義貼合到此某事物的性體上去。既有比較與貼合，便有符合與否之可言。亞里斯多德《靈魂論》（卷三，六章，四三〇頁右二七）明言指定：事物性體，是靈智本有的對象。為知本有的對象，智力本身永不會陷於錯誤；除非為了環境的偶然，常是真實的。定義以內，包含一些複雜的組合：定義的許多部分互相組合，定義的整體自身和定義的主辭，也有賓辭和主辭的組合。靈智既知定義以後，拿它去和此某或彼某事物相貼合，在這些偶然的具體的事件上，有時貼合不對，便犯錯誤，有兩種可能：一是定義各部分之間互相矛盾或衝突：性理不相合：例如說：「動物是無知覺的」（動物是有知覺的生物。必說「動物是無知覺的」，等於說：「有知覺的生物是無知覺的」：乃是自相矛盾），故此是絕對錯誤的。第二是張冠李戴：將此某物的定義，誤貼合到彼某異類物的性體上去：例如將三角的定義拿去說明圓形的性體是什麼：當然也是說不通：這便是第二種錯誤（天主不能犯這些錯誤）。

說到這裡，退一步，假設天主只知簡單的名理及定義，不知其他知分和知合的論句，吾人仍不可主張天主不知真理：因為天主認識自己的性體定義，認識得沒有錯誤，並且認識那個定義是自己的定義：給自己貼合起來，貼合得也正對。故此，不可說天主不知真理。

還證：天主，不因單純而失美善。在祂單一而精純的生存以內，俱備萬物所有的任何美善：萬善，萬理，會聚歸一，皆天主純一之所實有；詳證於上面（第二十八及三十一章）。吾人靈智只知簡單言辭（名辭、定義之類），尚無最後美善，仍有潛能，因以前進，而得論句內知分或知合，否定或肯定的知識；猶如自然界單純原素對於化合體，部分對於整體，有潛能虧虛對於現實完善的比例和關係。吾人靈智，既已達到了許多名辭合成論句所包含的知識，在其中得到了知識完善無缺的最高程度，便獲得了真理。如此，天主根據祂單純的神智，兼備吾人靈智藉單辭和論句所能有的一切知識及其美善。足見在天主單純的神智裡有真理。

又證：按上面（第四十章）的證明，天主是萬善之善，因為祂在自身以內兼有萬善萬美。為此理由，祂不能缺少靈智的美善。但按大哲《道德論》卷六（二章，一三九頁左二七）所有的證明：靈智的美善，以真理為貴。故此天主有真理。

《聖經》上，聖保祿《致羅馬人書》（三章，四節），所說的那句話：「天主是真誠無欺的」，也就有本章定論的含義。

第六十章 真理、本體、生存

從前面提出的理由，還可以證明，天主本體乃是真理。

按前章的說明，真理，即是真實無誤，是靈智或其動作的美善。靈智的動作，在天主以內，乃是天主的實體。又按前者（第四十五章）的證明，天主靈智的動作，既是天主的生存，祂所有的美善，不能是外加的附性，而是實體本善；因為天主的生存，不應作附性的主體：詳證見前（第二十八章）。從此看來，最後結論是：天主實體乃是真理自身。

又證：按大哲《道德論》（卷六，二章，一三九頁左二七），真理，（真實無誤），是靈智的一種美善。天主實體，是自己的本善。詳證見前（第三十八章）。故此，天主實體也是自己本有的真理。

另證：天主無任何分領的秉賦之可言，因祂的實體乃是祂自己本有的生存：不從任何處分領任何美善之秉賦。真理，既不是天主秉賦能有的賓辭，故此必須是天主自有的本體賓辭。詳證見前（第五十九章）。故此結論應說：天主是自己的真理。

加證：按大哲《形上學》卷五（四章，一一七頁右二五），真理，依其本義，不是在事物以內，而是在心智以內。雖然如此，事物卻有時有真假之可言。事物某某如有本性的現實盈極，便謂之真是某物（例如真金真銀）。因此，亞維新在所著《形上學》卷八，六章，曾說：「事物的真理是每個事物生存的特性。每個事物以內，有建立固定的生存」。事物某某，本性生來，使人看到它，便對它有真實的認識和評價；並且仿效擬似自己在天主心智內所有的純理之模型。事物果能如此，便謂之真實：並有真理。然而天主（實體）乃是自己的真性本體。從此看來，不拘說那一方面的真理或靈智方面的，或事物方面的；結論總須是：天主是自己的真理。

上主論自己曾說過的權威名言，足以確證本章的定論：上主說：「我是道路。我是真理。我也是生活」。原話見於《若望福音》十四章，六節。

第六十一章 純淨的真理

證明瞭上面這個定理，進一步，可以顯然明見：在天主以內，有純淨的真理：不能有任何虛妄或詐偽的混雜。

真假不相容，如同黑白不相混。天主不但有真理，而且本體乃是真理自身。故此在天主以內不能有虛假。

加證：靈智知事物之性體定義時，不會舛錯，猶如覺識知本有對象時一樣，也是不會舛錯的。天主靈智乃是用知自己性體的知識，兼知萬物：祂的知識，在此限度下，可以說都和性體定義的知識，有同樣的特性。詳證見於前面（第五十八章）。若果如此，足見天主的知識以內，不可能有錯誤、欺詐或虛假。

另證：在最高的第一原理上，靈智不犯錯誤。理智推理，從最高原理出發，推證許多結論；在結論裡，有時犯錯誤。然而，天主的神智，不是理智，既不推理，也不推論。詳證見上（第五十七章）。故此，天主不能有虛假或欺騙。

又證：知識能力越高，固有對象範圍越廣，包括的事物也越多，因此，視力偶然所知的對象，**中心覺力**，及想像力也能知之，並將它包括在**固有對像**以內。知**偶然對象**謂之**偶知**。知固有對象，謂之**本知**。**偶**

知能錯。本知不會錯。然則，天主靈智、知識能力最高：在高度的頂點。所知一切，都是本知範圍以內之所固有；無一屬於偶知之範圍。故此，在所知一切裡，天主的神智不會有錯誤。

加證：靈智的美德，是靈智在知識的動作上所有的一種優長，即是美善。根據靈智美德去思想或說話，便不會自欺或欺人；必定常有真理。說真理是靈智的善良行為。美德的實效，是完成善良的行為。然則，天主的靈智因其本性，而自有的美善，高於人類靈智，因美德的修養，而養成的美善。天主的美善是美善至高的極峯。如此，最後的結論是：在天主靈智內，不能有虛假。

還證：人類靈智的知識，在某方式之下，是外間事物所產生的效果。因此，外間可知的事物，是人類知識真理的標準。人的判斷是真的，由於言中實況，不是由於實況符合人言。天主的靈智反是。祂用自己的知識，造生萬物。祂的知識，照此，乃是萬物的原因：因此，也必是萬物的標準：猶如藝術家的意像及知識，是他藝術品的標準。作品越符合藝術家的理想，也便越是美好。故此，萬物以天主的知識為原因和標準。人的知識，卻是以萬物可知的實況為原因和標準。**物對主之比，如人對物之比**。人的知識不符合事物的實況，便是錯誤：不在事物而在人心。但如假設天主的知識不符合於事物的實況，此中的錯誤卻是不在天主而在事物。然而事物以內，也沒有錯誤，因為每物按其所有的生存而有固有的真理。如此說來，天主靈智和萬物之間，沒有任何不相符合的情形，在天主神智以內，也不能有任何錯誤。

又證：**真理是靈智之善**。虛假故是靈智之惡，吾人本性愛好知真理，防備受錯誤的欺騙。按（第三十九章）已有的證明：天主無惡。故此，天主無錯。天主有惡有錯，都是不可能的。

經證：聖保祿《致羅馬人書》三章，四節：天主真誠無欺。《申命紀》（三十三章，十九節）：「天主不是像人一樣能謊言。」《若望書信》第一封（一章，五節）：「天主是光明；在天主以內，沒有一點黑暗。」

第六十二章 至高真理、至高生存

從上面證明瞭的這些定理，轉進一步，便可明證出來，天主的真理，（即是真實），是至高無上的第一真理，比較實況和程度的差別，事物的生存和真理相比，互成正比例，生存程度越高，真理程度也便越高。這是一個定律，明證於大哲《形上學》卷二（另版卷一，附一，一章，九九三頁右三十；卷四，七章，一一一一頁右二十五）。理由是因為真理和生存，彼此有相互的「引隨關係」。其一有於前，其二必隨之俱有。因為，根據定義，真理乃是聲明是者是，非者非；有者有，無者無；針對著有生存的事物，說那事物有生存；針對無生存的事物，說那事物無生存；論句內的肯定或否定，說中了事物生存的有或無：便是真理。詳見於大哲《形上學》，卷三（另版卷四，七章）。然則，天主的生存，是至高無上，完善至極的，第一生存（詳見前面第十三章）。故此，祂的真理也是至高無上，至大無比的第一真理（祂的真理，乃是第一生存的自我肯定）。

另證：吾人靈智（思想內，肯定或否定時），所有的真理，出自吾人思想的（肯定或否定）符合所知的事實，符合是兩物互相平等看齊：簡說即是同等或相同。兩物相同的原因，是兩者的合一。（合於一類者，類同。合於一種者，種同。合於一體者，體同。合於一個生存者，必是一性一體的自同）。詳見《形上學》卷五（另版卷四，十五章，一二一頁）。在天主神智內，神智（的實體、能力和動作）和所知的事物，（即天主本體），是完全合一而相同的（純粹自同）。相同的程度，至高無上。故此，祂的真理是至高無上，至大無比的第一真理。

又證：一物適合於任何另一物，如果是本性本體的適合，便是完善至極的適合。按前面（第六十章）的證明，真理和天主的適合，是本性本體的適合。真理是天主本性本體的屬性和賓辭（在本性本體自然固有的主體內，任何屬性都有自己本性的純全和至善）。故此，天主的真理是至高無上，至大無比的第一真理。

加證：每一物類中的標準極則，是本類中的至善實體。因此，色類萬殊，以純白為標準極則。然則，天主的真理是一切真理的標準極則。因為吾人靈智的真理以心外的事物為標準：符合事實，始因而謂之有真理。然而事物的真理以天主的神智為標準：因為，按下面（卷二，第二十四章）要有的證明，天主的神智是萬物的原因；猶如工藝品的真美，以藝術家心內的理想和條理為標準。桌椅廚櫃的真實，在於符合它們的理想模型（參看《形上學》：卷十，一章）。

天主的本體，是至高無上的第一神智和第一可知的實理。祂是神智和實理之類的至上極則。故此，祂必須是同類中一切真理的標準極則。故此，天主的真理是至高無上，至大無比，全善無缺的第一真理。純淨的真理。

知識：生存的光明

第六十三章　個體事物（序論）

討論到這裡，請轉念注意：有些人費了許多心力，證明天主知識，雖然完善，但不包含個體事物的知識。他們的論證程式，分七路進行：

第一路：從個體條件出發：個體成立必有的因素，**是積量指定的物質。知識知物，是（在意識界）同化於物**。但知識的能力和才德，是沒有物質和物質條件的：既不能同化於物質，故不能知物質。依同理，便也不能知物質用積量的指定劃分而成立的個體。為此理由，在吾人知識內，只是那些有物質器官的知識能力，例如五官的覺力、想像力等等，可以認識個體的事物。吾人的靈智，因為沒有物質器官，故此也不認識個體事物。如此比較起來，天主的神智，遠離物質遠甚，故此更不認識個體事物了。如此推論到最後，有人竟想：天主完全沒有辦法能認識個體事物（亞維羅《形上學》註解：卷十二，註五一；亞維新《形上學》卷八，六章；亞里斯多德《形上學》：卷十二，九章）。

第二路：從個體無常出發（物質的個體事物：類下分種，種下分個體：類同，種同而數異：這是個體的本義。依此本義而論），凡是個體，都不是常有的；而是變幻無常，時有時無的。它們被知於天主，或常被知，或不常被知。前者為不可能，後者也不可能。知物是心與物接，和無有的事物，無法接觸，故不能有知識。凡有知識，都是知實有的事物，和真理全備的事物：知有生存的事物。**沒有生存的事物，是無有的事物，不能有真理，故此是不可知的**。個體事物，時有時無：故不能常被知於天主；但也不能時而被知，時而不被知：因為天主的知識是永遠的常知，不能有時智時愚的變化。既不能常知，又不能不常知，故此是無以知之（參看前面第四十五章，證明瞭天主的知識是光明常照，不是時暗時明或時知時不知）。

第三路：從偶然性出發：個體事物，不是生於必然，而是生於偶然。當它們不在之時，關於它們，不可能有定而無疑的知識。定而無疑的知識，是不會說不中實際的。然而關於未來的偶然事物，一切知識都可能說不中實際：因為未來的偶然事物，實際發生與否，常能和知識之所預料相反。否則，便是必然的了。如果是未來的偶然事物，吾人便無法前知，僅的有一些估量或揣度的臆測。

按上面（第六十一章）的證明，在前提裡，肯定天主的一切知識，都是準確至極，不會錯誤的；同時按（第四十五、五十五及五十六章）已有的定論，天主的知識，永常不變，不會由不知的狀態，開始得到新知識，而變到有知識的狀態。從這些前提，隨之而生的結論，有些人認為是：天主必不認識偶然的個體事物。

第四路：從意志的自由出發：有些個體事物發生與否的原因，是自由意志的決定。效果未生以前，僅能知於原因。本體尚未開始生存的物體（既是效果），僅能在原因的能力範圍，有其潛能的生存。自由意志的動作，屬於意志的自由決定：除有自由意志及自決能力的主體以外，非外間任何主體所能確知。故此天主也不能確知下級神人自由意志將來是否決定作出那些個體的偶然事物。

第五路：由數目的無限出發：個體事物數目眾多無限依本名定義：無限的事物，是不可知的。凡知識所知的事物，根據知者所知的內容，都有範圍的界限：因為指出某物的範圍或界限，便是確知那範圍或界限內所指定的事物。**知識是知事物的界限和有界限的事物。因此，學術百科以及工藝美術，都拒絕涉及無邊際，無界限的對象**（何況知識知事物：所知的事物，（在意識內），便都是「理」，或名理，或原理。凡是理，都有條理、定義、界說和界限）。然而個體事物，根據生存的潛能，是無限的（不但合起來總數無限。而且分開看，個體的名理也是沒有定義和界說的：含渾不明，變化無常）。故此，有人認為天主不知個體。

第六路：從個體卑陋出發：知識的崇高，視對象之崇高而定。知卑陋的事物，也似是降低知識的尊嚴。天主的知識，崇高尊嚴至極（尊不視下事）。個體事物中許多是卑陋不堪的：故非天主至尊之所可垂視。

第七路：從個體惡劣出發：在某些個體中，有惡劣的性情，足以產生道德的罪惡和自然界的兇惡與災禍。根據認識論，被知的事物在某些固定的方式之下，現實存在於知者的實體內（意識範圍裡）。但是，按上面（第三十九章）的證明，天主以內，不能有任何惡劣存在。從此，隨之而生的結論，依某些人的見解是：天主完全不認識惡劣和缺點。天主以外，只有那些實體有虧虛和潛能的靈智，有認識惡劣和缺點的可能。惡劣是美善的缺乏。凡是缺乏只是在潛能虧虛中，始能有存在的可能。天主是純粹完全的現實盈極：不含任何潛能的虧虛。故此不能在自己以內容許任何惡劣或缺點存在。從此，隨之而生的結論須是：天主不知個體：至少是不知那些有惡劣和缺點的個體事物。

第六十四章　問題和程式

為掃除上面這個錯誤，並為證明天主知識的完善，吾人必須仔細探討上述各項問題的真實答案，因以排拒那些與真理相衝突的錯誤。討論的程式如下：

第一證明天主的神智認識個體事物。

第二證明天主認識那些沒有生存現實盈極的事物。

第三證明天主認識未來的偶然事物，確知無誤。

第四證明天主認識自由意志的活動。

第五證明天主認識無限的事物。

第六證明天主認識萬物中至卑賤和至微小的任何事物。

第七證明天主認識惡劣事物及任何缺點或過失。

第六十五章　天主知個體事物（正論）

依照既定程式，第一應證明不可能天主沒有個體事物的知識（天主不能不知個體事物）。

理證：上面（第四十九章）證明瞭：天主認識萬物，因為祂是萬物的原因。天主造生的萬物，都有獨立生存的功效：故此都是個體事物。天主造生萬物，所產生的特殊實效，是給每物賦與現實盈極的生存（因有現實盈極的固定生存，每物始能各是其所是，並開始存在於實有之界）。普遍而抽象的理，不是現實獨立生存的事物，僅能在個體事物中，實現它們的生存。詳證於《形上學》卷七（另版卷六，十三章，一三八頁右一五）。故此，天主認識本身以外的萬物，不但認識它們的公理，而且認識它們的個體。

又證：既知某物的本體因素，便不能不知那某物的本體。本體因素，是某物本體構造中必備的性體因素：例如既知此某形體及其所有的理性靈魂，便不能不知那個有形的實體是一個人：有人的性體。

個體事物，在性體構造中必備的因素，是積量指定的物質和個體擁有的性理，例如此某實體：蘇格拉底在自己性體中，具備的因素，是此某形體和此某靈魂。依同樣的比例，不加「此某」等個體符號，只用公名泛指的「人性」，在構造裡，所有的因素，也就只是公名泛指的「形體和靈魂」。詳見《形上學》卷七（另版卷六，十章，一三五頁右三〇）。因此，泛說人的普遍定義，則說：「人是有靈魂的形體」，單稱此某人，蘇格拉底的定義，假設他有定義的話，則應說：「此某人，蘇格拉底，是有此某靈魂的此某形體」（蘇格拉底是蘇格拉底，指張三或李四某某個人）。

不拘誰，如果他認識物質及指定物質積量的因素，同時也認識在此物質內個體化了的性理；那麼，他便不能不同時認識此某物質和此某性理，合構而成的此某個體（議論的邏輯：知物質與性理者，必知兩者合成的實體。泛指如此。專指亦然：知此某物質與此某性理者，必知兩者合成的此某實體：此乃個體）。

然則，天主的知識通達一切：既知物質及其個體化的附加因素，又知在物質內個體化了的性理：因為祂的知識是祂的性體。祂的性體，在造化的能力中，包含著能有任何方式之生存的一切事物。祂的性體，是萬事萬物的根源：是萬物生存的大公原因和最高的第一原因：也是物質和附性的原因。物質和附性，也有生存之理，故此也包含在天主性體以內。物質是潛能物體：有潛能中的生存。附性是依附主體的物體或事物。附性的生存、是依附。

天主的知識，是自己的性體：全知自己性體所包含的一切。物質、附性、及性理、泛指者、單指者、既有生存之理，便包含在天主性體（造化能力）以內。故此，天主不但泛知物質與性理，而且專知此某物質與此某性理。足見天主不能不知每一此某個體。這就是說：天主不能不知個體事物。

加證：類公名所指的性體，吾人知之，不能有完善的知識，除非全知它所有的「第一分異」（The first difference）、及本有屬性。例如吾人如不知數目的奇偶，便不是全知數目的性體：因為數目的性體，常有奇偶的分別。「物體」大公名，指示「生存的主體」。本此性體定義、生存於個體，或生存於神智，是物體公有的第一分異及本有屬性。生存於個體者，是個體事物。生存於神智內者，除個體實理以外，還有公名實理。

今如假設天主認識自己的性體，並因而認識「物體」大公名所指的公有性體，祂便必須因而同時也認識公名所指的普遍事物，及個體專名所指的個體事物。專名與公名，分別所指的實理，乃是「物體」大公名所指實理的第一區分及固有的屬性。物體智能有個體的實際生存，又能有意識內公共的生存：因個體生存而自立於實有界；因意識內的生存而被知於神智：物皆實有，物皆可知。實有與真理，是物體公有的特性。

（在意識以外生存者，是物。在意識以內生存者，是理。知物不知理，則不明。知理不知物，則不備）果欲全知公名所指的事物，必須既知公名所指的名理定義，同時兼知公名所指的事物：例如「人」，「獸」。依同比例，果欲全知專名所指的個體事物，只知某某專名名理的定義不夠，還須兼知專名所指的此某事物，或彼某事物。如此說來，足見天主必須因知自有性體，而兼知個體事物。（否則，不得謂全知自己的性體）。

還證：按（第四十六章）已有的證明，天主的實體是自己的知識，猶如天主的實體是自己的生存。前後比例相同。然而須知，由於祂的實體是自己的生存，故此祂的實體以內必須實有生存的一切美善：因為祂是萬物生存的第一根源。詳見前面（第二十八及四十五章）。依同比例：由於祂的實體是自己的知識，故此祂的實體，也是萬物知識的第一泉源，祂的實體以內，必須實有知識的一切美善。

準此（同比例之邏輯）而論，天主不能沒有個體事物的知識，因為這樣的知識，乃是某些實體內知識的美善之所在：來源於天主；非天主之所可不有。假設天主不認識某些個體事物，祂便不能是萬物知識的泉源，也便不能有一切知識的美善了。這個假設是不可能的。故此天主必定認識個體事物。

另證：能力高低，品級固定的系統中，高低相較，互成反比例（這是常見的一個公律）。能力越高，影響所達到的範圍越廣，所接觸的事物也越多，能力自身卻越簡單而近於純一；反之，能力越低，實力所達到的範圍越狹窄，所接觸的事物也越少，能力自身方面卻越針對著所接觸的那些事物，而分成許多部門，或發出許多動作。高級能力，一力一動，能作的事物，低級能力，需要多力多動，始能作到。例如內官的覺像力，只是一個能力，用一個動作，覺察外五官所知的一切事物，此外還能同時覺察許多別的事物。反之外官的覺力，分成了許多器官的官能，每一官能只知一部分事物，一切官能合起來，所知的一切事物，費了許多力氣和動作，還趕不上覺像力，一個想像，就可徧知的事物之眾多。

然而，天主的知識能力，高於人的知識能力。故此，人用許多能力和動作所能知的一切事物，或靈智之所智見，或想像力之所想見，或器官感覺力之所覺察；天主只用自己單純精一的神智，並用它一個智見的動作，就能全知無遺。那麼，吾人既能用想像力和器官感覺，知認個體事物，故此天主也就只用自己的神智便能認識個體事物。

加證：天主的知識和吾人的知識，有以下這個不同之點。吾人的知識來自事物，以事物（的生存實況）為原因和標準。反之，天主的知識是事物生存的原因和標準。詳證於下面（卷二，第二十四章）。如此說來，祂知所造萬物的知識，在方式和作用上，彷彿是一種實踐或實用的知識：猶如藝術家知自己的作品，所有的知識及所知的典型或樣本。這樣的知識，除非知盡了個體事物的細節，不能算是完善的知識：因為實用知識的目的是完成實際的工作。實際的工作，卻是用個體事物的因素，作成個體事物的整體及每個部分。實用知識，本質是個體事物的知識。準此以論，天主的知識，對於所造萬物，既是一種實用的知識，故此不得不知盡個體事物的詳情。

還證：按上面（第四十四章）的證明，第一發動者，發出動力，運轉第一被動者，是用智力和意力。既用智力，產生運動，便不得不預先認識所運轉的物體。這個物體是一個單立而實有的物體。運轉它，是按著它的本性，促使它在個體限定的時間和空間裡遷移地點：在此時此地，從此某方位，移動到彼某方位。這樣的知識是個體事物的知識。那樣的智力，既是第一被動者的轉運者，甚且也是它生存的原因，故此必定認識它的個體詳情。那樣的智力，或是天主的智力，或是低於天主的智力。假設它是天主的智力，那麼，這就是說：天主的智力認識個體事物。這就是我們論證的目的。反之，假設它是低於天主而高於吾人的一個智力。它便用自己的能力足以認識吾人靈智所無力認識的個體事物。它之所能知，天主便更能知之。如此說來，結論仍是：天主的神智認識個體事物。

又證：在動作的關係上，有施受之分。施動者，發動。受動者，被動。在榮貴的程度上作比較，施動者貴於被動者：猶如現實貴於潛能：盈極貴於虧虛。動力根於物的性理。低級的性理，無力發出動作，產生高級性理，將自己的性理或條理，產生在高級物體內。反之，高級性理發出動作，有能力將自己的條理，產生在低級物體內：即是產生低級的性理。例如地上這些下級物體中所有的性理，是變化無常的，都是生於天上星體，常存不變的能力。反之變化無常的能力，卻不能產生常存不變的性理。

凡是知識，都是生於心物的同化。在知識的境界裡，知者和被知者，是兩相合一的。但天主和人類不同。人類知識中的心物同化，是器官所感覺的事物，發出動作，感動人心的知識能力：事物主動、發動，人心被動、受動：是**心化於物**。天主的知識裡正是相反：天主的神智，發出性理的動作，將性理賦與所知的萬物，以此而產生萬物：此中的心物同化，是**物化於心**：萬物同化於天心：擬似天主神智所懷抱的性理：物是被動、受動；天主的心是主動、發動（天心，即是天主的心，指天主的神智）。

器官感覺的事物中，所有的性理，是因其物質性而凝固於個體中的：**這樣的性理，是物質界的性理**：低於人性的知識能力。在人性的知識內，所知的性理，都是抽象的：不含任何物質：高於物質界的性理。**人的靈魂是一個高於物質性理的性理**。方才說了，低級性理無力將自己性理本有的條理，產生在高級的物體（生存境界）以內，為此理由，器官所感覺的物質性理，無力將自己本性固有的「個體性」，及其可知的條理，產生在人心中，不含任何物質性的靈智意識境界以內。物質性理，發出動作，感動人心，所發出的實效，達不到靈智界，僅止於物質器官的覺力而已。物質性理發動，達不到超物質的靈智。同時人的靈智光明、下降、也降不到物質界的個體性。

人的靈智光明、下降、照穿物質事物：用抽象的作用，抽去物質條件，抽取可知的性理：都是個體共有的公理：不包含物質以內，所包含的個體性。事物的個體性，是由物質條件的限止而形成。人的靈智光明，除去物質條件，而照顯的性理：不含任何物質性。這樣的靈智光明：可以簡譯為靈明：指示發動智力：發出抽象和光照的動作：驅除物質的障蔽；照明可知的性理：彷彿是產生性理。人的靈明，本性無力產生「物質性」與「個體性」。

如此，觀察人類知識的心物兩方面，足見器官感覺所知的性理之個體性，無力將自己的意像，產生在人心靈智（界的意識）以內。

天主神智內，性理的意像，代表的範圍，擴展到造物者全能，所能達到的一切萬物：至大無外，至小無內：天主能造之，故能知之：天主神智的意像：通達吾人器官感覺的物質事物，所有的性理及其個體性。如此說來，足見吾人靈智不知個體事物，只知個體事物共有的某些公理；天主的靈智不但知個體事物的某些公理，而且全知每物的性理及其個體性。

另證：用簡單的反證法：假設天主不認識那些連人類都認識的個體事物，從此隨之而生的結論必是：天主乃是極無知識的。這個結論是不近情理的。反回去，足證天主不是不知個體事物。這乃是（《靈魂論》卷一，五章，四〇〇頁右四。《形上學》：卷三，四章，一〇〇頁右四），大哲反駁恩培德所用的反證法（恩培德，詳名恩培德克來斯）。

經證：《聖經》的權威名言，也確證這一條理性已經證明瞭的定理：聖保祿《致希伯來人書》，四章，十三節說：「在天主面前，沒祂看不見的所造物」。《德訓篇》十六章，十六節，也說：「你且不要說：我躲藏起來，天主便看不見我！上天至高，誰還從那裡記得起我來？」這句經言，排除反對方面的錯誤。

從此看來，可以明見：反對方面的結論和前提，首尾不相連貫（回看前面第六十三章，第一路）：因為，天主的神智，雖然不是物質的，但仍是物質和性理的意像和樣本：是物質和性理之所模仿和擬似，猶如祂是既產生物質，又產生性理的第一原因。

評註：天主的實體，是純粹的神智，不染物質，但實有的生存品級，和動作能力，高於物質，故能造生物質，給物質賦予性理，而結成個體事物。天主以其純神實體及智能，是宇宙間神人萬物的原因和主宰。根據這樣的想法和定義，神體和物質形體，不是絕緣的，而是在生存和行動的能力及規律上，有因果相連的密切關係。與物質絕緣的神或心，不是天主神智的真定義。與天主神智絕緣的物質，也不會是物質的真定義。物質也是天主神智的擬似和外部的表現：並是造世必備的因素。

第六十五章　天主知個體事物（正論）續

第二點，應證明天主不是不知那些不存在的事物。

理證：從上面（第六十一章）舉出的那些理由，足以明見**天主的知識對於所知的事物，和可知的事物對於吾人的知識，前後相較，有相同的關係和比例**。依此比例，既知在吾人知識內，所知物不被知時，能有心外的生存，便知在天主的知識內，心外不存在的事物，也能被天主知道。不存在的事物，非吾人所能知：依照上面的比例，從此便可斷定天主所不知的事物，便不能存在：（理由正是因為不存在的事物非吾人所能知：故此，不但天主所不知的事物，不能存在，而且不存在的事物，乃是天主所能知。參考前章知識能力高低相較，互成的反比例）。大哲範疇集，五章（七頁右三二），曾舉出著名的「四方形的圓圈」，作一個假設的事例為說明：吾人所不知的物體，仍能在吾人意識範圍以外，有其自身的生存和存在。（**知識內，心物相交而有的因果關係，天人相較，互成反比例。因果關係的反比例**，是一個邏輯的定律：確然無疑。依此定律，論某物對於原因之所可前進正說，論同物對於效果，便必定可以倒退反說。既知對於吾人，物不因不被知而不存在，便可斷定對於天主，物不因不存在而不被知。正說於吾人而真者，反說於天主必真。詳閱前面（第六十一及六十五章）。注意「天人之間」，和「心物之間」的因果關係，及這兩層關係的反比例，羅列起來，互相背馳推論而成的論式。

又證：天主用自己的知識，造生萬物，而是萬物的原因。故此，天主神智的知識對於所造的萬物，和藝術家的知識對於工藝品，有相同的關係和比例。然則，藝術家用自己藝術的知識（不但知已成的工藝品），而且也知尚未作成，（或永不去作成）的工藝品：因為（藝術知識，匠意心裁，所設想的作品，包括其神情、性質、品貌等等**條理**：可以總稱**性理**），藝術家心中規定的性理，從藝術的知識裡湧流出來，注入到外界物質材料之中（因藝術製造的工化），結合物質，而構成工藝品。藝術家心內設計規畫的藝術品當中，有許多是他不製造的藝術品，依同比例，天主，造物者，認識許多自己能造而不造的事物：這就是說天主認識不存在的事物：沒有什麼不可能的。

另證：按上面（第四十九及五十四章）舉出的許多理由，足以明證：天主的性體是所造萬物模仿或擬似的樣本，或模範。充其模範的真相，足以作天主認識所造萬物時必用的憑藉。天主認識自己的性體，因此而認識其餘的萬物。凡其性體模範之所能代表，天主無不明知。然則，按上面（第四十三章）的證明，天主性體，無限美善。任何外物所有的生存及美善，卻是有限的。萬物的總體，也不能和天主性體的美善，平等相比。天主性體的代表能力，廣大無限，擴展到現有萬物以外的許多事物上去，多至不知多少倍。如此想去，既然天主完全認識自己性體的美善和能力，故此，祂的知識範圍也是廣大無限的：不但包括存在的事物，而且也推廣到不存在的一切事物上去。

加證：吾人智力，根據所知事物「是什麼」的，性體定義的知識，也可以知曉許多不存在的事物，性體是什麼。例如，實際上它能明瞭馬或獅子的性體定義，縱令同時這些動物都已絕跡於宇宙間。天主神智的知識，依照性體知識的方式，不但知事物的定義，而且也知一切論句關於那些事物所能聲明的情況。上面（第五十八及五十九章）所舉出的那些理由足資明證。故此，祂有能力認識那些不存在的事物。

還證：既知原因，便可預知其效果：效果未生以前，也可被智力從原因的知識中，推測預算出來。例如天文學家觀察天上星宿運行的秩序，預知未來的日蝕或月蝕。然則，天主認識萬物，都是由因知果。由於認識自己，造生萬物的能力，而認識自己所能造生的萬物：這樣由知自己而知萬物，乃是由因知果。詳證見前（第四十九章）。故此無妨天主也認識尚不存在的事物。

加證：天主的知識，和祂的生存一樣，沒有時間先後的繼續。全體合聚，實有常存：有無始無終，永遠現實的意義。時間的長流，是許多段落，前後相繼的延續。永遠對於時間長流的全體，有無積量可分對於有積量可分所有的比例。這裡所說的「無積量可分」，不是無長寬高厚的點。點雖然沒有任何積量，但仍是積量的一部分：因為它是積量延長的終止點。時間延長的終止點：或倒溯而終止於始點，或前進而終止於終點，凡是點，都是時間分小而分到不可再分的最短一閃。這最短一閃，雖然是不可分，但仍是時間長流的一部分：既然又是最短的一部分，故此不可與永遠相混。永遠的不可分，是時間長流全部長度以外的不可分：無始無終，無先無後：現實常存。對於時間長流的每一段落，任何每一部分，或任何每最短不可分的一閃或一點，永遠的現實，都有同時並存的關係。時間，依其本性，是變化過程先後段落的度量。故此，時間不超越變化過程，及變化的世界。永遠卻完全不屬於變化過程，也完全不屬於變化的世界以內：既然完全超越於變化以外，故此全不是時間的任何一小部分或大部分：根本與時間全不同類，也不相屬。永遠事實的生存，永不停止；故此，永遠的現實，和任何時間或時間的任何一點，都有現實面臨的關係。為說明這樣的關係，可以用圓球的中心點作異類相喻的比方。用圓周線的全長代表時間長流的全長。用圓球的中心點代表永遠。球旋轉起來：圓周線全長內分開的各點，相繼逐一轉過，相互有時間先後的分別：雖然每一點，都是最短不可分的一閃，但逐點排列，沒有兩點同佔相同的一個位置：各點位置，前後比隣，但不相同：位置上有前後，時間上便有早晚。圓球的中心點，完全站在圓周線以內：和周線各點，直線對面相向，維持相同的距離：不拘旋轉時，周線各點如何隨方位之前後而有時間的早晚，中心點對於每點，卻有直線面對的關係。如此，「永遠」和時間的各點，也有相彷彿的，直線正對面臨之關係：雖然時間長流間的諸點，彼此有古往今來的分別和相繼逝去，但那相繼逝去的每一點，對於永遠的現實，都是現在面前。

說到這裡，還有一點尚需注意：時間的任何一點，現在面臨永遠的現實，必定是面臨永遠現實的全部，不能是面臨它的一部分：因為它，既是不可分別先後的永遠現實，沒有部分之可言，永遠不是部分先後繼續的久遠。

綜合上述各點，足見在時間流逝的全部長期之中，不拘怎樣長久，不拘在那一剎那，發生什麼事件或物體，天主的神智，在自己永遠的現實內，都面臨現前，直視洞見。然而，時間長流中，前後諸點間任何此某點裡所發生的事物，對於同流中任何彼某點，不是常在現前。由此看來，最後的結論是：天主認識時間流逝的長期內現今尚不存在的事物（同樣也認識現今已不存在的事物）。簡言之：天主的知識範圍，包括不存在的事物。

既用上述理由證明瞭天主知不存在的事物，現應轉念理會另一點：就是不存在的事物分許多類，各類對於天主的知識，所有的關係不同。

第一類是現在不存在，將來不存在，已往也不存在的事物；在天主的知識中，被天主看作是自己全能所能作的事物：是「純可能性的事物」。它們在自身實體內沒有任何樣式的生存，只是在天主的全能裡有生存（生存不是存在，而是內在的積極因素：藉以存在於某境界。生存能是絕對的。存在常是相對的：對於所在的境界發生關係）。天主知純可能的事物，用單純神智的知識：知自己全能可能有，但實際不有的效果。**單純神智的知識**，可以簡稱**智思**或**神思**。這裡的思，是知行有別，知而不行的思想。單純的神智，知純可能性的事物，是用神智妙悟的思想，想見那些事物，不是天主全能所不能作的。

第二類不存在的事物，是對於我們實際的人間，現今存在，過去和未來卻不存在；或過去曾已存在，現今和未來卻不存在；或過去和現今不存在，將來卻存在。乍有乍無的事物，在時間的某一段落中，是存在的事物：但在另某一段落中，卻是不存在的。它們是乍有乍無的實際事物。這些事物，在三種境界，有積極性的生存：一在天主的全能裡，二在自身本有的那些原因裡，三在自己本身以內。天主，面對著它們積極性的生存，在此三種境界裡，認識它們，所用的知識是**觀察：面觀直視的明察洞見**。天主知吾人間現今尚不存在的事物，不但是因為祂觀察到它們在第一和第二兩種境界裡，在諸原因（能力）以內，所有的生存，而且是因為祂觀察到它們，在第三境界裡，即是在自己本身以內，所有的生存。天主能觀察到它們自身以內的生存，因為，（不拘它們的生存，實有於時間的任何階段），天主永遠生存和知識的現實，因其自身無段落可分的純一性，對於任何時間的段落，都有現在面前，直視明察的關係。天主用明見現前的觀察，全知古往今來的事物。

除以上「智思」和「觀察」兩種知識，知兩類事物以外，天主還有「體察」的知識：察自己的本體，因以察見自身內外，各類的一切事物，在各境界，所有的生存。天主既知自己的性體，便因而兼知萬物：因為祂的本性本體，俱備萬善的眾理，足以呈現在古往今來，實有或能有的許多事物中：縱令能有的事物，許多是古往今來，都不實有的。這些現今不存在，將來不存在，過去也不存在的事物，各自呈現天主性體內所包含的某某性理。

事物的任何原因，所有的能力，也是以天主的性體（全能）作自己模仿的樣本以求擬似於萬一。根據原因的效能之所包含，一切效果、未生以前、預先在原因以內，已有某方式或程度的生存：並在此生存的實況，擬似天主性體的美善。因此，**天主既知自己的性體，便因而察見萬物未生以前，在原因效能中，所預先已有的生存及其實況**。

每物在自身以內，現實擁有的生存，也是用天主的性體作樣本，並由天主用竭盡可能模仿擬似的方式，陶鑄造化而生。為此，天主既知自己的性體，便也因而察見萬物自身各具的生存。

總結前論：生存之理，無違於可知之理。知識知物，乃在知其生存（及生存的實況）。今既知不存在的事物，在不同方式之下，有三種境界不同的生存：一在天主全能之中，一在眾因效能之內，一在事物自身，從此便知天主用三種不同的方式，全知那些不存在的事物。

上面提出的定理，尚有《聖經》權威作證：《德訓篇》二十三章，二十九節說：「萬物在未造成以前，都已見知於吾主天主；同樣，在已造成以後，天主也都明知一切。」熱肋米亞先知，一章，五節，也說：「在你未成胎以前，天主就認識你。」

從此看來，足以明見，吾人無充足理由，必定依照某些人的主張，肯定天主用公理普遍而泛然含渾的知識，認識個體事物，只是在普遍的原因裡認識它們：猶如預知日蝕、月蝕，不是知此某或彼某事件的現實，而是從星宿運行的相對掩蔽，推測出未來的事件：方已推知之時，只見星宿運行的軌道和時序，不見未來事件的自身。然而天主的知識，範圍深廣，明知個體事物自身：詳證見於前面（第五十五章）。足見天主知不存在的個體事物，也是確知其自身實況，不只是含渾泛知於公理或原因以內。

評註：天主知物、愛物、而造物。知識極明。愛情至深，造化至神。惟人心之明，能以心體心，妙悟天主的聖明和仁愛：不但愛及枯骨，而且愛及未有之前。

第六十七章　將來偶然的事物

從這些理由看來，在某些限度下，已能明見，天主從無始無終的永遠，已有偶然個體事物，真確無誤的知識，那些事物並不因此而停止是偶然的。

事物的偶然性包含兩面觀：一是將來的可能性，一是自身的現實性：因為偶然事物，是將來能有能無的現實事物。偶然事物，只是在它將來的可能性方面和知識的真確，是不能相容的；但在它自身的現實性方面和知識的真確，卻沒有不能相容的地方。

偶然的事物，既是將來的事物，屆時也能不是現實的事物。預測的人，估量它將來要發生，屆時它既沒有發生：故此，它是將來不要發生的；預測的知識，乃與事實不合：於是遂生錯誤。（天主的知識能不能犯這樣的錯誤呢？）

然而另一方面，由於它是現今實有的事物，在那時期內，它不能不是實有的。不過在將來，它可能不是實有的。但這將來的可能性，屬於偶然事物的將來可能性的那一方面，已經不屬於它的現實性這一方面了。

因此，假設有人現實看見另某人正在跑路，因此他說「某某人現實正在跑路」，這句話所指的事件，雖然是一偶然事件，但這句話所指的知識，卻是真確的：並不因事件的偶然性，而傷損知識的真確性。由此觀之，足見任何知識，如果所知的偶然事件，是現今實有的事件；便能是真確無誤的知識。

現在，請看：天主神智，永遠現實的觀察，徧知時間流逝，各段落能發生的每一事物和每一事物發生之時的現實，有現時面臨直視的關係：詳證見於前面（第六十六章）。故此，關於偶然的事物，吾人無任何理由否認天主從無始無終的永遠現實，常有真確無誤的知識。

又證：事物偶然與必然的分別，係於原因之決定。效果生於原因。**由原因決定，能不發生，也能發生的效果，是偶然事物。由原因決定不能不發生的效果，是必然的事物。知識的真理，以事物現實生和為基礎。**就事物自身現有的生存實況而言（在現實時期內），必然事物和偶然事物，同樣能建立知識的真理，彼此沒有分別：因為，根據現實生存情況去觀察，在現有的偶然事物自身以內，只有生存的現實，沒有生存的能有能無；雖然在將來，它可能不再有生存的現實（這是大前提）。

然而（小前提），天主的神智，永知萬物，不但只知事物在諸原因內，所有的生存，而且也直見見事物自身所有的生存。故此（結論），無任何理由否認天主對於偶然事物，實有永遠的真確無誤的知識。

加證：從必然的原因，確然產生所決定的效果。同樣，從全備的偶然原因、果如不受阻礙，也必定確然產生所決定的效果。然則，按上面（第五十章）的證明，天主全知萬物，不但知偶然事物的原因，而且也知它們發生時能受到的阻礙。故此，偶然事物現實發生與否，天主都有確然無誤的知識。

還證（大前提）：效果不會超越自己原因的美善；但有時能缺乏美善。因此，在吾人，事物是知識的原因，必然的事物能產生不必然真確的知識：僅僅產生或然真確，或大約真確的知識。然而（小前提），天主和吾人因果關係，互成反比例。在天主，事物不是知識的原因，知識卻是事物的原因。故此，結論：天主用必然真確無誤的知識，全知所能產生的偶然事物。無任何妨礙。

另證（大前提）：偶然性的原因，不會產生必然性的效果。否則，原因無有之時，效果卻能發生。那是不可能的假設。最的效果，能有近因和遠因，如果近因是偶然性的，效果必是偶然性的，縱令遠因是必然的。例如開花結果的近因是菓木：偶然的近因，產生了偶然效果，雖然遠因，太陽的運行，卻是必然的。效果的偶然性，是中間各級近因所使然。然而（小前提），天主的知識，雖然是所知事物的原因，但乃是遠因。故此，所知事物的偶然性，不妨礙天主知識的必然性：因為中間各級近因，能是偶然性的。

又證（大前提）：除非事物的發生，符合天主的知識，天主的知識，便不是真實而完善的。天主是萬物生存的原因，認識所造生的萬物之生存：認識所造生的每一效果，不但認識它的本身情況，而且認識它和一切近因所有的關係。然則（小前提），偶然效果和一切近因所有的關係，是決定效果偶然生於那些原因。故此，天主知曉某些事物發生，並知曉它們是偶然發生。如此說來，足見（結論）：天主知識的確定和真理，並不取消所知事物的偶然性。

從上述一切，便可明見如何排拒對方的攻擊。

（第一點）效果的變換無常，不足以證明原因的變換無常：因為從必然的第一原因（經過中級近因的偶然性），能產生偶然性的最後效果。天主所知的事物，不是天主知識的原因，而是它的效果，正如吾人知識與所知事物的關係相反。假設天主所知的事物變化無常，從此隨之而生的結論不必是：祂的知識因而便能是錯誤的，或受到任何變化。但因吾人知變化無常的事物，便有變化無常的知識；因而也想任何知識，必有同樣情形：這乃是一錯誤的結論。

又一點：如說天主現知或曾知此某未來的事物，在天主知識和所知事物之間，應設想有一個中間的距離：就是說話的時間。話中所說的此某事物，對於那個時間，是未來的事物；對於天主的知識，卻不是未來的事物；而是現前的事物：因為天主的知識，站在永遠現實的觀察點，看到萬物都現臨自己的面前。在此面臨直見的關係中，「此某物能不能不存在」的問題，沒有提出的餘地：因為，暫將那說話的時間置於不顧，只看此某事物對於天主的知識，既有面臨現前的關係，便不能說它，在天主的知識中，是現今不存在的事物；但必須說：在天主面前，它是在天主性體以內，現實明見的事物。

肯定了天主永見萬物的定理，萬物都現在天主面前：既然現今已有的事物，在現今實有的期間，不能是不有的，故此，前面方說的問題，完全不成問題，完全沒有發出的餘地。

對方結論的錯誤，生自前提裡，誤將說話的現時，或往時，和永遠的現實，在時間的長線上，平列起來。說：「天主現時知此某事物」，或說：「天主往者曾知此某事物」，是不正確的說法：誤將時間古往今來的區分和關係說成了「永遠現實」內先後不同的分別。未料想，永遠現實完全不能有時間先後的分別。由此而生的錯誤，是附性張冠李戴的錯誤：將時間的附性，誤加到永遠現實上面去了。

另一點：既然每一事物被知於天主永遠現實的知識，是和被天主現時目睹一般，如此，在此實際條件下，天主所知事物的生存實況，乃是必然的：猶如蘇格拉底，由於他現實被人看見是在坐著，在此條件實有之下，他必然是在坐著。但「他在坐著」，這個事件的必然，不是事件本身絕對的必然，而是在條件之下有限制的必然：是「條件限制」和所限制的事件，互有的關係之必然。「若果然他被人明見是在坐著，他則必然是在坐著」。這裡的「則」字指示前後兩句，前引後隨，有必然的引隨關係。但兩句間合觀實有的引隨關係之必然，不是兩句間分看任何一句自身的必然，更不必是隨句單看自身所能有的必然。兩個不必然的論句間，用「則」字所指出的引隨關係，能是必然的。故此，從引隨關係的必然，不足以斷定隨句自身絕對是必然的（這是極普通的一條邏輯定律：假言複句內，前後兩句，必有的引隨關係之必然，不是隨句自身之必然）。

為此理由，如果將上面的**假設複句**（用邏輯方法），改寫成**定言單句**說：「被人現實看見是在坐著的他，必然是在坐著的」，這個單句，根據所言的意義，統總合觀，顯然是真實的：全句合觀真是必然的；然而根據所言的事件，分開單看，只指「他在坐著」，或只指「他被人看見是在坐著」，這些事件，分開單看，都不必須是必然的。句義全體，合觀所有的必然，不是句內所指事物，件件分開，單看所可有的必然。

如此說來，或在「假言複句」，誤將引隨關係的必然，看作隨句的必然，或在「定言單句」，誤將句意合觀的必然，看作事物分看的必然，這樣的看法，在一切同類情況中，都是不邏輯的：這樣的邏輯錯誤，叫作「合觀分看的錯誤」。犯了這樣錯誤的論式，是無效的論式。

（以上是大前提。下面是小前提）然而對方攻擊吾人定論，並否認天主知偶然事物；對方所用的論式，犯了「合觀分看的錯誤」。故此，對方的論式是無效的。反之，（結論）：事物的偶然性，不足以推翻「天主永知偶然事物」，這個定論的必然性。

經證：論到天主實知將來偶然的事物，《聖經》權威也足以證明。《智慧篇》八章，八節說：「（天主的上智）知曉尚未發生的大事和奇蹟，並且也知曉各世紀及各時期的事情」。《德訓篇》三十九，二十四至二十五；也說：「（天主的上智）歷觀古今和未來的每一世紀。在祂的眼前，沒有任何隱藏不可見的事物」。《依撒意亞先知》四十八章，五節，也說：「我當初預先就給你說了。當這些事未發生以前，我就給你指明了」。

第六十八章　自由意志的活動

從此向前推究，即應證明天主在知能力和知原因的知識中，兼知眾心以內，自由意志的活動，和眾智以內，所想的思想：因為天主的本體是所有一切事物，生存的大公原因（生存不指生活或存在，而指生活和存在的先備根據：廣於生活，深於存在，從物體內部建立物體，依照先天性理，實現其潛能）。

理證：天主由於認識自己的性體，而兼知一切物體（物體，大公名不指物質，也不指形體，而指實有界內神形兩間所現有和所能有的一切事體和物體）。物體，依此大公的意義，泛指不拘有什麼方式或程度之生存的事事物物。在此意義之下，物體分兩種，一是心內物體，在靈魂意識範圍以內。二是心外物體，在靈魂意識範圍以外（這兩種物體，都是有生存的主體。實體是自立生存的主體。附性物體，依附主體，是附性生存的主體：凡是生存之理，都是來自生存之原：天主）。故此，天主田於認識自己性體純是生存無限的純理，便同時認識心內和心外的一切物體，及各類物體的分類，區別等等（這是大前提）。然則（小前提），意志以內或思想以內所能有的一切，是心內物體總類之下的一類：附性物體或事體之類。故此（結論），天主認識（神或人）思想以內所想的，和自由意志以內所願望的事事物物。換言譯之：天主知（人心內的）思想和願望。

加證：天主由知自己本體而知外物，猶如由知原因而知效果。故此，天主既知自己本體，便在此知識內，兼知自己效能所能達到的一切效果。然則，天主的效能，範圍寬廣，包括（受造物內）智力和意力的動作：因為，任何事物的動作，都是憑藉自己的性理：事物的任何某樣的生存，也是來自性理；故此，萬物生存的總根源，天主，既是一切性理的根源，必定也是一切事物動作的根源。第二級的一切原因的效果，溯本追源，歸結到最後，也都是第一原因的效果。從此可見，天主認識（受造物內）心靈的思想和情感。

又證：**天主的生存是第一生存**，因此，也是一切事物生存的原因。依同比例，天主的知識是**第一知識**，因此，也是一切事物內知識的原因（在知識主體內，它的知識便是它的生存）。根據上面的比例，足見天主既然因知自己的生存而知任何另某一物的生存，故此，依同比例，既知自己的知識和志願，便因而兼知任何另某一物的思想和志願（萬物的思想和志願是天主思想和志願的流行）。

還證：天主知物，並知其生存之實況，不但知它在眾原因內所有的生存，而且知它自身固有的生存。詳證見前（第六十六章）：天主認識原因對於效果所有的關係。然而，藝術品由藝術家的知識和願望而開始有生存於藝術家心內，猶如自然界，物質的事物，由物質原因的效能，而開始有生存於原因以內。猶如物質原因，用自己物質的效能，產生和自己性質相同的效果，同樣，藝術家用自己的智力（和技巧），產生神情狀貌條理等等和自己的理想相合的藝術品。在自由意志本著目的所作出的一切事上，都有同樣的比例，依此比例去推想，可以斷定：天主知（受造物內）的思想和志願。

再證：天主知靈智實體，不減於祂或吾人之能知有形並有知覺的實體（例如動物）：因為靈智實體，既有較高的現實生存及盈極程度，故此也有更高的可知性程度。然則，天主和吾人，認識有形並有知覺之實體情報（消息）和情慾。心靈的思想生於情報（或消息）的領受。心靈的情慾，乃是追求某物而生的傾向。自然界，物質實體的傾向，也有時叫作物質的自然慾望。（在拉丁語，確是如此）。從此可見，天主也認識人類或神類心靈的思想和情感。

經證：《聖詠》，第七，十節：「天主深察（眾人的）心和腎」。《箴言》十五章，十一節：「地獄和死亡之界的慘苦，都明陳天主的面前：何況人類子孫的心腔，更是天主所明鑒！」《若望福音》：「祂不需要誰給祂證明人的行為；祂原來就知道在人以內有什麼。」

自由意志行動的自主，能決定行動，或不行動。或然兩端，自由決定，既不必擇某某一端，又不受外在原因或暴力的強迫：但在自由條件之下，不是不受高級原因賦以生存與行動及其他影響。它既從高級原因領受了生存和能力及動作等，便也能領受其他影響。意志行動的自由，被造於第一原因，和第一原因，有因果關係。意志自由和因果關係，不是互不相容的。第一原因，是天主。故此，天主，根據「知因則知果」的因果關係，既知自己本體，便能同時兼知（受造物內的）意志行動，及此類事物。

第六十九章　知無限的事物

本處工作，是證明天主知無限。

理證：天主既知自己是萬物的原因，便因而兼知自己以外的萬物。從上面（第四十九章）舉出的理由，足以證明此點。然而假設無限的事物是有生存的主體，它們便是天主所產生的效果：因為天主是萬物的原因。萬物泛指一切有生存的主體。故此，天主認識無限的事物。

又證：按上面（第四十七章）已有的證明，天主完全認識自己的效能。為能完全認識效能，不得不認識效力所能深入的一切效果。效能的大小，視所生效果而定。但按上面（第四十三章）的證明，天主的效能既是無限的，深入或擴展所及的範圍，也是無限的：包括無限事物。故此，天主深識無限事物。

加證：既然按上面（第五十章）已有的證明，天主的知識範圍廣博，通達不拘有什麼方式或程度的生存之主體：凡是物體，包括萬事萬物，天主無不全知；那麼，天主便必須不但認識生存現實盈極的物體，而且也認識生存潛能虧虛的物體。但按大哲《物理學》卷二，四章證明瞭的定論，在自然界的物事以內有生存潛能虧虛的無限物體。例如一為萬數之元。在元一的潛能虧虛之中，含蓄一切數目的實理。元一是潛能虧虛，含蓄無限的一個數目。它所含蓄的無限總數，是一個潛能的無限大數目：不是現實盈極無限的。

自然界既有潛能的無限事物，足證天主便有無限事物的知識。猶如，假設元一有智，認識自己潛能虧虛中所冥存暗蓄的一切，它便認識種別無限多的數目：因為它是數目的元始，在自己潛能中，包含無限多和無限大的數目之理：包含任何每一數目之理：一能成萬：能成無限：蘊藏無限，含蓄無限。

還證：天主用自己的性體認識自身以外的萬物：如同用某某模範作媒介，藉以認識模仿而生的萬象。然而，按上面（第四十三章）已有的證明，天主的性體，是無限美善的。用祂的性體作模範，因模仿擬似而生的肖像，能有無限之多，每個自身卻只有有限的某些美善或景象：因為任何某一肖像單獨，或任何多數肖像聯合，都不能和模範的美善相等。如此說去，常有所餘的新樣式，能受某物模仿，而成另一肖像：模範無限的美善景象，是模仿不盡的。可能有的肖像是無限的：它們的美善景象，都在模範裡包含著。天主既然完全認識自己的性體，即是無限美善的模範，故此無妨用自己的性體認識無限事物。

另證：天主的生存是天主的知識，（即是靈智動作），回閱（第四十五及四十三章）。用此比例看去，足見祂的生存既是無限的，故此祂的知識也是無限的（這是大前提）。然則（小前提），在同一關係上，有限對於有限，和無限對於無限，比例是平行相對的。依此比例的定律，在知識是心物相交的關係上，由於吾人有限的知識有能力領略有限的事物，足以斷定天主無限的知識有能力知無限的事物。（果然，吾人有限的知識能知有限的事物）。故此（結論），依平行比例，天主無限的知識能知無限的事物。

另證（大前提）：按大哲《靈魂論》卷三（四章，四二九頁右三）所有的定論：智力，如果現知極大的真理，便能知較小的真理，並且不是知之欠明，而是更加明白。這個定論，所根據的理由是：因為智力和覺力不同：覺力因覺到強烈對象，而受傷殘（例如強烈的光明，照瞎眼睛）；智力因明白高明的真理，不但不受傷殘，而且更加聰明（小前提）：茲作假設，肯定（宇宙間）有些事物，在某某觀點之下，是無限的；或同種之內，有無限多的個體，例如人種以內，有無限多的人；或同類之內有無限多的種，並且也假設某些個體，某些種，或一總個體，在尺寸或量數上，是無限大的，假設這是可能的；這無限多，無限大的事物之總體，既然每個的生存仍有類界或種界的收容，包含和限止。故此，和天主相比，仍是有限邊界以內的無限：小於天主絕對無邊界的無限。回閱上面（第四十三章）天生絕對無限的證明。故此，結論是：天主既然完全認識自己（絕對無限），便認識（宇宙間），那些（相對）無限事物的總體：以知大之智力而知小，何難之有？

還證：任何某一靈智，知識力越高明銳敏，越清明澄澈，也便越能既知一物，遂由而旁通眾物。智力越強，越能由一知多：猶如不拘任何能力，效力越強大，其能力便越簡單而精一。然而，就效力或完善而論，天主的神智是無限的；詳證見前（第四十三章）。故此，天主用知自己本體一物的知識，可以知盡（宇宙間）無限的事物。

另證：天生的神智，如同祂的性體一般，是純粹絕對無限美善的。故此，凡是智力可知的美善，無一是天主之所缺。然則，吾人智力，在其潛能虧虛的容量中，所可能曉悟而領受的任何某一事物，都是智力可知的美善（吾人智力，低於天主的智力。吾人智力之美善，必非天主智力之所無）。然而，吾人智力，潛能虧虛的容量，廣大無限，可以收容一切可知的物性事理。這樣的性理，是無限多的：因為例如數目的系統上，各級單位，自成一種，各有各的數理；幾何圖形的種類，也是各有各自種名所指定的性體定義，及性體構造中必備的理。數目和圖形的性理，是無限的：既然是吾人智力之所能知，必非天主智力現實之所不知。由此觀之，足見天主現實認識這樣的各類各種的無限事物（注意：這樣的無限，是相對的，不是絕對的；是可能有的，潛能的，不是現實有的，或實際的）。

又證（大前提）：既然吾人智力，以其潛能虧虛的容量，領悟潛能無限的事物（之理），例如，實際上它能用乘法，將數目各級乘多到無限倍：並能懂曉無限多數目中每一個數目的數理：這樣，無限多和無限六的數目，是潛能的無限：是吾人理智可以推想而知的；肯定了以上這個事實，請假設天主的智力竟不現實明知吾人潛能可知的無限事物，從此假設隨之而生的結論，僅有兩端：或是說：人智之所知，多於天主之所知；或是說：天主的神智，現實不全知祂可能知的一切。然而（小前提），按上面（第十六及二十九章）已有的證明，以上這「或」字兩端的結論，都是不可能的。那麼（用反證法，反回去，結論既錯，前提某處必錯，不在事實，故在假設。定論真應是什麼？不待言而喻！）

還證：無限數，不是不可知，而是不可數：因為無限的部分，依其本身實況，是不能數盡的。「無限」與「可數」，是互相矛盾的。歷數諸部分而知某物，是逐部漸進的知識：前後繼續，知了一部分，再知另一部分。如此，分部漸進的知識，不是總括一切不同部分，合在一齊，統盤全知的知識，一覽俱見，無部分先後之別。（這是大前提）。但因，（小前提），天主的知識，統盤全知萬物：一視全見：沒有部分的先後。故此，（結論），天主知無限，並不難於知有限。（天主知有限，故知無限：）。

加證：數量在乎部分之分多。凡是各種數量，無不在乎此。為此理由，數目是數量的第一種。那裡，數量的眾多，顯不出部分的區別，那裡，隨數量而生的結果，也便顯不出任何部分的區別。（這是大前提）。然則（小前提），在天主的知識裡，依其固有方式：知多如知一。因為天主的知識不用許多意像，而僅用一個意像，此乃天主的性體（第四十六章）。因此，天主知多，是一識全知。如此，在天主的知識裡，數量的眾多（在意像和識見方面）顯不出部分或單位元間的區分來（有限的眾多是如此，無限的眾多也是如此）：因為無限眾多，乃是隨數量之增加而生的效果（《物理學》卷一，二章）。由此可見，對於天主的神智，無限事物和有限事物的知識（在一識全知的方式上），互無任何分別。（這是結論）為同樣的這些理由，可以斷定：天主現實既知有限，故無任何困難也知無限。

經證：《聖詠》，第一四十六，五節，說：「天主的上智，無數目之可限」；和本章定論，聲同意合。

附論一：從上述的理由，還可證明吾人知無限，和天主知無限，方式不相同。人和天主的智力，分別之點有四：

第一點：吾人智力絕對是有限的。天主的智力卻絕對是無限的。第二點：吾人靈智用許多不同的意像，認識許多不同的事物：逐一認識；故此，無力用一個知識，全知無限（或有限眾多的事物）。天主的靈智反是。第三點：來自第二點，吾人靈智，逐一認識事物，歷數枚舉，逐步漸進，有時間先後的分別。天主的靈智，不是如此。祂只用一個意像，並用一個智見，統盤直視，全見萬物。第四點：天主的智力，兼通有無：既知現有的事物，又知不現有的事物。詳證見於前面（第六十六章）。

附論二：大哲名論與本論無礙。大哲曾說：「依無限二字的真確意義，無限的事物，是智力所不知」。回閱前面（第六十三章）。《物理學》卷一，十章。在無限真義之下，認識無限事物之」本體，是測量它現有的一切部分：歷數枚舉，竭盡全量以認識之。因為「無限」的意義，兼含數量之理。真知數量的知識，是確知其所有一切部分。天主的知識卻不是如此。因此可以說：天主不是根據無限數量的部分去認識無限，而是根據無限事物，對於自己神智的知識，現實永有的關係去認識它：識無限猶如有限。一如前論。

附論三：天主知無限，不是用面臨直視的觀察，而是用簡單智思的想見（回閱第六十六章）。因為無限事物，不是現今、將來和已往現實存在的事物。事物產生的過程在始終兩點，都不是現實無限的。根據公教的信仰，兩點都是有限的：受時間空間的限止。

天主能用單純的智思，想見無限的事物：認識無限，猶如認識實際不存在的事物。天主全能可能作而實際不作的事物，是可能的事物：是無限的。宇宙閻萬物，受造於天主，各有各的動作能力，可能作而實際不作的事物，也是無限的。天主超越所造的宇宙萬物以上和以外。如此說來，宇宙內外，無限多，無限大的可能事物，實際上，現在、將來和已往，都不存在：天主全知它們的詳情。

論到如何能知它們個體的詳情，這一點，對於天主的知識，並不足以成為難題。為解除疑難，只要在對方論式裡面，消除它的大前提：而聲明個體事物，不是無限（多或無限大）的。縱令它們是無限的，天主仍然完全知道它們。方式和理由，見前。

第七十章　卑陋的事物

既已證明瞭上面的這個結論，現應進一步，證明天主認識卑陋的事物。這和天主知識的尊高，並不相衝突，反而佐證其尊高。

理證：動作的能力越強大，動作的功效越能深入遙遠的區域。例如：器官感覺所知的物質動作，足以是這個定律的一個明例。天主的智力，在認識事物上，和動作能力相彷彿；因為祂的智力（和吾人智力不相同，吾人知物是有受於物：感受外物的影響），祂的智力知物，卻是有施於物：將自己真理可知的光明，注入於事物以內，照明事理和物理。按上面（第四十三章）已有的證明，天主神智知物的能力是強大無限的。故此祂的知識的光明，也能並且必須放射到極遼闊深遠的區域。生存各級程度互異的萬事萬物，根據和天主距離的遠近，而分別尊卑的品級。天主尊貴的品級至高無上，至大無限：兼備低層各級的美善。事物不拘怎樣卑賤鄙陋，既有某程度的生存，便有某程度的尊貴或價值：既然都是天主所兼有，故此，都是天主所全知：因為天主神智的能力是至大無外的。

另證：凡是物體，或是自立的實體，或是附性若何的物體，針對其現實之所是而言，都有生存現實的盈極，並且是第一生存，現實盈極的肖像：以天主為樣本；並由此而有其尊貴價值。現實物體，固然是如此。潛能物體，由於它和現實盈極，有系屬的關係，也分取某程度的生存和尊貴：因為實際上，**潛能物體是有潛能生存的主體，潛能中的生存，低於現實盈極的生存**：但仍是生存的一個境界和程度：就其生存本身而言，不全是虛無，故此不是全無價值。如此說來，每一物體，泛指物體，事體、實體及附性等等，就其本身觀察，都有尊貴價值：但只是面對高級事物，比較起來，下級事物，可以說是低劣卑陋：不是絕對全無價值，而僅是相對低下一些。但是，須知：受造物中最高貴者和天主的距離（仍是有限和無限之間的距離），不小於最卑陋者和最高貴者的距離（即是有限和有限之間的距離）；並且，最卑陋者和天主的距離，可以說等於最高貴者和天主的距離：因為都是有限和無限之間的距離。最卑陋和最高的受造物，互有的距離，既是有限的，便絲毫不足以加長或減短有限和無限者之間的距離：因為這個距離是無限的。在無限的距離上，用有限的加減，不拘加減多少，總不會分別出長短來。如此計算起來，既承認無限距離，不足以阻礙天主認識最高貴的受造物，便必須否認同樣距離，竟足以阻礙天主認識最卑陋的事物。換一條路想去：假設卑陋事物是易知或難知，並假設低級靈智，智力微弱，足以認識卑陋事物（例如吾人認識卑陋事物，那麼），既承認有限智力在有限距離中能認識卑陋的事物，便必須承認天主的無限智力（雖在無限距離中），不但同樣，（而且更）能認識卑陋的事物：因為無限智力，更能知曉有限智力所能知的任何事物。假設否認天主能知卑陋事物（淺陋事物），便更應否認天主能知尊貴事物（高深事物）。這樣說來，結論必是要說：天主不認識任何自身以外的事物。這卻是上面（第四十九章）的定理之所不容許的（結論既錯，前提某處必錯。前提只有假設：足見那個假設是錯的。原論必真無疑：天主認識卑陋事物）。

加證：萬類總體秩序統一的福美，程度崇高，甚於總體中的任何部分：因為每個部分都系屬於整體內秩序統一的福美，並以此全體公有的福美為目的：明證於大哲《形上學》卷十一（另版卷十二，十章，一七五頁左一三）。假設天主認識任何另某崇高的物體，祂便首先極應認識萬類總體的秩序（因為崇高的知識，先知崇高的事物）。然而宇宙間，萬類分尊卑，品級上下左右，互有分別和距離，同時又有關係的系屬和配合：這樣，森羅萬象，有條不紊，是萬類總體秩序之所在。為認識這樣的秩序，不得不認識秩序中尊卑不齊的各級事物。如此想去，最後的結論是：天主不但認識高級的尊貴事物，而且也認識低級的卑陋事物。

還證：知識的本體，在於知者意識內，按意識境界本有的方式，收容被知事物的意像（不是按事物本身的性質）。知卑陋事物，這項知識的本身，不是卑陋的，也不將事物的卑陋，轉注入知者的心靈裡去：知識的本身不如此；然而知識偶然的環境，有時能用所知事物的卑陋，降低知者心靈的品格：或因為溺心於卑，忘懷於崇高，或因為智見卑陋事物，心起下流的，或不正當的情意。這樣的偶然事情，按上面已有的證明，在天主以內，是不會發生的（回閱第三十九及五十五章）。足見卑陋事物的知識，無損於天主的尊高；反之，就其本體自知，用超然方式，兼知萬物之智力而言，不拘什麼事物，都應是天主所全知的。知識無缺，是天主全善的條件。

復證：評定能力的大小，不應用它所能作的事物為標準，但應以它固定而不能踰越的限止為標準。能作小事的能力，不斷然是一個小能力：因為大能力能作大事，也能作小事；反之，受本性固有的限止，只能作些小事，不能作大事的能力，才是小能力。知識亦然。能知崇高，也能知卑陋的知識，不是卑陋的知識，但不能知崇高，只能知卑陋的知識，才是卑陋的知識：淺陋而不高明。例如吾人思考神界的事物，用一個想法，思考人間的事物，用另一個想法。兩個想法，關於兩類事物，所得的兩類知識，自然也是互不相同：並有尊卑之分：知崇高事物的知識，是高深的知識，和它比較起來，知卑陋事物的知識，便是低級知識。知識，兼知崇高與卑陋者，是高明的知識。在吾人心內，觀察各級不同的事物，用不同的知識。在天主神智卻不是如此：因為天主用一個知識，並用一個想法，既觀察自己，又觀察萬物：用一個思想和識見，既知自己又知萬物：高明而精一。故此，由於天主全知卑陋事物，不可將卑陋誤加於天主的知識。

經證：本處定論和《聖經》聲同意合。《智慧篇》，七章，二十四及二十五節，論天主上智說：「祂自身純潔，故此通達各處，不受任何污垢的侵入。」

解難一：對方理由，（詳見第六十三章，第六路），和本章證明的真理，沒有衝突。知識的崇高，定於宗旨，不定於內容。在我們人間，至崇高的知識，是第一哲學：它的內容，包括生存程度至高和至低的物體：它的觀察範圍，從至高無上的第一物體（天主），下以至於最末後的物體，即是潛能物體，（即是物質）凡實有界之所實有與能有，無不收攬。同樣，天主知識的範圍，首知主要真理，在首要知識內，一同兼知萬類。天主的首要知識，是認識自己的性體：在此首要知識內，兼知萬物。詳證見於上面（第四十八及四十九章）（第一哲學的宗旨是從「生存之理」的觀點，考察物之為物的實理及公律。第一哲學，也叫作《形上學》：是超越形體界限及形下百科的學識：內容兼包神形兩界的萬類）。

解難二：這點真理和大哲《形上學》（卷十一，另版卷十二，九章，一七四頁右二五）的名論，也不相衝突。因為他的本義，是說天主的神智，不以知外物，為自己首要的知識，也不以知外物，為自己神智的至善。本此意義，及語調程度，大哲又說：「不知卑陋事物，比知之更好」。這句話的意思是說：假設卑陋和尊高的知識，是兩種不同的知識，並且卑陋的知識阻礙崇高的知識；在此情況之下，如須加以選擇，則應寧擇崇高，勿取卑陋（但在天主，崇高卑陋，事物有分，而知識唯一：不相阻礙，而相包含；既知崇高，必不遺漏低下：與吾人知識，異品不相容者，不能等量齊觀）。為此理由，在天主心內，卑陋事物的知識和思想，不妨礙崇高事物的知識和思想。亞里斯多德上面的名論不是對天主的知識而說的；故與本章定論不相衝突。

第七十一章　惡劣的事物

討論至此，現應證明最後一點，即是：天主知惡。

理證：既知某善，便知相反的某惡（這是是非相因而知的矛盾律。並是大前提）。然則（小前提），天主認識一切個體事物的美善，（詳證見前第六十五至七十章）。既然如此（結論須是），天主便知相反的醜惡：萬物所有的諸般醜惡，天主都知。

又證：衝突事物的理，在心靈（的意識）以內，不是互相衝突的。否則，假設在那裡是互相衝突的，便不能同時並存，也不能同時被知（這是大前提）。然則（小前提），善惡互相衝突的理，相因而明，同時並見知於心內，故此是並存於心內的。足見（結論必是）為知惡而必用的理，不和善相衝突，反之，卻屬於善的定理（所必包含：因為善的定理，乃是惡的反面）。事物內，善惡不並存。定義內，善惡之理，相因而明，一正一反。故是並存而並知的。

既然如此，假設：（小前提），按上面（第四十章）的證明，在天主以內，為了祂絕對美善，現實兼備萬善之理，祂便在自身以內，現實兼備為知萬惡所須用的理（理現實存在於心靈意識以內，乃是知識）。如此看來，足見（結論）：天主知惡：並是萬惡全知。

又證（大前提）：**真理是智力的美善**（大哲《道德論》：卷六，二章一三九頁左二七）：因為，任何某一智力，由於知真理，始稱為美善（的智力）。知真理，不但是知善是善，而且也是知惡是惡：因為，依照定義，真理（的論句），乃是（聲明）是者是，而非者非（須知是非對立的兩端，才能有智力的美善）。故此，智力的美善，不但在於知善，而且也是在於知惡。

然則，（小前提），按前面（第四十一章）的證明，天主的智力，眾善全備，一無所缺。故此，（結論）：祂有諸惡的知識。

加證：按上面（第五十章）的證明：天主知事物之間的分別。然則，「分別」之理，兼含「否定」之理：事物的分別，是彼此不同，或兩物之中，此是則彼非。因此，最高範疇，或最高總類，或在本體上第一直接互相分別的事物，相互包含自己的否定。為此理由，用最高類名（作主辭和賓辭），形成的否定論句，是直接論句：即是沒有中辭，介於兩者之間的論句（故此是不證自明的）：例如說：「數量不是實體」：既知數量，便知數量不是實體，也直接便知實體不是數量：不需要用中辭說出什麼理由。如此說來，天主既知分別，便知否定。但更進一步，按《形上學》卷四（另版卷三，二章，一〇四頁左一六）已有的證明，缺乏乃是一種否定：它否定此某或彼某主體，依其固有條件，應有的某某事物。故此，天主既知否定，便知缺乏，但因缺乏應有的美善，不是別的，乃是所謂的惡。故此最後的結論乃是：天主知惡。

另證：按上面（第五十章）的證明，並按某些哲學家的認可與證明，如果天主認識萬類事物的每一種，祂便必須認識衝突：一因某些類下，（劃分出來）的種，是互相衝突的，（例如色分黑白），二因類下分種，所用的種別因素或特徵，是衝突的：詳證於《形上學》，卷十（另版券九，八章，一五七頁右三七）。然而，按同書（四章，一五五頁左三三）所有的說明，衝突對立的關係內，包含著全備與缺乏性的對立。故此，天主必須認識性理的缺乏。缺性失理，乃是惡的一種。故此，天主就也必須知惡。

還證：按上面（第六十五章）的證明，天主知物，不但知其性理，而且也知其物質。然而物質是潛能中的物體，非全知其潛能所能的一切，不足以全知其可知：各種能力或潛能，都是如此。**物質的潛能，是能具備某某性理，也能缺乏某某性理。潛能的物體，能有某某生存，因之而是某物；也能沒有或失掉某某生存，因之而不是某物。故此天主知缺乏。故此，也知惡。**

又證：如果天主認識自己以外的任何某物，祂便最應知其至善。天主以外，萬物的至善，乃是宇宙的秩序。萬物小善全隸屬於宇宙秩序，全以此秩序為共同追求的目的。在宇宙秩序中，萬物利害不同，有些事物有益於興利而除害：例如動物為能自衛，便生來有天賦的防衛器官和本領等等。天主（既知賦與器官，所以興利除害），足證自己認識這些害處（之所以然。害處、禍害都是惡）。故此，天主知惡。

另證：在吾人知惡，就知識本身而論，總不是可訐責的惡事。知惡是惡，乃是真理的判斷，何訐責之可受？但知識本身以外，偶然而有的境遇，能引人因知惡的知識，而興起作惡的傾向：故此，知惡，有時是不好：不是本身不好，而是偶然（的效果）不好。但為此理由，吾人不可說天主沒有知惡的知識：因為在天主以內，本身善良的知識，全知諸惡，而永不會產生偶然不善良的效果。理由按上面（第十三章）的證明，是因為天主不受任何偶然的變化。故此，無妨天主知惡。知惡，不是向惡。故無害於天主全善。

經證：《聖經》名言和本章定論，聲同意合。天主全知諸般罪惡，禍惡和醜惡。《智慧篇》八章（另引七章，三十節）：「邪惡不能勝過天主的上智。」—《箴言》十五章，十一節：「地獄和死亡之界的慘苦，都明陳於天主面前」。《聖詠》（第六十八，六節）：「我的罪惡和過犯，瞞不住你的全知。」《若伯傳》十一章，十一節：「祂認識人間的虛妄。祂面對著（人間的）罪惡，祂竟視而不見嗎？」

附識一：天主知惡、知缺點。吾人也知惡、知缺點。但天主和吾人知識的方式不相同。吾人為知個體獨立的每件事物，用每件各自本有，而與眾不同的「**意像**」。**意像分兩種**，一明一隱。用明顯在意識以內的意像，認識現實的事物：即是認識事物生存的現實情況。用隱暗未明的意像，認識它將來既明顯以後所能代表的事物：即是認識事物生存的潛能狀況：如此說來，潛能的知識（用隱暗的意像，在隱意識中），因潛能而知潛能；猶如依同比例，現實的知識（用明顯的意像，在顯意識中），因現實而知現實（現實者盈極而不虧虛。潛能者虧虛尚待充實）。雖然（在知識反省而自覺的歷程中），也可以說：先有現實的知識，知事物的現實，然後，由此隨之而反省，便知曉和現實與盈極相對立的潛能與虧缺。潛能之理，包含虧虛缺乏之理：因為虧缺或缺點，乃是一種否定：它的主體是一潛能物體：能有某性理，應有之，而現尚無之：謂之缺乏某性理。此某性理的缺乏，是以能有此某性理的物體，作自己的主體。從此看來，吾人的靈智，既然本性生來，是潛能知識的主體：能有而現無任何知識；故此吾人可以斷定它有能力在某某方式和限度下，（由反省的自覺，既因自己的潛能，而認識潛能；便因潛能之理，而知虧虛或缺乏之理），現實認識什麼是缺乏。

天主的智力和吾人的智力，在知缺乏之理的過程上，情形全不相同：因為，祂的智力沒有任何潛能。因此，祂的知識，為知缺乏或任何其他，不能用任何與祂本體不相同的所謂「意像」，詳證見於前面（第四十五章）。理由是因為用本體以外的「意像」而認識事物時，智力對於意像，乃有潛能對於現實，虧虛對於盈極，所有的關係。因此，天主的神智，（既然純是現實和盈極），僅能用自己的本體，作自己知識所必需的「意象」：只能常有自知自覺的現實。為此理由，祂自己認識自己，只是認識自己，並首先用自己作自己知識的對象。然則，既知首要對象：便知自己本體；（用反省自覺的現實），按上面（第四十九章）的證明，既知自己的本體，便同時兼知本體以外的萬物：不但認識萬物的現實和盈極，（美善全備等等），而且也知萬物的潛能和虧缺。簡言之：吾人知惡，是先用意象知外物，內省而知潛能，因潛能而知虧虛及虧缺。天主反是：先用意像知本體：因本體而知萬物：因現實而知潛能、虧虛等等。

大哲的名言，就有上述的意義。他在《靈魂論》，卷三（六章，四三〇頁右二二），曾（論有潛能的智力和無潛能的智力），說過以下這幾句話：「智力怎樣知善惡？怎樣知黑白？此乃知種突。這樣的智力，有知識的潛能。在它自身以內，也必須有衝突成分，（潛能與現實，虧虛與盈極）的組合。但是如果有某智力，自身以內，沒有潛能與現實，（虧虛與盈極），衝突成分的組合，它便是自知自覺，現實生存盈極的實體，並且可以離開物質，獨立生存。」大註解家亞維羅《亞里斯多德靈魂論》卷三，註二十五，解釋此處時，推出的結論，和原文沒有實際的連貫。亞維羅說：如果有某智力，純是現實，而無潛能，它便無法認識（潛能和）虧虛、缺乏等等。這樣的引伸，並不合於原文：因為原文的本義，不過是說：那樣的智力，認識虧虛、缺乏之類的事理，不是因為它自身，對於任何外物，有潛能對於現實，虧虛對於盈極的關係；而是因為它現實認識自己，並且常有生存與知識的現實盈極（它因知自身的現實盈極，而知外物的潛能虧虛。吾人卻因知外物的現實盈極，而知自身的潛能虧虛，程式正是相反）。

附識二（作一個不可能的假設）：請假設天主用自己本有的方式認識自己，固然現有完善的知識，但既知自己，不因而兼知萬物及萬物間所有的個體美善；那麼，祂便完全無法認識缺乏或惡，或類此的事理。因為對於祂自身所是的全善，沒有任何相反的缺點，與之對立而並存於祂自身以內。善惡或全缺的衝突對立，本性自然必須有同一的主體：形容它，用它作主辭。（例如天主以外的物體，每一個是衝突對立的主體：自身是現實盈極及潛能虧虛之組合）。如此說來，自身純是盈極現實的全善本體（自身以內），不能兼有任何缺點與之對立。既無缺點，便無實惡。因此，假設天主只知自己，而不知萬物，祂便因知自身全善的本體，無法認識實惡。

然而（這個假設不合事實），因為（吾人已經證明瞭）天主由於認識自己，兼知本性生來含有許多缺點的萬物，故此，祂既知萬物的優點，便必須兼知相反的缺點：和優良相反的缺點，乃是惡劣（天主知惡，所經的歷程是由知己善無缺，而知萬物的美善有限，因知萬善有限，乃知相對立的諸惡）。

附識三：按上面（第五十七章）的證明，天主由自知而知他物，不用智力推理的追尋；依同理，天主因知善而知惡，也是不用理性的追究。因為，善乃是惡之所由知。由善知惡，猶如由物之定義而知物：不是猶如由前提而推證出結論。

附識四：因善之缺乏而知惡，不可算是天主知識的不直接全知。**惡的定義，除指明惡是乏善之外，別無所謂**。**善的缺乏，乃是惡的本體**。惡之可知，別無所據，惟有根據此一定義方法。因知乏善而知惡之為物，乃是知盡了惡的本體。物因生存而有本體，並因本體生存而有可知之理。惡之本體生存何在？惟在於某某主體缺乏應有的美善。以此乏善之理而知惡，乃是全知其本體的知識：無損於天主知識的全善。

意力：生存的熱火

第七十二章　意力與智力

上面討論解決了與天主的靈智知識有關的那些問題，現在尚有天主意志問題需要研究。為證明天主實有意志理由眾多。條陳如下：

理證一：由於天主有智力，隨而可知天主有意力。智力所知的美善，乃是意力本有的對象，故此，智力既知的美善，就其為已知而言，必須是意力之所願意。智力所知的事物，叫作真。意力所願意的事物叫作善。「真」本體定義之所謂，惟在其被知而與智力現有的關係。被知於智力，謂之真。知真，謂之智。智力的美善是知真。既知之，則必願意之：因為是它本有的對象。既然有智力知真，必定有意力願善，即是願意已知的真善。

天主的智力，全知萬物（詳證見於前面第四十四章），既知物之真實，便同時兼知物之真善。知之，必願意之。故此，天主有意志。

還證：性理的某一個，不拘存在於任何某一主體，此一主體，便因那性理，而向生存於自然界的事物發生關係：例如白色的本板，因自己的白色而向某些事物發生類似的關係，並向另某些事物，發生不類似的關係。本此性理自然的公律，請看，在智力和官感的意識以內，現有所知事物的性理：因為凡是知識的形成，都是由於（在意識境界裡，知者和被知者在生存現實上）兩者互有的相似：意識中的意象，相似外物。故知識的主體，必須向所知的自然界的事物發生關係（這是必然的：因為自然界實有的事物都是性體全備的。性體，在物質的自然界，是性理與物質之合。在無物質的自然界，性體只是性理）。知識知物，是將事物的性體，領受在意識以內：用意象在意識以內，代表意識以外（默認實有於自然界）的事物。從此看來，知者和被知者之間，有兩種關係：一是物對心，二是心對物。物對心：入於心內意識中：乃是物之被知：構成知識的現實。心對物：在既知某物以後，向它發生的關係，不是知識，而是意願的向背。知識是外物入於心內。意願是內心交於外物。心物的關係，有「入心」和「交物」的兩個方面和方向：是一個關係的兩面：不能相無。因此，凡是有知識的主體，都是有心的：既有知識，便有意願。官感的覺知，是覺識。隨覺識而生的意願，是情慾。智力的靈明懂曉，是靈智。隨靈智而生的意願，是意志。依名辭的狹義和本義，意志專指靈智的意願。凡有覺識，必有情慾。凡有靈智，必有意志（這是大前提）。（小前提）天主是靈智的。故此（結論），天主是有意志的。意志就是意力及意力之所願愛。

加證（大前提）：隨辭是賓辭。主辭是引辭。主引賓隨，是賓主兩辭間，引隨關係的邏輯定律。每一物體，都有的隨辭，既是萬物所公有，便是物體大公名，依其本體定義，所自然必有的。主辭指主體。賓辭指主體所有的某某性體或附性之類的任何事物。萬物之所個個都有，必非第一物體之所可獨無；反之，他物之所有，第一物體，極度有之。第一物體，純是生存盈極，是萬物生存之源，即是天主（萬物生生，生自生存之源，礦植鳥獸神人皆然）。

任何物體，本性都能向慕自己的福利和美善，都願保存自己的生存：向慕和願意，隨物類而不同：各有本性的方式。現用意願為公名，統指各類。分而言之：靈智類的意願，叫作**意志**。覺識類的意願，叫作**情慾**。無知識的物類，礦物植物等等，所有的意願（不可真叫作意願），僅可叫作**本性的傾向**。萬類，各用意願與傾向，追求所需要和所缺乏的福利及美善。無有者，求而得之。既有者，安而享之。凡此一切，或意志、或情慾、或傾向、皆屬意願公名泛指的總類。故此，意願各類，無物不有，或此或彼，或兼有一切。天主，是第一物體，故此不能缺乏萬物之所都有。又因天主是有靈智的，故此天主有靈智類的意願：此即意志。天主用意志，不追求所無，但欣愛其純粹無限的本體生存和全善。

又證：**靈智**的生存（包括知識及生活、動作等等），美善的程度越高，越增淮其主體的福樂。然則，天主是靈智生存的主體，並按前者（第四十四及四十五章）的證明，祂有完善至極的靈智生存。故此，祂享有靈智生存的至大福樂。欣賞福樂，是用意願的能力。為欣賞靈智的福樂，必得用靈智的意願，猶如為欣賞覺識界的福樂，必得用肉體器官的情慾。靈智類的意願，叫作意志。天主有靈智，又欣賞靈智的福樂，故此必有意志。

另證：智力所思想的性理（即是物性事理），除非經過意志的調遣，不會產生任何行動，也不會是任何事物的原因。意志，針對著自己的對象，追求自己的福美和目的，發出行動的支配力。因此，靜思的智力，靜觀的想像，和靜享的欣賞，都不會發生行動（反之，實踐的智力，工藝創作的想像和動作施為的欣賞和興趣，必定激發行動）。然而，天主神智所思想的性理，是萬物生存和行動的原因。按下面（卷二，第二十四章）要有的證明，天主造生萬物，主宰萬物，是用自己的智力。故此，祂必須是有意志的。

又證：在有智力的物體中，意志力是一切動力的元首：意志力調動一切能力發出動作。例如吾人用智力思想，用想像力想像等等，都是因為吾人願意去如此作。意志調動一切，因為它的對象，乃是目的。

智力調動意志和意志調動智力，方式不相同。意志調動智力，是推動，猶如建造和轉運，發出動力而造成事物或推動物體；反之，智力調動意志，是勸誘或敦促，給意志提出它要追慕的目的或對象，引意志發出意願的行動：猶如目的吸引作者發出動作。

凡是有智力的發動者，都有意力。天主是至高無上，智力無限的，第一發動者；故此天主極度應有意力。

另證：自由是為自己的目的並用自己的決定能力，自主生存的意思（參考大哲《形上學》卷一，二章，九八二頁右二六）。自由的定義裡，如此說來，包含著自立生存的理。意志首先所有的特點，是有行動的自由：因為實際上，誰有意志自願的行動，吾人便說他是有自由的行動：隨意或任意作出不拘什麼動作。第一作者，（是天主，發出動作，作出萬物），至高無上，極度應用意志發出動作，因為祂極度應有自立的生存和動作。

加證：在自然界萬物種類的系統上，目的和作者常屬於同級或同類；甚而至於同種或同體。因此，和某某作者恰相適合的，切近目的，和那作者常屬於同種：自然界是如此，人為的工藝界也是如此。藝術家工作製造工藝品，所用的心裁匠意，是藝術知識內的意象或理想：在心內，代表心外物質成品內所應有的性理：包括性質、神情、品貌、形狀的條理：藝術家心內所懷想的性理和成品內的性理，是同種的：例如某種建築、圖畫或用具的理。又例如自然界，火發熱燒物所用的性理是熱性、熱理，和物體被燒發熱而有的性理，也是熱的性理：前後同屬一種：即是火的熱性熱理。發熱燒物的火，和被燒發熱的物，兩相平列對立：屬於「熱物」的同一種界。

在天主方面，無任何物體能和祂在同種和同級以內，平列對立：發生同種之下個體對立的關係。假設有，便須說有兩個平等的至上實體，或甚至說有許多個；這正相反上面（第四十二章）已有的證明。故此（用反證法反回去，足證）和天主同級的目的，不得是外物，只得是天主自己。祂是第一作者，用自己的本體，作自己動作的目的。如此說來：祂自己是自己所向慕的目的：不但是可向慕的對象和目的，而且是有向慕之心的意力。天主是自愛自慕的純善現實。但因天主有智力，故此祂的向慕，乃是靈智心中的向慕：此乃意志。故此，天主有意志。

經證：《聖經》的證明，公認天主有意志。《聖詠》，第一三四，六節，說：「天主不拘願意什麼，便作了什麼」。聖保祿《致羅馬人書》九章，十九節，也說：「誰能阻止祂的意志？」

第七十三章 意志與本體生存

從此（定理）看來，可以明見天主的意志不是別的，乃是天主的本體（本體是本性實體，或說是本性本體，是定義所指的「物體是什麼的所是者」，簡稱性體、本性或本體，有時也叫作本質，或簡說是：性）。

理證：按上面的證明，天主應有意志，其中的理由和方式、程度等等，別無所據，惟賴天主實有智力，因有智力，故有意志。有什麼樣的智力，便有什麼樣的意志。然而天主的智力乃是天主的本體。故此（依平行比例的定律），可以斷言：天主的意力也是天主的本體。

還證（大前提依平行對比的定律）：猶如靈智的知識是智力的美善；如此，意志的意願是意力的美善（美善是完備齊全，盈極無缺）。意力和智力的動作，是內成於主體的動作，不是像火燒外物一樣的效果生於外物的動作：前者是自動，效果內成於自身。後者是他動，效果生於被動的外物。

然而（小前提）：天主靈智的知識乃是天主的生存：因為天主的生存，本身完善至極：外無他善可加，詳證見於前面（第四十五，二十三及二十八章）。故此（依平行比例填辭）天主意志的意願，也乃是天主的生存：理由相同（然而天主的生存，乃是天主的本體）。故此，天主的意志，也是天主的本體（結論乃得）。

加證：凡是動作，都是根據生存的現實。天主是純現實，純生存的盈極。故此天主的動作，是根據自己的純生存現實：即是根據自己的本體。意力的意願，是一種動作。所以，天主意志的意願也是根據自己的本體（在天主以內，動作和能力，都是天主的本體）。所以祂的意力也是祂的本體。

又證（用反證法），假設意志是天主實體以上附加的某某附性；因為天主的實體有圓滿自立的生存：附加的任何事物，只得是一個附性。實體與附性之合，在本體生存的關係上，乃是潛能與現實，虧虛與盈極之合。前後兩對比例相同。天主以內，因此便隨之而有那同樣的組合。這一切都是不合理的，詳證見於上面（第十六，十八及二十三章）。足見不可能天主的意志竟是天主本體以外另加的附性。（如此反回去，足證結論：既非附性，必是本體）。

第七十四章　意志的首要對象

由此觀之，轉進考究，便可明見天主意志所愛慕的首要對象，是天主自己的本體。

理證：按前面（第七十二章）的定論，智力所知的美善（和福益），乃是意志所愛慕的對象（如此，依平行比例填辭：智力所知的首要美善，乃是意志所愛慕的首要對象）。然則，天主智力所知的首要美善，乃是天主自己的本體。所以，天主自己的本體乃是天主意志首要的對象（倒裝句說回去，便得結論：天主意志的首要對象，是天主自己的本體）。

又證（大前提：依平行複比例的定律去觀察）：在物質的自然界可以觀察到一個超物質的公律，就是：可追慕的事物對於追慕者的性情，按上面（第四十四章）的說明，有發動者對於被動者的關係和比例。意志之所欣慕對於意志，也有同樣的關係和比例：因為意志是追慕者的性情總類中的一個分類。性情是本性情意，慾願、傾向等等。

（小前提，用反證法）假設天主的意志所欣慕的首要對象，是天主本體以外的另某任何事物，那麼（依大前提複比例的定律）隨之而生的結論應是：那另某任何事物對於天主的意志，便有發動者對於被動者，所有的關係和比例。在這樣的局勢中，那另某事物高於天主的意志：即是高於天主的本體。這些結論卻是相反前面（第七十三，十三及十六章）已有的定理。故此（依反證法反回去，足見小前提的「假設」真是假的，它的矛盾句：「天主意志的首要對象不是天主本體以外的另某任何事物（也不是本體以外萬物的總體）」，乃是真的）。

另證（大前提用因果律，從吾人實際經驗，找出一條超越經驗的公律）：對於每一個有意志的主體，它意志的首要對象（所欣慕的首要事物），是它意志行動的原因。意志行動，簡稱意願。實際的日常經驗裡，例如說：「我願意散步為健康身體」，我們這句話的用意，是為指出「所追慕或欣慕的健康」，乃是我願意散步的原因。如果有人問我：「你為什麼原因，願意散步」？我便答說：「我是為了健康身體。」再問我：「你為什麼願意健康身體？」我便隨問隨答，告以我所追慕或欣慕的事物：那是我意志行動的目的：如此追問答覆，逐步追究「為什麼目的」，直到找出最後目的而後止。最後目的，是意志的首要對象，並是意志行動的最後原因：它用自己本體的美善可愛，啟發意志的意願和欣慕。它的本體是原因：意志的意願是效果。

（小前提，用反證法）依照上面的因果關係，假設天主意志的首要對像是祂自己本體以外的另某任何一物，（或萬物的總體），隨此而生的結論乃是：那另某一物須是天主意願的原因。然而，按前章的證明，天主的意願乃是天主的生存。故此，那另某一物，又須是天主生存的原因。這個隨之須生的結論，相反第一實體（天主）的定義：（是大錯而特錯的。故此，用反證法反回去，乃見真理的結論：天主意志的首要對象，不是天主本體以外的事物）。

還證：（用簡單的明證法）：任何意志的首要對象，都是最後目的：因為目的是因其本身而是意志之所以追慕。其餘一切之可追慕，都是為了目的。如不首先追求目的，便無理由追求其餘一切。然而，最後目的乃是天主自身：因為按（第四十一章）已有的證明，祂是無上的至善：（是宇宙萬物的最後目的）。故此（結論），天主意志的首要對象，乃是天主自身本體。

加證：（大前提，用能力和對象的平等適合律）：任何每一能力對於自己的首要對象，有平等適合的關係：因為按大哲（《宇宙論》卷一，十一章，二八一頁左一五）證明的定理，衡量事物的能力，應用能力的對象作根據。（不拘是那一類的事物，都不例外）。依此定理，可知：意力對於自己的首要對象，所有的關係，也是平等適合：猶如智力、覺力（和任何其他物力），都是如此。

然而（小前提），能平等適合於天主意志的對象，不能是任何外物，僅能是天主的本體。故此（結論）：天主意志的首要對象，是天主的本體。

附識：從上述一切，隨之必生的直接結論，尚有以下數條（大前提）：天主的本體，既然是天主的靈智知識，和祂意志的意願，並是祂本身以內，一切本體賓辭所指示的一切，例如至一、至真、至善、至美等等（小前提，又已肯定天主意志的首要對象，乃是天主的本體）。故此（結論），進一步顯然可見：天主意志的首要對象，同樣首先是願意自己的靈智知識（自知自明以明萬物）；也同樣首先願意自己的意志行動（自愛自慕以偏愛萬物）；也同樣首先願意自己是（至一、至真、至善）及這樣的另某任何屬性和實理（天主本體以內必有的萬善萬美及萬般實理：既然都是天主的本體：故此個個都是同等首要的對象：受天主同等的愛慕）。

第七十五章　自願而願他（愛的邏輯）

從此轉進，可以證明天主因自願而願他（天主的意力首先關注自己。既關注自己，便用這一個意願，同時關注到自己以外的萬物。自願的一願之中，兼願萬物）。

理證：誰首先願意自的，他便願意系屬於目的的一切。然而天主自己是萬物的最後目的，即是最首要崇高的終極目的。略已證於前章。萬物系屬於天主，以天主為目的。故此，天主由於自己願意自己的生存，也便願意萬物的生存（生存是由實體內部建立實體的至深因素。物因生存而有實體，及實體應具備的一切。既有生存，便有存在及行動等等。生存廣於生活。深於存在。生存之理，兼含萬理）。

又證：至善，是自身可願而可愛的。願愛至善，是為至善而愛至善，別無其他目的。人人物物，既愛至善，便愛至善的長進圓滿：長進到無可復加。實際上，例如吾人如果喜愛某些事物，是為了這些事物自身，便願意它們盡善盡美，竭盡可能，常常不停增加優美，增多數量：質量一並提高，高至無可復加。凡是意力、愛力、本性都是如此。極情極意，無所不至：是意力的本性（如同火的燃燒）。

然而（小前提），天主自己，為了愛自己的本體，而願愛自己的本體。同時（按上面第四十二章的證明），顯然祂的本體，在自身內裡是無善可長，無美可加的：（因為是無限的純善純美：另無可加的），惟有在自身以外，可以增多模仿擬似，分賦自己美善的萬物。回閱（第二十九章）。如此推論，可知天主由於願意並愛慕自己的本體和美善，便願意萬物的眾多（如火自燃，便放射光焰）。

加證：凡是不拘誰愛慕某物，是根據此物自身，並且是以此物自身為終極目的，他便隨之而必愛包含此物的一切主體。簡言譯之：為此而愛此者，必愛有此之一切。事實上，例如為甜味之美而嗜愛甜味的人，必因而嗜愛一切有甜味的東西（脾胃好吃甜的人，見甜東西便垂慕想吃）。然則，按前章的證明，天主願意並愛慕自己的生存，是根據生存自身，並且是為了生存自身的美好可愛。故此天主必因而兼愛萬物：因為萬物之中，每一物的生存，是天主生存的模仿擬似和效能的分賦流行。略已明證於前面（第二十九章）。如此推論到最後，結論只賸是：天主由於自己願意愛慕自己，便因而兼同著願意愛慕自身以外的事物。

還證：天主因願意愛慕自己，而願意愛慕自身以內所有一切。但天主自身以內兼有萬物：因為按上面（第五十四章）的證明，天主用超物的方式，在自身本體內，根據萬物各自具有的理，包含著萬物。故此，天主既願意愛慕自己，便也願意愛慕萬物。一個願意，既愛自己，兼愛萬物。

又證：按上面（第七十章）的明證，能力越強，功效越廣。目的之功效在乎引起意力為愛目的而愛他物。如此看去，足見目的越美善可愛，越引起意力為愛目的而愛及更多的其他事物。然而天主的本體，美善至極，是無上的最高目的和美善。故此它的功效流布至廣，徧及萬物，引起萬物中每一物的「意力」，為愛最後目的而愛萬物；並且首先引起天主的意力，偏愛萬物，對萬物發出至大的愛情：因為天主愛慕自己全善的本體，萬物的最高目的，也是極情極意，竭盡無限的全能，有無限深廣的願心。

另證：智力對於意方（在論說的形容上），有引隨的關係：智力是如何，則意力隨之也是如何。然而天主用自己的智力，首先認識自己，並在自己以內，認識萬物。故此，依照引隨關係的比例，同樣應說：天主用自己的意力，首先願愛自己，並且，既愛自己，便在自己以內，願愛萬物（這裡「萬物」二字，專指天主本體以外的萬物）。

經證：《聖經》的權威也旁證這個真理。《智慧篇》十一章，二十五節說：「事實上，你（天主）鍾愛實有的萬物，你所造生的萬物中，無一是你所憎惡的（因為禰是生存自身，並是萬物生存之源。萬物都有生存，並且它們的生存是禰的造化流行）」。

第七十六章 意志的精純至一

既然如此，足見天主的意志，用一個動作，願愛自己兼及萬物。詳證如下：

一證（用平行比例填辭法）：猶如（根據物質界，器官感覺的經驗），吾人的視覺，用一個觀看的動作，既見顏色，並見光明。如此，依同比例（可以擬定以下這個公律）：凡是能力，都是用一個動作，達到自己的對象，並達到對象為是對象，本體必備的所以然之理：猶如顏色是視覺可見的對象，光明是顏色，為是視覺的對象，本身必備的所以現實被見之理。依同比例，根據同樣公律，當吾人意志為了純愛目的而愛另某一物時，此某一物，為是吾人現實願愛的對象，本體必備的可愛之理，是導源於目的；如此，目的對於它，便有對象所以然之理對於對象，所有的關係和比例：猶如光明之於顏色：比例平行並列，對對相稱（為此理由，意力不拘在什麼主體內，常是用一個動作，既愛目的，又愛為目的而愛的任何對象）。依照這樣的關係和比例，可以斷定（結論）：既然，按前章的證明，天主為愛自己而愛其他萬物，乃是猶如為愛目的而愛其他對象。故此，天主是用意志的一個動作，愛慕自己和其他萬物。

加證：完全認識並願愛某物必定同時認識並願愛它效能的全力。衡量目的的效能，所用的根據，不但是它本身可愛的程度或價值，而且是許多別的事物，為了它的原故，也變成了可愛的，並有若干可愛的程度或價值。本身的價值是本善。外物因而所有的價值，是本善的效能。愛目的之本善，必用一個愛情，愛它本善的效能。一愛兼愛兩者，程度相同。

然而（小前提），天主意志的動作，愛自己所發的愛情，程度至高無上：情至意盡，完全到了極點：因為在天主以內，不包含任何不完善的地方：故此不得說天主不全愛自己（回閱第二十八章）。由此觀之，足見天主為愛自己而發出的任何某一意志的動作，都是用這純一的動作，絕對的，直愛自己；相對的，為愛自己而兼愛他物。祂愛他物，惟獨是用愛自己而發的那一個愛情。詳證於前章。如此推論，最後的結論是：天主自愛而愛他，所發的愛情動作，是相同的一個動作：精純單一：一射萬中；不是一方面發了一個動作，另一方面又發別的一個動作。

還證：從上面（第五十七章）已有的說明看來，足見在知識的動作上，吾人有追尋的現象，只是因為吾人分開許多動作，先用一些動作，懂明前提的理由，後用別的一些動作，從前提推引出結論。假設吾人在前提的知識裡，直觀洞見了一切結論：一識全知，便不會發生追尋的現象：猶如鏡中觀物：一個觀看的動作：既見鏡照之物，又見照物之鏡：便無先見鏡而後見物的移動。然而，在靜思的知識裡，前提對於結論，所有的關係和比例，同於在實踐的工作和意願的行動裡，目的對於他物，所有的關係和比例（參看《物理學》卷二，九章）。

如此說來，假設某人分開許多動作，先愛目的，後愛對目的有系屬關係的事物，他便在意願上，有一些追尋的現象：為愛目的的本善而追尋他的副善。但在天主以內，不可能有追尋的事件發生：因為（追尋是移動或變化的一種）。天主是超越各種變動之界以外的。從此推想，最後的結論，乃是天主用相同的一個意願之動作，同時因願愛自己而願愛他物（參考第十三章）。

又證：天主永遠常願愛自己，因此，假設祂用一個動作愛自己，又另發一個動作愛他物，隨之而生的結果應是在祂以內同時有兩個動作。這是不可能的：因為（天主的意志是天主的本體：單純精一：沒有複雜的組合），一個單純精一的能力不同時發生兩個動作。

另證：在意志的每一動作上，對象對於意志，有發動者對於被動者所有的關係和比例。假設天主的意志為愛外物而發出的某一動作，不同於祂為愛自己而發出的那個動作，那麼，在愛外物的動作上，天主的意志，便要被動於那某外物。這是不可能的（故此，用反證法，反回去，足證前面的假設是不可能的。否定那個假設，乃是肯定本章的定論）。

加證：天主的意願，乃是天主的本體生存。詳證見於前面（第七十三章）。但在天主以內，只有一個生存；不能有許多。故此在祂以內只有一個意願。

又證：天主對於意願，和祂對於知識，有平行對照的比例。準此，既知祂的智力用一個動作知自己又知萬物：因為祂的本體是萬物的模範；便知祂的意力也是用一個動作愛自己而愛他物：因為祂的本體是萬物美善的理由（回看第七十二、四十九及四十章）。

評註：本章只有理證，沒有提出經證；但並非絕對找不到經證。理證可明的真理，雖然不用經證，仍有其本身的確實性。天主和人類，心交神會，不但用單方面的超性經證或本性理證，而且雙方交互的印證。心心相印的神交，需要人用理智證明出天主實有的某些思想和愛情。天主不言，人意會之，天何言哉？（《論語》）

第七十七章　主體純一、客體萬殊

從此轉進，隨之而來的另一結論是：對象的眾多不相反天主實體的精純單一。證明如下（主體純一客體萬殊）：

一證：（對像是主體行動所達到的客體）。行動隨客體不同而分異。假設客體的眾多，在祂實體內引起某些成分的眾多，從此隨之而生的結論必是在祂實體以內，不只是有一個動作。但按前章的證明，恰是相反。天主的意志動作，永遠只有一個，故此（用反證法，反回去），足證客體的眾多，並不給主體內引起任何成分的眾多與組合（主客相對的「主」，不指「天主」，但指行動者）。

再證：前者（第七十五章）證明瞭，天主自願而願他，竭盡自愛本善的限量以內，不越出自愛的限量以外。外間的客體對於天主的意志，發生的關係和比例，也是不越出祂自身本善兼含客體萬善所有的方式和限量。然而，依照祂固有的方式和限量，萬物包含在祂本體美善以內，共是一體一個美善：因為外物包含在祂以內，遵守祂實體生存的方式：按上面（第五十八章）已有的證明：天主包含萬物：用無物質的方式，包含有物質的事物，用純一不可分的掌握，包含萬物的眾多。由此看來，最後可見客體的眾多，並不將天主的實體分成許多（包含是知識，愛情，和全能的包含：將所能達到的一切客體，用超然的方式，都收容在自己本體以內）。

另證：天主的智力和意力，都是同等單純的：因為，按（第四十五及七十三章）已有的證明，兩者都是天主的實體。依平行比例對照看去，既然在知識裡，客體的眾多，不給天主的本體內，引入成分的眾多，也不給祂的智力內，引入分子的組合，足見在意願裡，客體的眾多，也不給天主的本體內，引入成分的分歧，也不給祂的意力內，引入任何分子的組合。

加證：知識和意願，在主客關係上，有以下這個分別：知識的形成是根據客體在某一方式之下進入主體以內。意願的形成不是如此；反之，卻正是根據主體趨向客體：或追尋所無，或安享所有。就動向而論：知識是向內的；意願是向外的。為此理由，與意願有關的善惡，是在客體。與知識有關的真假，是在主體。大哲在《形上學》卷六，四章，一二七頁右二五，曾肯定此說。

如有某一物體，用一對多的形勢，對許多外物發生關係，並不妨害它本體的單純：比如在數目裡，一是眾數的元始和成因。從此可見在天主意志的行動裡，客體的眾多，不妨害天主本體的單純。

第七十八章 個體事物與意力

從此還可明見，吾人不應主張為保全天主實體的單純，天主只願意自己是萬善流行的泉源，並在此限度下，泛愛萬善：攏統全體，不分別愛及每物。

理證：在意願裡，主體和客體發生關係：是主體趨向客體。這樣的關係，是意願行動的本質。關係一成，行動隨之而生。天主的單純並不妨礙天主向許多個體事物，分別發生「一對多」的關係：因為對於個體單立的每一事物，天主仍是至高無上的第一美善：美好全備，仁愛良善。這是大家公認的。故此，祂的精一單純，並不阻礙祂用個別特殊的實效，專愛萬物的每一物：對每一物發生仁善至極的關係。

又證：天主意志愛及萬物的理由，是由於萬物系屬於天主，而分領天主的美善。在此限度內，竭盡全量，天主的意志，趨向萬物，和萬物發生關係：以意志的愛情，交接萬物。那一物分領了天主善美的恩賦，它便實受天主的親愛。然而，不但是萬善合聚，渾然攏統的全體，而且是每物單立的個體，所有的美善都是從天主萬善之源，分領而來的秉賦；猶如每一物的生存一樣：也是來自天主。如此看來，足見天主意志，分施美善，普及每物。

加證：根據大哲《形上學》卷十一（另版卷十二，十章，一七五頁右一二），在宇宙萬物的總體內，秩序的良好，分兩種：第一種是根據全體向全體以外的某物發生系屬的關係：例如軍隊向督軍發生系屬的關係。第二種是全體內，所有的一切部分，互相之間發生上下相系屬或平行相配合的關係。第二種秩序，是為了第一種（以第一種為原因和目的）。

然而，天主的意志愛慕自己，因為自己是萬物的目的；愛慕萬物，因為萬物系屬於目的。證見前面（第七十五章）。故此，天主對於宇宙，既愛它的第一種秩序，又愛它的第二種秩序。秩序的組織，是由各部分合建起來的。既愛秩序的精良，便也愛每一部分的美善。

另證：假設天主的意志，不愛宇宙內的各一部分，從此假設，隨之而生的結果，便是宇宙以內，秩序的良好，乃是成於偶然：因為既不成於天主，又不能成於外物，故此是成於偶然。它不成於天主，因為天主的意志力，依照假設，達不到個體事物，它不能成於外物：因為不可能有任何宇宙的一部分，聚合萬物，組成宇宙全體的秩序，只有宇宙全體公有的最高原因：它是天主，有能力組織宇宙的秩序；按下面（卷二，第二十三章）的證明，天主是用自己的意力發出一切動作。

宇宙的秩序，不是偶然的：因為這是不可能的。假設若是可能的，其餘低級的事物，更應都是偶然的。低級事物是隨宇宙秩序而生的事物。如此反來復去，推論下去，最後的結論是天主的意力，也必達到萬善中的每一個。

再證：智力所知的美善，竭盡其所知之量，是意志所愛的對象。智力所能通，意志無不達。然而天主的智力，按上面（第六十五章）的證明，明通個體事物的美善。足證祂的意力，也必達到個體事物的美善。

經證：《聖經》權威旁證這個結論：《創世紀》一章，明示天主欣愛所造的每個事物：天主看見光明是好的，便說：光明是好的；同樣明說祂欣愛其餘一切所造的事物；並在最後，總論萬物說：「天主看見了祂所造的一切，都是美好至極的。」

第七十九章　意力與不存在的事物

問題：意志行動，因主體交接客體而發生。既然如此，有人或能認為天主意志的行動，僅能達到實有的事物：因為主客兩體是相關的，必須並存，不可相無。苟去其一，必失其餘。單獨不成交，關係無由立。詳見大哲範疇集（五章）的明訓。意願的動作，既是因主體交接客體的關係而發生，足見無人能對不存在的事物，發生意願的行動。

此外，在言談稱謂之際，意志對於所愛願的事物，有原因對於效果，造物者對於所造物等類的關係和名分，比例相同。言談之中，只可稱天主是實有物的造物者，或主宰，或大父，才有意義，不可稱祂是不存在的事物之造物主或主宰。故此也不能說祂愛願不存在的事物（天主願愛其所造：天主既不造虛無，故不愛虛無）。

從此轉進一層，既然天主的意願，猶如祂的生存，是一個永遠不變的現實，祂又只是願愛現實存在的事物，故此可以結論：天主不能願愛不常存的事物。

為答駁上述的意見，有一些人說：那些在自身以內，沒有生存的事物，在天主並在祂智力以內，是沒有生存。為此理由，完全無妨天主，就它們在祂心智以內所有的生存，愛慕那些在自身以內沒有生存的事物（生存何解？回看第七十五章理證）。這樣的答覆，並不足以駁倒前面的意見：理由如下：

任何主體，除非他的意志對於所願意的事物發生關係，便不可謂願意某物。今如假設天主的意志只是就它在祂以內，或在祂心智以內所有的生存而願意它或愛慕它，從此假設隨之而生的結果，須是天主願意它或愛慕它，不是因為別的，而只是因為願意它在天主心智以內有生存。這乃等於說：天主愛它只是愛它的思想：只是愛思想它。這卻不是大眾言談所指的本意。反之，既說天主願意愛慕某些事物，便是說祂願意那些事物在事物自身以內有實際的生存。（現實已有者，愛而安享之。現實尚無者，愛而造生之）。

還有一個理由如下：既然意志交接所願意的事物，和它發生關係，是因為自己的對像是智力所知的美善；同時智力不但是自己心裡觀察美善對象在意識內之生存，而且觀察到它在自然界本性本體內實有的生存；從此可見，意志對於所願意的事物發生交接的關係，不但根據它在知識內所有的生存，而且是針對它自身實有的生存。

此處，為答覆上面的意見，提出定論，並加證明如下（華蒂岡珍存聖多瑪斯親筆羊皮紙殘本終於此。下文根據教宗良第十三論製版及其他版本，均尚純正）：

已知的美善，感動意志，故此，意願的動作，遵循知識的條件：按平行對照的比例。猶如物體被動而發的動作或變化，遵從發動者的條件：即是猶如效果遵從原因的條件，（意願、知識、變動、因果、四層關係，平行並列，相關的兩端，互有相同的比例：故能互相參照證明）。

然而在知識的事件上，主體對於客體所有的關係：心物相交，是知識本身的效果：生於知識接觸事物：知識是接觸領取。主體領取客體，是領取客體本身：將它用意識境界特有的方式，收容到心智的意識範圍內。知識的主體，因知識而通達事物，不但是通達事物在心智意識內的生存（思想或概念），而且是通達事物本性本體內，在自然界，實有的生存：因為在知識裡，事實的經驗明示吾人知物，不但是知吾人想它，即是理會它出現在心智意識以內，而且是知曉它的本性實體，在自然界，現今，已往或將來，實有的生存及其情況。（例如知母親有病，不但是知母親在吾人心智意識內有病：即是不但只想母親有病，而且是知道母親在自然界（例如家裡病榻上，真實害病。實知和想像，不可相混。在實知的知識裡，尚須分辨「物在心內」和「心知外物」兩層關係）。雖然知識的現實，成於物在心內：並且所知的事物不能不存在於心智意識以內，為能形成那顆心智內的知識，然而，務須認清由於「物在心內」，隨知識之現實而發生的必然效果，是「心知外物」。「知物」，這個事件的現實：有這自然的兩面關係：既是「知識」：意識到某物在心內，同時又是「知接」：知曉那某物是在心外的自然界，並且知曉它在那裡實有的生存情況。故此，知識的本質，給吾人報知外物，不是根據它在吾人心內意識中所有的生存情況，而是根據它在自身本性實體內自然界裡實有的生存情況。知識本質的作用，是由於心內意識中，「物在心內」，而察覺物在心外，並通曉外物在心外的實況。否則知識不足以為實知。在此條件之下，請看意志應是如何：

依照意志與智力間的平行比例，對照觀察，足以明見：在願愛現尚不存在的事物，這一事件上，天主的意願，達到那某某事物，交接它，愛慕它，是針對它本性實體，在自然界某一時期內，實有的生存情況，不只是針對它在天主神智的意識內所有的生存情況。（回看第六十五至六十七章，足知如何天主能以永遠的知識，知乍有乍無的事物；依平行比例，便能看到如何天主以永遠的意願，願意乍有乍無的事物：能知之，便能願之；能如何知之，便能如何願之。既知其自然界生存的實況，便願其自然界生存的實況。

「願」是「意志交接對象」而發生的意志行動：包括愛憎及「愛愛之」、「愛恨之」的重複行動。智力的知識，識在心內，知接心外。依同比例，意力的願意，也是意在心內，而願通心外）。

依此比例推論，足見天主願愛現今不存在的事物，是願愛它在某一時期實有的生存：不只是願愛它在天主心智意識內所有的生存（換言簡釋之：天主不但是願思想它，而且是願它實有於某時：既願想它，又願有它）。

說到這裡，請注意：造物者對於所造物，及任何作者對於作品等類的因果關係，和意願裡主體對於客體所有的關係，也有某方面平行的比例（根據比例相同的方面，去互相參照，也可以佐證本章的定論：議程如下：大前提：既造之作之，必願之愛之。既如何造之作之，必如何願之愛之，小前提，對於不存在的事物，天主能造之作之，而造之成為實有：終於使之有本體生存。故此，結論：天主願之愛之，也是竭能力之盡頭，願愛其實有時期本體的生存。不但只願愛它現被心智意識之思想。天主永遠現前，智力及造化力所能達到的境界，天主的意力，也便能達到）。但這三種力量，除了上述比例的相同之點以外，也有一些不相同的地方，不可不注意及之。它們中間的分異之點如下：

比較天主的意願，造化力（和智力）：三力之間，在動作上，交接外物，所有的關係：可以看到以下這個分別：意願，是一內成動作：成於主體以內，留存於主體以內（始點和終點，都是在主體以內。智力的知識也是以此內成性為其特點：但分別在於意願傾向於外物，知識卻收納外物入於心內意識中，雖然同時通達外物）。

然而，造生物體，作成事物，主宰事物，運動事物，等類的動作：有物質或實體效果：不是內成動作，而是外成動作：因為雖然它們的能力和始點，是在主體以內，但是它們的實效和終點，卻是在主體以外：產生客體生存並影響其生存情況。

內成動作和外成動作，分別判然（關係重要。根據本質定義），既有內成動作，吾人智力，不是非想有某外物存在不可；但是外成動作，沒有外在物體效果的存在，便非智力之所能思議（為此之故，天主之所必知和必願，不必都是天主之所造或所作：不必都在自然界有現實的生存。詳見下面數章）。

第八十章 自愛的必然與自由

從上面（第七十四章）的證明，轉進隨之而得的另一定理是：天主的意志，為愛自己的生存和美善，是必然的，不是自由的。祂那個愛的意願是出於不得不然，祂不能愛與自己的生存和美善相反的事物。理證：上面（第七十四章）證明瞭天主自己的生存和美善是天主意志的首要對象，並是天主願愛他物的理由。故此，在祂所願愛的任何每一事物中，祂同時願愛自己的生存和美善：猶如依平行比例對照，眼睛的視力，在所見的每個顏色裡，同時看見光明。然而（小前提），天主不可能任何某物，現實都不願愛：祂必定現實願愛個什麼：因為，否則，祂便只有意願的潛能虧虛，而無永遠的現實和盈極：這是不可能的：由於祂的意願乃是祂的本體生存（已詳證於第十六及七十三章）。那麼，用那不得不是現實盈極的意願，願愛什麼？或愛自己，或愛外物。愛自己，乃是愛自己的生存和美善。愛外物，便在外物中，也不得不愛自己）。如此說來，足見天主的意志，願愛自己的生存和美善，是出於必然的。（祂自己的本體生存和美善，不但是祂意願或愛情的首要對象，而且是必然對象）。

又證：凡是有意力的主體，不拘是誰，願愛自己的終極目的：無上至善，都是情出於必然：不能自止：猶如依平行比例對照：人人願愛自己的真福，情出於自然的不得不然，人不能願愛自己的痛苦可憐。

然而（小前提），天主是一個有意力的主體，並且按前面（第七十四章）的證明，天主自己的生存，是自己願愛的無上至善，猶如自己的終極目的（也是萬物的終極目的）。故此（結論）：祂必定願愛自己的生存，祂不能願意自己不生存（何況，尚須回憶前面第七十三章證明瞭，天主的意願乃是祂的本體和生存。天主或不拘任何物，都是因自己的生存，而實有自己的性理、性體、能力、存在與行動等等：物因生存而是其所是，並有其所能有。天主故此不能不願意自己的生存。天主不能願意失掉自己的生存，並因而停止是天主。回閱第十三、十五、二十一及二十二章：天主的生存是必然的）。

加證：在意願和工作裡，目的所佔的地位，依比例對照，相當於原理在理證裡所佔的地位。猶如在理證程式裡，由原理推引出結論（依平行對當的比例），如此，在行動和計劃裡，從目的追尋出行動應作和計劃應採取的理由。理證程式中，原理是前提裡，不證自明的最高真理。智力同意這些原理，是出於必然的：全不能同意相反的論句。故此，依照平行比例對當的理則，可知意力的愛情，膠結終極目的，也是情出於必然，不能願意相反的事物。凡是意力都是如此。天主的意力也是如此。既然天主意力所願意的終極目的，不是別的，乃是祂自己，（詳證於第七十四章），如此說來，祂願愛自己的生存，也是情出於必然。

還證：**凡是物體，因其所有生存，並按其生存程度，竭盡全力，肖似天主**：天主是至高無上，至大無比的第一生存和第一實體。物因生存而是一物。天主因至高生存而極是一物。

然而凡是物體，各按其生存程度，用本性自然的方式，愛慕自己的生存。（低級物體，用低級的方式，高級用高級的方式）。天主是（至高無上的第一實體），故此，更應加無限倍，用自己本性自然的方式，愛慕自己的生存。然而天主的本性自然，乃是祂自立生存的必然。（證於第十三及二十九章）故此，天主用自己本性自然而必然的方式，願意自己的生存。

此外，萬物受造生於天主，秉賦所有的萬美萬善，個個都是天主本體所固有（詳證於上面第二十八章）。然而，愛慕天主，是一件德行，並是理性動物的至高美善：因為用這個愛德之情，它能在某些方式和程度裡，結合天主：和天主合一（這個愛情，既是美善，又是那某受造物之所有），故此，也是天主本體之所固有。本體固有的愛情是出於必然的。故此，天主愛慕自己，情出於必然：祂願意自己生存，也是如此。

第八十一章　愛他的自由與必然

天主的意志，必然愛自己的美善和生存。因此，有人能想天主也必然愛其他萬物的生存和美善，因為按（第七十五章）已有的證明，天主因愛自己的美善而願愛其他一切。然而正確觀察，即能明見：天主愛己由於必然。天主愛他物的現實生存，卻不是由於必然。詳證如下：

理證一（按第七十五章的證明），天主的意志，為萬物隸屬於自己的美善而願愛萬物。隸屬或系屬於某美善，是奉此美善為至高的目的。果如目的可以自存，不以他物為必需條件時，意志愛目的固然由於必然，但愛及那不必需的外物，便不是由於必然，不必須非願意它們實有生存不可。事實例如醫生，既已決定主意，要治療某某疾病，仍不是必然用某些不必需的藥品。沒有它們，既然照樣能治療決定必治的疾病，他便不必須非用它們不可。天主的美善，沒有其他外物，仍能自滿自足，並且又不會因有它們而有任何增加。既然如此，足見天主由於自愛己善，全無兼愛萬物（實際生存）的必然性（沒有理論上先天的必然，但有實行上，後天的必然，參看下面第八十三章）。

再證：智力所領悟的美善，是意力本有的對象。為此理由，凡是智力之所領悟或理會，只要那裡有美善之理，便足以是意志所願愛的對象。智力所知，善則稱善，意則隨之，願加愛賞。由此觀之，可知：雖然每一事物的生存，竭其生存實理而言，是一美善；反之，它的不生存是一禍惡，然而某物的不生存，為了環境外加的某物有美善之理，便可能落入意力所願愛的範圍內：固然可能落入，不是必然落入：因為，即使那外加的某物不存在時，那原來某物的生存，仍是一個美善（故此可能仍受意力的願愛。既然可能願它生存，便是不必然願它不生存。換言釋之：智力認為是善的善，依物類不齊，分許多等級：依生存的程度而定。某些物類的生存，依其固有程度，本身絕對說來，是一美善，但和外物比較，相對說來，能是一個較低微的小善。意力，比較高低：能因愛大善而不愛小善：取大捨小，是願意小善不生存。這個願意不是必然的：不是絕對的：對於不絕對是善或是惡的事物，意力便不絕對必然願意它的有無）。

反之，依照同樣的思路，可以看到：只是對於絕對必然的美善，意志不能不願意它生存：因為，如果它不存在，萬物中美善之理便完全不能保存。它是一絕對無之不可的美善。智力既知其本體絕對美善之理，意力則隨之不能願意它不生存（它如因不生存而化歸無有，失掉存在，萬物現有的美善，既是相對的美善，便全要失掉美善的理由和依憑。實際上，萬物現有品級不齊的相對的美善，足證絕對美善必有，並且只有它是意力的必然對象）。

然則，那樣的絕對美善，只能是天主，不能是任何另一某物（詳證於第十三、二十八、三十七至四十一章）。然後（用矛盾句的反轉法說去，便可肯定：除天主以外，任何另某一物都是相對的美善：不是智力認為意力必然非願愛不可的對象）。故此，任何意力，根據本身自然之理，在相當條件下，能願意天主以外任何某一事物的不生存。注意能願意，不是不能不願意。

既然任何意力都是如此，天主的意力也便自然的更是如此。何況在天主以內，祂的意力，竭盡了全部力量，愛慕天主本體以內絕對美善中所包含的萬美萬善：萬善俱備，每善至全。（回看第二十八章）。不必需在本體萬善以外，另有其他。

如此說來，足見天主可能願意自身以外任何某一物的不生存（或不存在）。這就是等於說：祂不是必然的願意自身以外萬物的生存。由自愛的必然，祂必有愛他物的可能。可能是或然，不是必然。天主意力的必然對象，不是外物。

加證：天主由願愛自己的美善，而願愛他物。願意每物竭盡分賦之全量，分領天主的美善，而有生存（回看第八十五章）。然而天主美善無限，有無限多的方式和程度，可能分賦於外物，並且在現有所造萬物分領的美善以外，還有許多別的美善、方式、程度等等：非現有宇宙所能盡有。還有其他可能的宇宙。

假設：由於必愛自身無限的本善，而也必然願意可能的萬物，都現實分領自己美善的賦與而有生存，隨之而生的結果，必是天主現實願意實有無限多的宇宙萬物，造而生之，令它們用無限多的方式和程度，分領天主美善的秉賦。這顯然是錯誤的：因為相反事實：天主如果願意有無限多的宇宙和萬物，它們便有現實的生存和存在：因為天主的意志，乃是事物生存的根源。（卷二，第二十三章）另有詳證：天主造物一願即有。今所無有，必非所願。故非所必願。如此想來，現實所有的萬物，也不是天主之所必願。

又證：智慧者的意志，由於對待原因如何，便也用同樣待遇，對待那個原因必生的效果。舉日常實例，證明此一公律如下：願太陽升出地面，而不願白天發出明亮：是不明智的。願其必然之因，而不願其必然之果：是愚莫過之的。然而（依矛盾律反轉說去），由於願意某原因，而願意它不必然產生的效果，使用不著必然願意那效果。按下面（卷二，第二十三章）將有的證明，天主造生萬物不是必然造生。故此由於天主必願意自己實有，不因而也必願意外物實有。

加證：萬物出生於天主，猶如藝術品成於藝術家。詳證見於下面（卷二，第二十四章）。然而，藝術家雖然願意自己有藝術的智巧，但並不由此而必願作出藝術品。照此比例，足見天主也不是必然願意身外事物的生存或實有。天主造物，是自由的，不是必然的。

討論至此，現應究察，既然天主由於知自己而知他物，並由於願愛自己而願愛他物，為什麼理由，雖然（依平行比例），由於必然知自己而必然知他物，但由於必然願愛自己，卻（破例）不必然願愛他物？為明瞭知識和意願間的平行比例及此問題的實義，回閱（第四十九及七十五章）。

答覆（平行比例的相對相稱，並不是本質情況或工作條件的相同。知己則知物，必知己則必知物。這是必然的：必知己則必愛己，但必知物卻不必愛物。理由在於知識和意願，兩個動作的本質情況及主客關係，互相完全不同。

智力知某物，是由於智力自身（在主體內）有某某方式的生存情況：就是由於智力的意識內產生了某物的「意像」，藉以現實認識那某物。反之意志願愛某物，情形適得其（反：不是由於意力自身有什麼生存情況，而是由於客體自身所有的某某生存情況：就是由於吾人所願愛的某某事物，是一個目的，或系屬於目的。

天主的全善，必須在意識內兼有代表萬物生存實況的「意像」，藉以認識萬物（因為按第五十章的證明天主的性體兼備萬理，是代表萬物的「意像」）。然而天主的美善不必須那些系屬於目的的外物實有生存；知識的必然，決定於天主性體萬理全備的必然。意願的必然，決定於目的之必然。目的所不必需的外物，便非意志所必願實有。外物的必然可知性，基於天主性體必不可少的任何某一關係（那個關係是必然的，例如必能受天主造生，必能表現天主的某某美善，或間接與某美善或處理有關：故此必能被天主性體萬理全備的「意像」，包容在天主神智的意識以內）。然而萬物和天主的美善目的，能有的關係，都不是必然的，因為天主為實享本體無限的美善，不需要任何外物。故此，為了那個目的，不必須願意可能的萬物，都成為實有的。

第八十二章　解答上章結論的疑難

假設（按上章的結論）天主不必然願意祂現實所願意的事物，有人認為以下這些不合理的效果，便可隨之而生：每個是一尚需解答的疑難：

疑難一：假設對於某些事物，天主的意志沒有必然的決心，祂對於或然的兩端，便顯似有模棱兩可的態度。凡是對於或然兩端，有模棱兩可態度的能力，都是有某些虧虛程度的潛能：因為模稜兩可，乃是「或然可能性」的一種。故此，依照假設而論，天主的意力，也就應是虧虛的潛能；並且不復能是天主的實體：因為按上面（第十六章）的證明，天主的實體不含任何虧虛性或潛能。

疑難二：按本有的實義，「潛能物體」，或「含有虧虛性的物體」，指示本性可能受變化的物體：因為它能有某生存情況的現實，也可能沒有；從有變成沒有，乃是變化。上面既然說天主的意志，含有虧虛性或潛能，因而便也隨著進一步更說：天主的意志可以受到變化。這也是不可能的。

疑難三：按上面（第十九章）的證明，在天主以內，不能有偶然發生，也不能有被迫發生的事件。故此，在天主以內，不能有任何不自然或不合本性的事件。同時須知，凡是自然的或本性的事件，都是主體本性必然有的。如此說來，關於所造的事物，天主有所願愛之點，祂的這個願心，乃是自然的，即是合於天主本性的；既然如此，它便是必然的。

疑難四：模棱兩可的能力，在或然兩端之間，除非受外在原因的主使，自己不會決定傾向一端，而背棄另一端。在此條件之下，天主或被外在原因主使決定擇取一端，或根本不願意現愛那些有無兩可的外物：這都是不可能的。前一個或字是不可能的：因為沒有比天主更高的外在原因，主使天主在兩可之間決擇一方。後一個或字，是不可能的，因為是相反上面（第七十五章）的證明。（故此，果欲承認第十三及十六章的證明天主是最高原因，不能被動於外在原因，又承認前章的證明，天主願愛所造的外物；便不能同時主張天主的這個願心不是必然的。必然的意願，也就不能是模棱兩可的了。

解答疑難：以上各項疑難中的結論和它們的前提，都沒有必然的連貫（違犯了前提和結論間的貫通律，論式是無效的）：

解釋疑難一：能力的模棱兩可，有兩個可能的來源：一是來自主體，一是來自客體。來自主體者，是由於主體尚未得到自己的某某美善，藉以決定兩可之間的一端：這樣的或然不決，反映它能力的不完善（華蒂岡多瑪斯親筆始於下句），表示它自身以內包含虧虛性的含渾潛勢：猶如（從日常經驗找個實例，作一個近似的比方，足以說明此點：例如）：懷疑者的心境，表示智力尚未把握住決疑所需的理由：是知識不足所致：無力決疑，故惶惑於不知適從的兩可之間。這是主體不完善而生的模棱兩可現象。

從客體方面看，如果有兩個事物，其中任何一個，都能滿足主體能力，為完成動作所有的需要，同時非任何一個是主體之所依賴；那麼，主體便有任取其一的可能。這樣的可能，也是模棱兩可：但不是主體能力不完善的表現，反之，正表現主體能力的崇高和超越：淩駕於對立的兩端以上，對於兩者有平等的選擇自由和不選擇的自由：不是必選其中的任何一個：例如藝術家的智巧，為完成相同的一個藝術品，把它作到盡善盡美，可以任意從許多不同的器具中，選取或不選取任何那一個：個個同樣中用，無一個是無之不可的。故此，主體方面任意選擇的可能，固然是模棱兩可，但不是生於主體能力方面的不完善，而是生於客體方面事物本身的可有可無，而無害於主體的成功。天主的意力，對於身外的萬物，願愛與否，所有的模棱兩可，便是這第二種：因為天主為安享自己真福的目的，不依賴任何外物。天主的本體是自己的目的：在天主以內，本體和目的有極完善的結合：完全滿足了深愛和實享的願心：為達此目的，天主不必須依賴任何外物。天主全善，不依賴外物，是天主對於外物願，愛與否，模棱兩可的理由。這樣的模棱兩可，不足以保證「天主意志以內包含虧虛性，含渾潛能」（之結論的必然）。

解釋疑難二：同樣，天主對於外物願愛與否的兩可，也不足以保證天主變化的必然或可能。大原則是：天主的意志以內，沒有任何潛能或虧虛。既然如此，祂關於所造萬物，用居高臨下的優勢，從或然兩端之中，擇取對立的一端。這個擇取不可被吾人誤認作是一種「潛能的實現」：彷彿是祂對於相反的兩端，先在一個時期有願愛的潛能，後在另一時期，進步發展，而達到了願愛的現實：如此，由潛能的虧虛，轉入了現實的盈極。這樣的想法是誤解。天主意志的動作，是永遠的現實盈極：愛己如此，愛物亦然：無先虛後盈的變化，但有必然與否的分別：因為愛己之愛，是對於必然對象的必然愛；愛物之愛，卻是對不必需的對象，不必然有而現實有的永愛。不必需的對象和天主必有的美善，沒有必然的關係：猶如依正比例，不必然的論句，吾人叫它作「可能的論句」，不是因為主辭和賓辭間，沒有現實的關係，卻是因為兩者之間沒有必然的關係。（例如：凡是桃樹，到了春季便開花。這是一個現實真確的，但不必然的論句）。依同理，例如說：「天主願愛所造的此某物」：顯然是一個現實真確的「不必然論句」，故此，它便叫作「可能的論句」。這裡的「可能」，不指示「先虛後盈」的潛能，也不指示先不完善而後完善的變化可能，但所指者，不過是：「既非必有，又非不能有的生存現實」：符合大哲《形上學》，卷五（卷四，十二章，一一九頁右三〇），所傳授的名論。為證明這個定義的真確，可以從數學裡採取一個實例。例如說：「某些三角形是等邊的三角形」，這個現實真確的論句，既不是必然的論句，又不是「先虛後實」的潛能狀況：而是既非必然又非不能然的「可能論句」。數學裡所有的一切論句，只有現實的真假，不談物體的變化及生存的潛能狀況：（和《物理學》不相同）。如此說來，否定「現實真確論句」的必然性，並不足以破壞天主意志的不變性。天主的意志是永遠現實的，不是變化無常的。（事物能變化無常，天主卻永知永愛，但永愛不是必愛，也不是願意乍有乍無的事物永遠必有。事物的無常，不足以破壞或阻礙神知神愛的永常。永知是必知。但永愛不是必愛）：既是永愛，故非無常。（除上面第八十一、五十五、六十五及六十七章，所有的理證以外），還有《聖經》的證明。《撒慕爾紀》上卷，十五章，二十九節說：「依撒爾人民中的（天主），凱旋榮歸的常勝者，不因悔憾而屈折」。不屈折，便是不改變意志。

解釋疑難三：雖然天主不必定願愛自己所造的事物，但是不應因此就去主張天主不願愛任何外物，或甚而至於竟說天主的願愛外物是受外在原因的主使。天主意願的決定，（和吾人意志有些相彷彿），是被決定於智力所領悟的美善。但天主意志被決定於智力的知識，不算是被決定於外在原因：因為天主的意力和智力，既然同是天主的性體，故此不是彼此相外，而是彼此相內。在天主以內，意力被決定於智力，而願愛某物，不是被決定於外在原因，而是自決（在吾人意力和智力，不相同，不相內在：故此意力被決定於智力，乃是在意願動作的所以然之理上，用智力知某善的知識，作外在的，更高的原因：並受它的指使和決定：同時因而受所知對象的決定：也以對象為原因。天主和吾人不同）。按上面（第四十九章）的證明，天主的智力不但認識天主自己的生存，即是自己的美善，而且也因之以認識他物的美善。（美善即是生存，及其福美的現實）。在天主的知識內，萬物都是天主本體和美善的一些肖像，不是天主本體美善的因素。如此，天主的意志，傾向於萬物而願以愛相加，也只是因為它們是自己為發顯美善，依情理之所宜有：有了它們，便相當適宜：為能將自己的美善，表現在外間的肖像中；但不是因為它們是自己本體福善之所必需（既是適宜，故現實愛之。既非必需，故不是必然愛之）。詳加申說，可取譬於吾人：目的之所絕對需要，吾人意志乃傾心而必求之。但為目的只是有些適宜，而無絕對需要的事物，吾人也因其適宜而愛之，但不是志在非得不可。依相同的情理，天主的意志傾心愛慕自己所造的事物，也不是必然的傾向（而只是適心快意的傾向，可以叫作「適然的傾向」。尚須理會天主對外的傾向，是本善的傾注：向外流行普施；不是外善的追尋，謀求己之所無）。

解釋疑難四：意志自願的事件，既不是本性自然的，也不是被外力強迫的。天主的意志，用相同的一個動作，既愛自己，又因而愛及他物。愛己和愛他的愛，雖然都是自願的，但愛己之愛，是必然的，並是本性自然的。愛他物之愛，是適然的：根據情理的適合，和心意的適合：固然它不是必然的，也不是本性自然；但也不是被強迫的，更不是不合於本性自然的，而是自願的。認清了這些分別和自願的意義，便能看到對方從那些前提裡，推衍不出「天主以內必因願愛他物而發生不合於本性自然的事件」，這一結論來（回看疑難第三）。

第八十三章　天主必愛外物的條件

從此看來，還可以看到另一結論，就是：關於自己所造的事物，天生意願的必然，雖然總不得是絕對的必然，然而能是有條件的必然的。

理證一：上面證明瞭天主的意志，既是天主的本體，故此不會是變化無常的。在永常不變的任何物體內，如有某某事物，便一有永有，不能先有而後無。如果某物的生存情況有了今昔的不同，吾人便說它是變化無常。如此說來，既然天主的意志是永常不變的，祂如果願愛某物，在此條件之下，祂的意願便是必然的：既愛之，則必愛之。既愛而愛的必然，是一個有條件的必然。

再證：永遠的事物，都是必然的（永是無始。遠是無終。無始無終的現實，是必然的）。天主願意自己所造生的某一物，實有生存。祂的這個意願，是一個永遠的現實：因為意願是祂意志的動作，也是祂的本體生存。那麼，祂的生存既是永遠的，祂的意願也便是永遠的。所以是必然的。但這個必然不是絕對的必然：因為天主的意志對於祂現實願愛此某事物，沒有必然的關係。（證於前章」。故此，乃是有條件的必然（參考《神學大全：上編》問題十九，三節；真理論：問題二十三，四節。絕對必然是名理間互有本體關係的必然。例如說：凡是人，便必然是理性動物。明日當空，則天必發亮。有條件的必然，是在既有某某條件之後，本身不必然的事物因而不能不然的必然，例如既然某人真是在跑步，他必然是在跑步。又例如既願養魚，便必須有水）。

另證：凡是天主已往所能作的事物，現今便仍能作：因為天主的能力，如同祂的性體一樣，永遠無限，不會減少或衰弱。然而，祂現今不能不願意已往依假設曾嘗願意的事物：因為既願永願，祂的意志是不能改變的。在同一假設的條件下，祂在已往也總不能不願意祂已經願意了的任何某一事物。故此現今猶如已往，既願某物，則必願某物：這樣的必然，是有條件的必然，不是絕對的必然，而是「米已成粥，不可挽回」的必然，是前章所說的「可能」：乃是既成現實，一成不變的必然：既非絕對必然，又非絕對不可能。實乃「可能」的一種。本身可能而非必然的事物，既有則必有，便是有條件的必然有：以「既有」為條件（天主願愛所造的萬物，便是既願永願，決志不變的「必願」：換言釋之，可以比如「永恆不變的忠信」，也有天主至仁至誠不息的意思）。

加證：有條件的必然，能是既願目的，必願目的之所必需。既願有目的，而不願有目的之所不可無，不是昏愚，便是狂妄。昏愚是不明智，狂妄是違犯明智，自相衝突或自相矛盾。（既願意有某目的，而故意不願意有某目的必不可無的因素或效果）。昏愚和狂妄，皆非天主所能有，自不待言。如此說來，天主既然因願愛自己而願有某物，祂便必然也願有那某物必需具備的一切：例如：假設天主決意願意有人類，便必然也願意有理性的靈魂來構成人的本體。

第八十四章 意志與本身不可能的事物

從上面的這個定理看來，可以明見：本身不可能的事物，不能是天主意願的對象。

理證一：本身不可能的事物，是自身以內，本體互相衝突。例如「既真是人，又真是驢」的一個動物，是本身不可能的，因為人的真性本體和驢的真性本體（至少依日常經驗，人人共知的定義和分別而論），是互相衝突的，不會合成一個動物：因為人的靈魂是有理性的，驢的靈魂卻是無理性的（嚴格的說，驢沒有靈魂，不過只有覺魂。有理性和無理性，是兩相矛盾、互相否定的）。兩物衝突，不但互不相容，而在所必有的事物上，也是互不相容：一方之所必有，必是對方之所必無。例如驢的生存，必無人性所必有的理智（這是矛盾律的必然）。依照上面的公律和比例，推論下去，足見：假設天主為滿足祂既定的願心，必然願有其對象之所必有的一切，祂便不可能同時又願意其對象本體所必不能有的一切（這是大前提。小前提是：事實上，天主果然必定願意某些外物）。故此（結論乃是）：「天主願意本身絕對不可能的事物」，這一個論句，是不可能的（天主全能，但不能願意將本身不可能的論句，肯定成可能真或現實真的論句。依同理，天主不能願意造生本體絕對不能生存的物體）。

又證：按上面（第七十五章）的證明，天主因願愛自己的生存，即是因願愛自己的美善，而願愛身外的萬物，因為萬物竭盡生存和能力的全量，肖似天主的生存和美善。凡與生存之理，直接衝突的事物，自身不能又是第一生存的肖像。第一生存，乃是天主的生存：它是萬物生存的泉源。故此，天主不能願意有任何本身與生存的實理直接相衝突的事物。舉例說明如下：猶如無理性的本體生存，直接和人所以為人，本體必有的理性，互相衝突。如此，依平行對照的正比例，同時有某物的本體生存，又沒有那某物的本體生存：這樣本體以內自相矛盾的事物，也是直接和物所以為物，必有的生存之理，互相衝突。（物因生存而是其所是。一個主體，既有此物之生存，是此某物，同時又無此物之生存，不是同此某物，它便不能有任何生存之理：什麼物都不是。既說「甲某是有理性生存的人」，便不能同時又說：「甲某是無理性生存的驢」。是則是，非則非。是非相混，絕對不可，矛盾律不可違犯）。準此而論，足見天主不能願意同一**論句的肯定和否定同時都是真的**：因為那是**違犯矛盾律**。凡是本身不可能的事物（或論句），包含著自己和自己不相容的衝突（猶如主辭和賓辭名理衝突的論句），個個暗含著違犯矛盾律的荒謬。故此它們不能是天主意志所願意的對象（天主全能，不能願意顛倒是非或混亂是非）。

加證：意志所願愛的對象，只是智力所知的某某美善。智力之所不理會，乃非意志之所傾向。不先落入智力的知識中，便投不入意志的心懷中。然而，本身不可能的那些事物，既然是自相衝突，自相矛盾，自相否定，便不會落入智力的知識中：不會受智力的肯定或被認以為是真理：除非有人理智昏愚，不懂事物本有的特性：認假成真，犯了錯誤。對於天主，這話是不可以說的。天主全知，不能因愚昧而犯錯誤。天主智力之所不能接受，不能是祂意志之所願意。故此，本身不可能的事物，不能是天主意志所願愛的對象。

還證：物對生存和物對美善，有同樣的關係和比例（依平行比例對照推論法）：不可能的事物是不能有生存的，既然如此，所以它們也是不能有美善的。故此，它們也不能是天主所願意的：因為天主只願意那些有生存和美善，或至少那些能有生存和美善的事物。

第八十五章 意志的必然與事物的不必然

從上述一切轉進推論，便可得另一結論，就是：天主意志（既願則有的永願和必願），並不破除事物的不必然，也不強迫事物絕對必然發生。

理證一：天主愛物，愛其本性之所需。然則有些事物依本性所有的生存程度及方式，不是必然的，而是可有可無的。另一方面，天主意力的實效，不但需要自己所願造生的事物現有生存，而且需要事物現有天主願意它有的某某生存方式或附性情況：猶如自然界物質的原因，用強大的物質力量，發出動作，產生的效果，不但和自己有本體的共同點，而且也有共同相似的生存方式和附性情況（這些生存方式及附性情況，都是不必然的）。依此比例，可知天主意力的效能（既然大於物質原因，故此）更不破壞事物的或然性。

加證：天主首先願愛自己全體效果共有的公善，次則愛及某一個體的私善。宇宙全體的公善，齊全美備，更肖似天主本體的美善，宇宙美善的完備，需要有某些或然性的事物：否則，物類品級不是應有盡有，則宇宙無以成全其美滿。為此理由，天主的意志，也願意宇宙間實有一些或然性的事物。

還證：按《形上學》卷十一（十章，一七五頁左二四，另版卷十二），所有的指示，宇宙的美善，在乎觀察可見的物類系統及其上下相屬的秩序。宇宙的秩序，需要具備一些變動無常的原因：因為宇宙美善所具備的形體，是被動而動的原因。從變動無常的原因，生出或然性的效果：因為效果的生存能力，不能強於原因。為此理由，吾人明見，必然的遠因，用或然性的近因產生不必然的效果。例如地上的形體，生於必然的遠因和或然的近因，故此它們自身的生存，也是或然性的。它們的遠因，是必然常動不息，常則不變的高遠天體。它們的近因，是低下切近的天體（運行起來，距離地面，時近時遠，促成的四時和晝夜的變化）。如此，觀察宇宙的秩序，足見天主願意有某些或然性的事物發生。

另證：從原因方面有條件的必然性，推衍不出效果方面絕對的必然性。天主願意造生某物的意志，不是由於絕對的必然，而是由於有條件的必然，詳證見前，（第八十一至八十三章）。足見從天主的意志方面，找不到理由，證明天主所造生的事物是絕對必然的。**既非絕對必然，故是可有可無的不必然，此即是所謂的或然。可有可無的或然事物，不因有條件的必然性，而失其或然性。反之，惟因其是或然事物，故此仍能是有條件的必然事物：**例如在現實跑路的條件之下，蘇格拉底跑路或蘇格拉底移動，是必然的。這裡的必然，是有條件的必然，不破除事物本身的或然性。故此，天主的意志，不因既願而有的必願、而破除所願事物的或然性。

從此看來，足見（引句和隨句，前引後隨），引隨關係的必然，不足以保證隨句自身的必然，因為它和隨句自身的或然性或偶然性，不是不能相容的。（回看第六十一章），「假設天主願意造生某物，那某物便要發生」，簡言之，「願有則有」，這樣的論句，是引句和隨句用「則字或同類字，連合起來所構成的複句。以上這個引隨複句所表達的引隨關係是必然的。依照以上的分析，引隨關係的必然，是條件既有於前，效果必隨於後的必然：但從此不可結論說，那個效果自身是必然的。故此，假設天主願有某物（那某物也隨著發生了），不得因此便結論說：那某物的發生是絕對必然的：（僅可不過是說：那某物的發生，是有條件的必然：等於說它是必隨天主意志而生的一個或然性的事物。必隨天主意志的必然，不傷害事物自身的不必然：故此事物自身的或然性，（在必隨天主意志而發生以後），仍保存如故。例如：假設天主願意某人升天堂，在此假設的條件之下，「天主願意某人升天堂」和「某人下地獄」，兩個論句，是互不相容的；然而，「天主願某人升天堂」，「某人可能下地獄」，這兩個論句，卻不是互不相容的。「天主願他升天堂，他便事實上不下地獄，但可能仍下地獄：仍有下地獄的危險性」：因為，效果不生效的可能性，和天主的願心，是同時並存的，雖然效果不生效的現實性，和天主的願心，不能是同時並存的。效果現已發生的事實，是天主意志所決定的，但事實的本身仍是一個或然性的，並是那某某人自由接受或追求或拒絕的事件（參考真理論：問題二十三，五節，答三。天主願意某人自由升天堂，某人便自由不能下地獄；便事實上自由升了天堂；天主的意志事實上不能不生實效，但實效必生的前後和中間的整個歷程，都保全了那某人事實上的自由，及事件的或然性。物質界高級原因的強大必產生的效果，都在自身仍是可能不發生的效果。例如鴻爐之燎毫髮，髮必定燒成灰燼：但髮被燒成灰的現實事件，自身是一件有可無的或然性事件。髮的本性有可燒可不燒的或然性。高級原因的動作，不破壞低級原因的本性，但因其本性的能力，調動它產生上級決定的效果。如此，天主既願意某人升天堂，他便必定用自己自由的本性，作出為升天堂所需要的功德，事實上他升了天堂，沒有下地獄：是天主聖意決定的必然，但他是自由的升了天堂而不下地獄，同是他還有不升天堂的可能性。事實上這個可能性永不成為現實，但他本身不是沒有這個可能性。高級原因有能力用不傷害下級原因本性的方式，促使它產生某某效果）。

第八十六章 意志動作的理由

綜合上述一切，可以歸納出另一結論，就是天主意志的動作，都有理由可以指點出來，（不是無理由的）。

理證一：意志為目的而願他物。他物系屬於目的。目的是意志願愛他物的理由。天主願愛自己的本體美善，以此為目的。天主願愛萬物，是因為萬物和目的有系屬的關係。萬物在天主以外、和天主的本體不相同。天主本體的美善，是天主願愛其他萬物的理由（回看第七十四及七十五章）。

又證：部分的小善系屬於整體的全善，以此為目的，猶如不完全的美善，以完全的美善為目的。物體，根據在美善的秩序內所有的位置和供獻，而落入天主意願的範圍中。天主為愛整體的全善、而愛各部分的小善。（回看第七十八章）。故此，宇宙全體的美善是天主願愛宇宙間每物美善的理由。

又證：按上面（第八十三章）的證明，既肯定天主願有某物，隨之必然肯定祂便也願有那某物所需有的一切。此某物的必然性，既是來自彼某物，那麼，彼某物便是此某物生存的理由。所以，天主願有每物所需有一切的理由，是為成全每物的生存。

綜合上述，吾人可按以下的步驟，指點出天主意志的理由。天主願意人有理性：理由是為使人能有生存。祂願意人有生存：理由是為成全宇宙整體的生存。祂願意宇宙整體生存的美好；理由是因為適合無主本體的美善（返轉回去說：為適合自己本體的美善，而願意成全宇宙的美善；為成全宇宙，而願有個體，為成全個體的生存，而願有個體所需的一切）。

但請注意，上述三層理由，逐級往返升降，互有的關係不全相同。天主和宇宙的關係，不同於宇宙和個體的關係。個體和它所需一切的關係，也有一些獨有的異點。請看，天主的美善，不依賴宇宙的美善，也不因宇宙美善而有所增長。宇宙全體的美善，卻分別宇宙內有些部分是宇宙本體之必須依賴，另有一些部分，不是本體生存之所必備，但有益於附性美善或美觀的增加：例如有一些部分，是專為掩護或裝飾另一些部分而設。個體的美善，必須依賴為生存絕對必需的一切因素，除此以外，也有另一些事物，為增進生存的福美和利益。

如此觀察比較，可以看到，天主意志的理由，內容不常相同：有時只包含附性的裝飾，有時包含生存的利益，有時卻包含生存上有條件的必需。最後只是對於自己，有絕對的必然。

第八十七章　理由與原因

雖然天主意志有某理由可以指點出來，但不可由此就說有某物是天主意志的原因。（為發出意願的動作，天主的意志有外在的理由，但無外在的原因）。

目的是意志發出意願的原因。天主意志的目的是自己本體的美善。天主的美善，乃是天主意志動作的原因。天主意志的動作，是它的意願，也是天主的本善自身。故此天主的意志是自己內在的原因，沒有任何外在的原因。外在的理由，不是原因。

天主所願愛的身外萬物之中，無一是天主意願的原因。然而它們當中，一個是另一個的原因，為和天主的美善，發生系屬或統序的關係。依此關係，可以領悟天主是為了其中的一個而願愛另一個。

但應看清楚：在天主的意志方面（為此而愛彼），意願的傾向，不是一個追尋的運動，猶如，依同樣的理由和比例，按上面（第五十七章）的證明，天主的智力因知此而知彼，也不是一個理性推證的追尋或尋思。因為那裡有動作的純一，那裡便無追尋歷程之可言。天主的意志，願愛自己的美善和身外的萬物，是用單純精一的一個動作：一願全願，猶如祂的智力，也是一識全知（詳閱第七十六及五十七章）：因為天主的動作乃是祂的本體（在天主以內，本體、能力和動作，同是一體：彼此沒有分別）。故此，天主的意願不是尋求其所缺乏，祂的知識，也不是尋思其所不知：（而是全知萬類，全愛萬善，有因此而及於彼的條理，不分此先彼後的因果和時間）。

根據上述一切，可以破除某些人的錯誤：他們主張萬事萬物的發生，都是出自天主單純的意志，沒有任何理由，只是因為天主願意：他們竟以「天主願意」四字，作事物的惟一理由（言外認為：天主的意志，可以武斷一切，不兼含任何條理和秩序）。這是錯誤的。因為天主意志的行動，沒有外在的原因，但有極合理的秩序和條理（回看前章：參閱本書卷三，九十七章）。

經證：上面那些人的錯誤，和天主的《聖經》互相衝突。《聖經》明證天主依照上智的秩序作成了萬事萬物：《聖詠》第十三，二四節說：「天主根據著上智作成了萬事萬物」。德訓篇，一章，十節，也說：「天主將自己的上智，流行到自己的工作裡，普及萬物萬事。」（上智是最高的知識，知萬物的本體、行動和交互關係的品級、秩序和條理）

第八十八章 自由

從上述一切，轉進推論，還可證明：天主有自由。

理證一：對於不必需的事物，意志可以隨意決擇，這便是自由。例如吾人願意散步或快跑、或慢走，隨意決擇，全由意志作主，這便是吾人意志的自由。然則，按上面（第八十一章）的證明，天主不是必然願意身外的事物。足證對於那些事物，天主有意志的自由。

證二：天主的意志，對於自己本性不決然必需的事物，是依照智力所知的理，發生某某方式的傾向。詳見上面（第八十二章）的證明。然而，請取吾人作比，所以然吾人可以說超越他類動物，具有意志自由的理由，是由於依照理智的判斷，傾向於所應願意的某某事物，證自上面（第八十二章及下面卷二，第四十八章），不是如同無理智的動物一樣，順從本性的衝動（天主和人類相似，依照上智的理由，擇取事物）。故此，天主有意志的自由。

又證：按大哲《道德論》卷三，意志和決擇不同。**意志的對像是目的。決擇的對像是其他與目的有關係的事物**。準此而論，既然天主以自己為意志的目的，並以其他事物為與目的有關係的事物，那麼，天主對於自己只有意志，對於其他事物卻有決擇。然而**決擇的實行，常用意志的自決：自主決定。這乃是自由**

的本義。故此天主，（對於外物），有意志的自由。

另證：人因有自由，而稱為自己行動的主宰。（自由就是行動自主）。這樣的能力，極應是天主之所有：因為天主是第一動作者，祂的一切行動都是自主自發，不依靠任何其他原因的主使。為此理由，可以斷言：天主是有自由的。

再證：從名辭的定義方面出發，也可推證出這同一的結論：按大哲《形上學》，卷首二章（九八二右二五）。自由者，是自己的原因。沒有比天主更自己是自己的原因者，因為天主是第一原因，（不能有別的更高事物，作自己的原因：故此只得自己是自己的原因。這乃是自由的定義。足見天主是有自由的。惟需注意，這裡的原因，是目的，不是作者；是理由，不是外在的高級原因。天主，在生存上，不是自己從無中造生了自己，但在意志的行動上，是以自己的美善為目的，並為此目的，對於可有可無的外物，有選擇的自主。故此，天主有自由）。

第八十九章　情慾

用上述一切作前提，還可證知：天主以內無情慾。

理證：按大哲《物理學》卷七（三章，二四六頁右二〇）的證明：**情慾生於感覺，是器官覺識感發而生的；不是生於靈智**。智力的意願，有愛憎好惡而無情慾，也可以說**有情而無慾**。按上面（第四十四章）的定論，顯然天主沒有形體器官感覺的知識。故此天主不能有器官感覺激發而生的情慾。簡言之，天主沒有情慾。

另證；情慾的發生，常伴隨著一些肉體的變化：例如心臟的收縮或澎漲，或伴隨著類此的某些變動；或甚至是緣循肉體變化而後始激動而發的。如此說來，**情慾是肉體刺激所感發的**。天主既無肉體，又無肉體的官能，詳證於前面（第二十章），故此不能感受任何肉體的刺激而生心內的情慾。足見天主是沒有情慾的。

又證：強烈過度的情慾，傷害動物的身體，甚以致於喪掉其性命。這樣的現象足以佐證主體因感受情慾而失掉本性宜有的正常狀態或失掉健康。**慾動傷神，也可以傷身**。然而天主不能因**任何情感而失掉本性應有的常態或健康**，因為按上面（第十三章）的證明，天主是不能受任何變化的。故此，天主以內不能有任何情慾的發生。

加證：情慾的衝動，如同本性一樣，追求固定的某一目的：有一定的方式和程度，應受理智的壓抑和管制。天主的意志，願愛所造萬物中的任何某某一物，只是依照上智的條理和秩序；必因上智知其可愛之理，而後依照理之所嘉納而愛之。詳誤於前面（第八十二章）。天主的意願，對於外物，既然全是發於上智所知的理，便不能兼含情慾的成分：因為情慾是因性緣物而發，不是因智緣理而發：和天主的意願，在本質上正是相反。故此，可見天主沒有情慾。

還證：情慾，是主體因其虧虛潛能而感受的刺激和貪求：有被動而動的特點：和天主的本體正是相反：天主是純現實，毫無潛能；天主是純盈極，毫無虧虛；天主是絕不被動的發動者，沒有被動或感受的可能。純發動的本體，不會有情慾之類的感受或被動。如此說來，（十範疇中）整個「受動」的範疇，連同所能有的各種分類，都非天主所能有：因為整個範疇總類，公有的類性，和天主純發動不受動的本體，全不相合。

此外，有些情慾，和天主的本體，不但類性不合，而且種性也不合，種性是在總類之下，某種情慾，依其種名定義所特有的本性。種性的分別來自對象。從對象方面看，有些情慾，非天主所能有：例如憂愁和痛苦，非天主所能有，因為它們的對像是主體以內受到了傷害或災殃，或危險，或損失：都是某某福美的缺乏：猶如，依反比例，喜樂的對象，是某某福美的現有和既得。

還有一點：就是情慾對象的實理，不但是分於善惡、禍福；而且分於主體對於對象所現有的關係。依此關係而論，希望與喜樂不同。希望是愛應得而尚且未得的美善。羨慕是愛沒有得到的美善。喜樂是欣愛現有或已得的美善。天主不能有「希望」和「羨慕」這兩種情慾，因為，天主全善，一無所缺，外無可加，故無對象可以希望或羨慕（回看第二十八章）。

再進一層：天主既無他善可得或可加，更無禍惡或危險之可畏避。天主無受害或遇險的可能。為此兩方面的理由，天主不能有「害怕」的情慾。「害怕」之情，僅可發生在能受危害和變化的主體中：需要主體有虧虛性和潛能。天主本體反是。

又一點：悔憾之情，非天主所能有。一因悔憾是憂愁的一種；二因悔憾兼含意志的改變。這一切都非天主所能有（回看第十三章）。

另加一點：天主不能有「嫉妒」的情慾：一因嫉妒也是一種憂愁；二因嫉妒是一種知識的錯誤：誤將別人的福利和美善，看成了自己的損失或災禍。天主不能犯這樣的錯誤，詳證見於前面（第六十一章）。不但是因為天主的知識完善，而且是因為在萬物方面，無一物之禍，能是天主之福；無一物之惡，能是天主所愛的善，因為天主的美善和真福，是萬物的公善和福利：並是萬物美善的泉源和榜樣。萬物美善，都是分領天主美善的秉賦，並且是天主美善的肖像；表揚天主的美善。外物所受的禍害，無一能增進天主的福美。故此，天主不因萬物有福而生嫉妒，也不因嫉妒而幸災樂禍。一物受禍，不能是另一物的真福，除非是在生死變化的世界裡，一物之死亡和腐化，是另一物之新生（參考《物理學》：卷三，八章，二十八頁左一〇）。但此種死生代興的現象，不能發生在天主以內。天主是萬物的公善：不因萬物各有的美善，而自身受到任何損失，也不因外物受害而自身美善能有任何增加。故此，對於外物的美善，天主無理由心生嫉妒。

還有一點：天主不忿怒。一因忿怒之情，是憂愁的效果。憂愁難當，乃因不堪忍耐而生惱怒；二因忿怒圖謀報復：受害不堪憂苦，惱怒乃貪圖加害於害己之人或物。怒情的效果是破壞。嫉人之福與樂人之禍，事不同而理同：前者視善如惡，後者視惡如善。事不同而錯同。天主全善而全知，對於所造的神人萬物，既願成其美，必不樂其惡；更不將善惡相混，故不嫉妒，不忿怒。忿怒之情，種性本體，不合於天主的本體。

又一小點：（以上憂愁、傷痛、希望、羡慕、恐懼（害怕）、悔憾、嫉妒、忿怒種種情慾，是主流），其他任何情慾、或是它們的支脈，或是它們的效果，都包含在它們的共同範圍內，總說起來，為了上面相同的理由，都非天主所能有。

（問題：果如上述，天主有無「喜樂、欣賞、愛慕」三種情慾？天主如無情慾，有無情感或心情？下面數章分別討論）。

第九十章　喜樂（福樂）與歡樂

尚有某些情慾，依照情慾之本義，（屬於肉體器官情感之界），雖非天主之所能有，但依照情感的種有名辭之定義，專就名理而論，並無違反天主美善之處。例如喜樂與歡樂。（喜樂是事福在握現有實享的快樂，特點在主體與對象的結合如一。例如四喜臨門，宴享陶醉等類的福樂。歡樂是心歡意樂，心滿意足，歡天喜地，笑逐顏開的愉快，特點在心意之內，與客體對象不必有現實的把握或結合。在器官感覺的境界內，喜樂和歡樂都是情慾：非天主所能有。然而專就「得善而樂」的情感定義而論，靈智在超越肉體器官的境界，得到了靈智界的美善，便也有喜樂和歡樂的情感，高於肉體情慾，是精神生活之界的。在此意義之下，喜樂是交善而樂；歡樂是有善而樂。相差不多，但「有而不必交」，分別判然不可混；都屬於神智之界，故非天主之所不可有）。理證如下：

證一：歡樂是欣賞現前實有的美善。對像是美善。它和主體的關係：是現實為主體之所有。如此，從對象和主體兩方面觀察，可見歡樂依其名理的定義，並不違反天主的美善。故此，非天主之所不可有。天主有美善故有歡樂。

證二：從以上的定義和理由看來，可以明見歡樂和喜樂，依其本有名理的實義，是天主之所有。猶如器官覺力所知的善惡，是器官情慾的對象，如此，依正比例，靈智所知的善惡，也是靈智意願的對象。兩者都是向善而避惡：或向真善，避真惡，或向主觀認為是善的善，而避其相對的惡。（主觀估價認為是善的善，不一定是真善或假善）。靈智意願和器官慾願的分別，僅僅不過是靈智意願的對象，範圍廣於器官所知的領域。因為靈性的意志著眼於純淨名理，所指的善或惡，不加任何境界的限止；反之，器官覺力的情慾，卻只著眼於覺識之界的禍福：猶如（依平行對照的正比例），在知識方面，靈智所知的對象，實理寬廣，也是超越覺識的範圍，包括覺識界及它以外的善惡；覺識卻只能認識覺界以內的善惡。

然而慾願或意願是用對象作分類分種的根據。對象既然相似，動作也必然相似。器官的慾願和意志的意願，共有相似的對象和動作。分別只在乎純雜不同。器官的慾願，為了肉體器官的連繫，好善惡惡的情感必有情慾的攙雜。靈志的意願，對於相同的善惡，採取向背的行動，純粹注目於善惡之理，不夾雜肉體器官的慾。猶如，情慾的恐懼，逃避將要來到的某某兇惡，有心驚肉跳的衝動。靈智的意願，依相似的比例，也逃避那個兇惡，但節制心驚肉跳的情慾。

如此說來，去掉了肉體器官的情慾、衝動和覺界的限止，歡樂和喜樂，依照種名定義的實理，和天主的性體，沒有相衝突的地方。既然不相衝突，故非天主之所無有。

又證：歡樂和喜樂，是意志安享所願愛的事物而有的心滿意足。（按第七十四章），天主的本體美善，是天主意志的首要對象。天主安享自己的本體美善，萬善充足，極度心滿意足。故此，因意志的自愛，有極度的歡樂和喜樂。

另證：按大哲《道德論》卷十（四章，一一七四頁右三三）喜樂完成工作的美好，猶如美麗補足青年的可愛。照此可以明見：喜樂是工作的一種完善和美好。那裡有完美的工作，那裡便有喜樂。依此比例向上推論：按前面（第四十五章）的定論，顯然天主在智力活動上，有極完善的工作。吾人的智力，既然為了工作的完善而喜樂，可見天主的智力，為了工作的至極完善，而有至極的喜樂（這裡的喜樂，乃是實福在握的福樂）。

加證：每一個物體因交接同類而歡樂。同類相親，是物性的自然。除非偶然為了附性的環境，發生利害的衝突或阻撓，而產生同行的冤家。例如陶工同業相吵：為爭市利而互相競爭，甚至失睦而結下仇恨，（參看《演講術》卷二，十章）。然而任何外物的美善，都不致使天主本體的美善受到損失。反之，按上面（第四十章）的說明，可以明見任何物體的美好，都是天主美好的肖像。如此想來，最後的結論，是天主為每物的美善而感到歡樂：相似者，必相親，同善同樂。

從此看來，可見天主有真正的歡樂和喜樂。

話又說回去，歡樂和喜樂，兩理不相同。喜樂乃是福樂，喜樂生於實際交結所願愛的美善。歡樂卻不需要實際的交結，只有安享所願有的美好而感到心滿意足，便足以滿全歡樂之理。如果取其本義和狹義，喜樂只有於交接美善，歡樂卻是欣賞外物。從此可見天主安享自己的本體美善，乃有喜樂，祂的歡樂卻是欣賞自己的本體和外物。

第九十一章 愛情

根據同樣的理由和限止，必須也肯定天主的意志有愛情（不是肉體器官的情慾，而是神智意願的動作）。

理證：主體客體，兩愛相交，主體之所願愛，在於客體的美善。愛情的關係和作用，依其名理的本義，便是如此。然而，按前者（第七十四及七十五章）已有的定論，天主之所願愛，在於自己本體和萬物的美善。照此而論，天主對於自己和萬物，有愛的情意關係和作用。簡稱愛情或親愛。

再證：真誠的愛，需要主體為客體自身的美善，而願愛客體的美善。專為客體而愛客體，方是真愛客體。如果主體另有用心，是為客體以外另某一物的美善，而願愛客體的美善，這裡的愛情便不真是誠愛客體：因為不是專注目於客體自身的美善，而為了專愛第三者，附帶著也愛客體。例如某人為嗜飲美酒而愛酒，並願保存酒的美味，特加愛護。他的真意不專是愛酒，而全是愛自己飲酒的口福。他的愛情本身是愛自己，附帶著也愛酒的暫時保存。又例如甲某人，因為乙某人有某某可利用的優點而愛他那優點。甲的愛情本身，不是真愛乙，而是愛甲自己的利益。簡言釋之，為他而愛他，是真愛他。為己而愛他，是真愛己。真愛他之愛，是愛的本義（這是大前提）。

（小前提）：然而天主愛每個物體，是根據每物自身的立場和觀點，為了每物自身的美善而愛每一物：因為天主是根據每物自身的優點，而願意造生保存它：專愛它自身的生存、實有和完美。從此可見依愛的本義而論，天主愛自己並愛萬物是真誠的愛。雖然也有時是為謀此某物之利益，而愛彼某物。

加證：按狄耀尼（《天主諸名論》四章，聖多瑪斯註解第九課，第十二號）曾說過的名言：「愛情是團結力」，因為每個物體，依本性的自然，在自己固有的方式和限度下，願愛或追求自己的美善。那麼，既然愛情的本義和真義，是主體願愛或追求客體本位的美善，由此隨之而生的效果是主客交愛乃是主客兩體，在某某方式或程度下，團結合一：因為，在愛情的真關係裡，主體對於客體，乃是主體對於自己認為客體美善乃是自己的美善，兩善合成一善，發生傾心注意的真誠。換言簡釋之，主體真愛客體，是主體真愛主客兩體兩個本位美善的合一。從此看來，可見真誠愛情的本義，全在於主體的情意傾注於客體本位的美善和主體自己的美善合成一個美善（物體本位的美善，是它本體的生存及優美的生存境況。物因生存而是其本體之所是。物因真愛，兩善合一：兩個生存合成一個生存；兩個本體之所是，合成共是的一是：合成到不分彼此，團結成一心一體）。為此愛情的自然作用和效果，可以斷言：「愛情是團結力」。

為了上述的理由，可以擬出一個定律，就是：愛情強烈而堅固的程度和生存團結的密切，成正比例。本此定律，主客兩體。在生存上，團結越密切，愛情便越強烈。從事實的個例上歸納起來，經驗也告訴我們：父生子，子生孫，血族生存相通的團結，深於全人類性體相同的團結。因此，同族相親的愛情，強烈深厚，也甚於同類相親的愛情（同類同胞兄弟相愛如手足。父子相愛如骨肉：生存團結的密切不同。愛情深淺的程度，隨之而互異）。又例如同居共處，交際往來，生存互助的團結，也更深於人性相同的人類團結（有時或經常也深於同族而不同夥的團結：遠親不如近鄰），因此，長期同夥，生存互惠的團結相愛，強烈深厚，也甚於同類或同族。

還有一些事實，足以佐證同一定律：就是主客兩體團結所依憑的根據，越深在主體的心內深處，主體的愛情，不但強烈，而且恆久堅固，甚於基礎不深的愛情。團結基礎的深固，莫過於本體生存。為此，有些愛情，純以物質生活的情慾為基礎，強烈而不恆久（例如酒肉朋友，時聚時散），強烈程度，能甚於同族或同夥，但在恆久堅固的程度上，則遠不能及：理由是因為同族的血親或同夥的生活互助，關係人的本體生存。

說到這裡，請看天主對於萬物的關係是如何：萬物團結於天主，所依憑的基礎，是天主的美善。在天主心內，這個基礎是至大無比，至深莫過的：因為（前在第二十八章已經證明瞭），天主的美善，乃是天主的本體及其生存。天主，是根據自己本體生存的美善，願愛萬物每個物體本位生存的美善。萬物的美善，用模仿擬似和秉賦的方式，表現天主的美善：分領天主的美善。這是天主愛物的理由和心意。如此看來，足見天主心內所有的愛情，不但是真實的，而且是完善美好，恆久堅固，至極無比的。

又證：愛情，根據名理的本義，不違反天主的美善。故此天主有愛情。詳證如下：愛情是一個「種名」，依其本有的定義，指示主體用意力，願愛客體本位的美善。愛的對像是美善。愛的作用是主客兩體間的關係。從對象方面看，愛情和天主的美善不相衝突，（而相適合）；從主客關係方面看（天主現實擁有所願愛的一切美善），主體的愛情，不因已有所愛的客體美善而減少，反因既有以後的親近而增加。例如物質的自然界運動的進行，距離目的越近，強度和速度也便越增加（《宇宙論》：卷二，八章）。除非為偶然外在的環境，因親近發現客體竟有可惡之處，主體的愛情普通不因親近而減少，可證於吾人日常經驗：普通越親近便越相親愛。偶因特殊環境，發現客體出乎意料之外有某阻礙，因親近而呈露於外，主體乃在既有客體以後，反因而愛情減低。但此類偶然事件，並不妨礙正常情況中，愛情因親近而增加的自然。如此說來，萬物的美善，近在天主掌握之中，並不妨礙天主對於它們有真實的愛情。那麼，既然對象和關係，兩方面都無妨礙，故此，天主有愛情。

另證：愛情的效用，是為增強團結而運動。狄耀尼（《天主諸名論》：四章）曾說過這句名言。或因主客兩體間的類似或肖似，或因兩者的適合，兩方的愛情，既然結合如一，兩方的心願，便共同追求團結的盡善盡美：為使雙方的結合，開始於心情，成全於行動：將美善的願望之合一，實現成生存互惠的合一。因此，稍察事實，可見朋友間，本有的任務，是同居共處，團結不離，會話交談：共用團聚之樂（參看大哲《道德論》：卷九，十二章）。足證愛情的作用，確是團結的運動。

現在請看，天主是第一運動者，運動萬物，共趨於團結，合宇宙萬物如一體，乃給每物賦予生存及其他各種美善，竭盡可能，將自己本體的生存和萬物相溝通（作萬物生存的根源：用造物的全能、將生存的恩惠，分佈流行於萬物之間和每物之內）。如此說來，天主對於自己，並對於萬物既有生存團結的運動，故有愈親彌篤的愛情。

還證：情感萬千，以愛情為元始。愛慕和羡慕，願慕中情的美善。恐怖和憂愁，抵制悖情的凶惡。愛憎之情，成於始，其餘眾情生於末。愛是背惡而向善，得善則喜，有善必歡。按前章定論，天主心內喜樂與歡樂俱全。足證不是沒有愛情。

問題：強弱遲速，緊張鬆懈等等差別，是自然界物質變化或移動、固有的程度、速度及密度，既是物質界之所固有，又是變動的程度，故此非純神而不變動的天主所能有。任何變動，皆天主所全不能有。為此理由，有人可能認為天主對於自己和萬物，也有一律平等的愛情，沒有更愛此某，少愛彼某等等的差別。這樣的見解是否合於事實？這是問題。

為深識問題的困難，還有另一個理由，似有利於對方：凡指示動作之類的名辭，給天主作賓辭，指示天主的屬性，都說不出「更如何」，或「少如何」等等比級的差別來。事實上，例如天主的知識，是全善的知識，不是更知此某物，而少知彼某物。天主的歡樂也是一律平等，一有多於此，少於彼的差別，便有缺少歡樂，或缺少美善的含意，與天主全善，永遠無限的盈極現實不能相合。如此看來，實似天主的愛情，也便不能有比級的差別。實際如何呢？為研討這個問題，首須注意以下數點：

在對象方面，愛和其他動作不相同。其他動作的終點，各自只有一個對象。愛的動作，在終點上，卻止於兩個對象。因為主體願愛客體的美善時，一是愛客體，二是愛那個美善。在經驗的實例上，也可看到愛情愛某人是願意愛那某人有某善或得某善。例如祝人得好，不但是愛那人，而且是愛那好。其他動作，只是給主體對於一個對象建立某某關係：例如知識知某物時，只是知那一物。歡樂的心情欣賞某物時，也只是針對一個事物，或甚至一個觀點：不牽涉其他。

自私的愛情或情慾，也是愛情的一種。主體為愛自己的利益，而愛某物及其某某優點。這樣的愛情，不是愛情的真義。而更好叫它作「利慾」，指示廣義的愛，為愛自己而附帶著，彷彿是偶然的，願愛某物：不是愛那某物本體的美善，而是愛它偶然對於主體能產生的利益（雖然利慾不是真正的愛，但因為它是愛情的一種，在對象方面，呈現和愛情不但相似，而且更甚的複雜情形，利慾之所愛，有四種對象：一客體，二客體的優點，三主體，四主體的利益。首愛主體利益，因而愛及客體及其優點）。

在程度比較時所用的根據上，須注意以下這個分別：其他動作，比較強弱程度，只根據動作的強勁或深度：即是根據動作的效能。愛情的動作，比較強弱的程度，不但根據動作的效能，而且根據客體方面的美善。對於兩個客體，祝禱兩個同等的福分，愛情的效能，在主體方面，仍能有強弱的差別：對於一個更熱烈、更誠切：對於另一個卻冷淡而鬆懈一些：雖然仍願它得同等的福分。

根據以上的分析，可以給上面的問題分兩點，答覆如下：第一點無妨說天主愛物此勝於彼，根據客體方面的美善程度，天主願此某物有某美善，程度高於彼某物（隨物類品級及生存程度而定）。第二點、根據熱烈和誠切的程度而論，天主對於各類高下不齊的物體和美善，都懷抱一律同等深厚至極的愛情，沒有厚此薄彼的差別：理由見於上面，和其他各種動作能力相同：效能無限，故無強弱之別（天主發愛施仁，澤及萬物，品級有高下之宜，真情無厚薄之別）。

附誌一：從前面（第八十九、九十及本章）說明了的一切，可以看到吾人所有的情慾，除歡樂、喜樂和愛情以外，無一是天主所能有。即連歡樂、喜樂和愛情三種情感，在天主心內，只有靈智情感的意義，沒有「情慾」的本義。吾人心內的情慾，都和身體的器官有物質的糾纏。

附誌二：《聖經》的權威傍證天主有喜樂或歡樂。《聖詠》（第十六）：「禰的右臂、擁有永遠的喜樂」。《箴言》卷九，三十：「天主上智說：我每天在天主面前玩耍喜樂」。按上面（第四十五及六十一章）的證明，天主的上智、乃是天主。《路加福音》（第十五章，十節）：「一個罪人悔悟自新，天上神聖歡樂。」

附誌三：大哲《道德論》卷七（十四章，一五四頁右二六）也有同類的話說：「天主永遠為精純單一的福樂而歡喜」。（意思是說：天主的福樂歡喜，是永遠生活、精純單一、無限美滿的現實。沒有時間的久暫和老少，也沒有分子的組合，並且沒有疆界的局限）。

附誌四：《聖經》紀載天主的愛情：《申命紀》三十三章：「天主親愛眾民族。」《熱肋米亞先知》三一章（天主說）：「我以永遠的仁愛、親愛你。」《若望福音》十六章（二七節）：「天主聖父、親愛你們」。

附誌五：有些哲學家也曾主張：天主的愛情，是萬物的元始。狄耀尼《天主諸名論》（四章）也說過意思相同的話：「天主的愛情不許天主沒有根芽的生發。」（從天主的愛情，生發出根芽：生機萌動，一元初始：天地開闢，化生萬物）

附誌六：尚須注意別的各種情慾，依其本質的定義，在種名指示的本義範圍內，和天主的本體美善互相衝突；然而《聖經》卻用它們（的名辭）作賓辭形容天主：當然，不是用了它們的本義，而是用了它們的象徵意義、寓指本義以外的某些意義：根據效果或情感的相似，借人類或物類的情慾喻指天主的情感及作用。故此，不可用《聖經》文學內的象徵說法或寓言，證明天主有本義的人類情慾。前者（在第三十及八十九章）已經證明瞭，（不可以名辭的本義，去誤解《聖經》上的象徵語法。寓言或象徵，是借己知的物類名辭，就某某外在的相似之點，喻指異類事物的情況）。天主的情感或在上文指出的那幾個情感自身，或在許多效果上，和人類形體界的情慾，有相似的地方。舉例申說如下：

效果的似點：天主的意志，根據上智的條理和秩序，有時傾向於某惡劣情慾所追求的效果：猶如法官因公義而罰人受刑；依同樣的比例：忿怒的人，也因忿怒而刑罰人。公義的情感，是理智界的。忿怒的情慾，是血氣界的：本質不相同，但效果在外形上完全相似：將某某刑罰加於某人身上。《聖經》上有時說：天主發怒。不是說天主發了肉體血氣的「怒氣填胸」，而僅僅不過是說：天主根據上智的條理，決意處罰某人或某物。因此，《聖詠》，第二，三節曾說：「天主在短促間，生起了熾熱的怒火。」

又例如《聖詠》（十二，八節）：「悲憫而哀憐的上主，能忍耐而多慈柔」：這裡的悲憫、哀憐、忍耐、慈柔等等名辭，都是用形軀的情覺，形容靈性的仁慈（不是說天主和人一樣，因同情之感而心中覺疼，面部哀哭流泣）。

再例如《創世紀》六章（七節紀載，天主說）：「我悔憾我造生了人類。」這裡的「悔憾」，只用寓義，指示天主依照自己計劃，永遠不變的秩序或將某物先作成而後毀滅，或既毀滅而又新造：在這樣交替的效果上，永常不變的天意，和翻悔無常的人情有些相似。但《聖經》的用意，不是用「悔憾」的本義，指示天主和人一樣因悔憾而傷心痛腦，或改變意志（因為天主純神，永遠現實，既無肉體的心和腦，又無變化的潛能）。為此，《撒慕爾紀》上卷，十五章（二十九節），曾明說：「依撒爾人民中的（天主）。凱旋榮歸的常勝者，不因悔憾而屈折」。還說：「不釋免（既定的懲罰）」。這些話指示天主永遠的上智和意志，不是變換無常的：足以證明他處用的「悔憾」，不能有「傷心而變志」的本義。

次論情感自身的似點：根據情感自身的本質，情感萬千，以愛為本（上面方已論及）。諸情相較，有本末先後之別。先後相比，或正反相隨，或遠近相隨，以愛情的對象為標準，有互相引隨的關係，（並遵循引隨關係，邏輯的必然）。「先有情感」引於前，「後有情感」隨於後。愛情和歡樂，依名辭的本義，在天主以內，是其餘所有一切情感的元始。愛情如同是動力的元始：是向善的推動。歡樂如同是終點的目的：是享善而滿意。愛有向善的動力，便有享善的歡樂。得善既樂，乏善必悲，隨之罰惡則喜。如千情萬感，交互引隨而生，最後皆以愛情與歡樂為本原。眾情之中，以先有後有的分別相較：「愛情」和「歡樂」，是兩個最根本的「先有情感」：在人如此，在天主亦然。這兩個情感，去掉形體物慾的混雜，只依種名定義中，「向善和享善」的本義，是天主意志所實有。在這兩個情感的本義上，天主和人類確實有相似的地方。這兩個既然是眾情的根本和本質，故此可以說：在情感的本質上，即是在最根本的「先有情感」的本質上，天主的情感相似人類的情感。這個相似點，是《聖經》上、寓言法、象徵法，即是喻指法，借用人心情慾，形容天主情感時所依靠的基礎（遵照情感間，互相引隨的邏輯）。既說天主賞善以喜，便應說祂罰惡由怒。既說祂獎勵美善，便應說祂罰禁惡劣。獎善既喜，禁惡則不能悲。凡此愛憎悲歡喜怒之情，都是《聖經》的象徵法：借人喻天。例如依撒意亞先知，五十九章，十五至十六節那幾句話，描寫天主的悲憤驚愕等等情感，明證先知是用了象徵法：「天主舉目四望，悲憤滿面，因為發現人間正義滅絕，無人挽救；祂看見絕無一人上前，面上表示驚愕的神情。」

根據上述理由，便看到某些猶太學者意見的錯誤。他們認為天主依情慾的本義，實有（人類血氣的）忿怒、憂苦、悔憾及其他類此的一切情慾：因為他們不分辨《聖經》上運用名辭或話語，有本義和寓義，指實法和象徵法的區別。

第九十二章　善德（德性・德能）

隨接上述定論，轉進推究，證明必須怎樣肯定天主有某些善德。

理證：猶如祂的生存，是萬善全備的：在某些方式和限度下，自身以內包含著萬物的美善。依此比例，祂的良好，也必須自身以內，在某些方式和限度下，包含萬物的良好（良好和美善不同。善於畫人物的美術家，不一定是良好的美術家。技術的美善是精巧。道德心術的美善是良好。美善寬廣，普及萬物體用的一切優點。良好狹窄，專指道德良好：意向純正心術仁厚及類此種種）。

然而，善德是其主體的一種良好。某某主體，或人或神，因有善德，便被稱為良好或善良；它的工作及成績，也是如此。（參考大哲《道德論》卷二，六章）。故此，必須肯定天主的良好，在自己固有的方式和限度下，包含各樣善德。

根據祂自己固有的方式和限度，天主和吾人比例有所不同：凡是學習得來的或性外附加的善德，都不可說是天主之所有。因為天主實體至純（證如第十八及三十八章），所有一切都同於本體，不能附設在本體以外或以上；並且按（第四十五及八十三章）已有的證明，天主的動作也是同於祂的生存，都是由於本體，同於本體，用不著本體以外附加的任何因素；如此說來，天主的良好，也是同於本體生存，不是在本體以上另有什麼附加的因素。故此，天主的善德是祂自己的本體不是習性，也不是附性。

又證：天主以內所有的動作，是完善至極的現實，可以比如智力的觀察，不可以比如智力（學習得來的或心中存而不用）的學術或知識。觀察是智力動作完善而終極的現實。學術或知識，在吾人心內，不是現實，而是存以備用的技能。凡是技能之類，都是不完全的現實，而是介於現實和潛能之間。或習性，或附性能力，都屬於此類：都非天主所能有。足見天主的善德，不是習性，也不是附性，而是本體。

還證：技能或德能，如非本體，必是某某能力的優長：充實能力的虧虛，實現它的一部分潛能。然而天主以內，所有一切，無一是潛能，而個個都是盈極的現實。故此天主以內，不能有習性或附性的善德，僅能有本體善德。

另證：按上面（第二十三章）的證明，天主以內，完全不能有任何附性。然而習性或附性的德能，都屬於附性之類。故此，吾人說天主有某善德，不可指那善德是天主的習性或附性，而僅可指它是天主的本體。

還有一點：人類的善德，是人類生活的規矩和準繩。人類的生活分兩種：一是心智生活的靜思，一是社會生活的勤行。屬於勤行生活範圍的一切善德，就其善化現世今生的目的而論，是人類之所固有，決非天主之所應有。

人類的勤行生活，是人的生計，在乎運用形體界的（經濟物質和現世的）福利，正直公平，合理合法。這樣的生活行動，決非天主之所應有。故此，勤行的善德，也非天主之所能有。

再一說：勤行的善德，是在政治的關係上，善化人間的習俗（包括制度和風尚），都是政治性的美德。政治生活以外的生活，無多大理由需要這些政治性的德能。天主的生活，遠在人類（現世）生活方式和範圍以外（不住在國內或城鄉，沒有治理城鄉或國家的政治勤勞），故此，如果不從政的人（專務心靈的靜思），尚不需有勤行的德能，何況天主呢？故此，天主所能有的善德，不是勤行的善德。

又一說：勤行的善德之中，有某些專在管制肉體的情慾。根據所管制的情慾不同，而分許多種類：以情慾為對象，並為分類分種的標準。例如節德，調節嗜慾；勇德壯人膽量，並節制人的強猛。然而按（第八十九章）已有的證明，天主以內，不能有任何形體界的血氣肉情或情慾。故此，天主也不能有節制情慾的那些「勤行的善德」。

再一說：此類德行，依附的主體，不是靈魂的智性部分，而是它的覺性部分。按《物理學》卷七，三章的證明：只是靈魂的覺性部分，能有形體器官的情慾。然而在天主本體以內，沒有覺性部分，只有智性的神智。從此可見節制情慾的德行，依其名理的本義，也非天主本體以內之所能有。

又有一說：有些情慾，傾向形體器官感覺的慾樂，例如飲食聲色。節制這些情慾的善德中，一有淡泊，節制飲食；二有純潔，節制聲色的荒淫；全體攏統說來，有節德和貞操：節制一切形體器官的各種情慾。天主完全沒有這些情慾和慾樂的器官感覺。故此，不拘用本義或用象徵意義，《聖經》裡從來沒有說過天主有節制這些情慾的美德。因為，在這些情慾的本體上和效果上，找不到和天主的本體有任何相近似之點。

然而，另一方面，有些情慾傾向精神的福利，例如光榮、權勢、主權、勝利、報仇雪恨，還有類此的其他種種。為節制這些情慾的奢望、兇猛、強烈等等，有勇德、良善溫和、寬宏大量等等。凡是此類美德，依其本質的真義，都非天主本體之所能有：因為天主沒有那些情慾。但是它們的效果，和天主的全能全善有些相近似之點，故此《聖經》上曾說：「天主驍勇無比，強勁無敵。」（參看《撒慕爾紀》卷一，二章）米蓋亞先知，卷六（勸人追尋天主）說：「你們要追尋柔和的天主；你們要追尋溫良的天主（效法天主的柔和與溫良）」。惟須注意，這些《聖經》的描寫，都是寓言法和象徵法的形容方法：借物喻神，不是指示所用名辭的本義。

第九十三章 品格的善德（倫理的善德）

指導人生活行動的某些德性，不是節制情慾，而是善化人的行為。例如真誠、正義、寬宏、大方、明智、技藝等等。天主有這些品格的善德。（品格是道德生活的修養）。

善德或德性分類分種的標準或根據，是它們的對象或資料。對象或資料既和天主的美善不相突衝，那些善德，依其種名的本義，便沒有和天主的美善互不相容的理由（倫理道德，心術修養而成的品格，有善德的真義）。

又證：此類善德是意力和智力的美善。意力和智力是沒有情慾的動作能力（因為它們沒有形體的器官）。天主所有的意力和智力，是全美無缺的。既有所應有的一切美善，故此不能缺乏這一些善德。

加證：萬物生於天主。按上面（第六十四章）的證明，每物生存的實理，都包含在天主的智力意識以內（這裡的生字，不是生殖或生活的生，而是造物者造生萬物的生：有成就的意思。猶如藝人或作者，用自己的技術作成某某作品）。物品成就的實理，包含在作者心智內的，便是技藝：有匠意和心裁的意思。本此意義，大哲《道德論》，卷六，四章曾說：技藝，乃是作品的正理。如此說來，依名辭的本義，天主有技藝。《聖經》裡《智慧篇》，七章，二節曾說：「匠成萬物的藝神、天主，教誨我學會了上智的精明。」既稱天主為匠成萬物的精明藝師，足見《聖經》的意思是說：天主有造成萬物所需的技巧和藝術。

又證：按上面（第八十二章）的證明：天主的意志，在造生萬物時，是用自己的知識，決擇造生某一事物。引導意志決定行動的知識，乃是明智：因為按大哲《道德論》卷六十四章的名論：**明智乃是行動的正理**。故此天主有明智。《聖經》裡《若伯傳》二十六章，二節所說的「天主有明智和強勇」，便也是指明智是天主行動的正理。

再證：上面（第八十三章）證明瞭天主既願其物，必也願其所需。物體美善之所需，乃是每物之所應有，也是天主之所願賦予。然而，給每一物分給它所應有，乃是正義。足見天主有正義。《聖詠》第十，八節曾說：「上主是正義的，祂嗜愛正義的德行」，足證本論的確實。

加證：根據大哲《道德論》，卷四，一章的名論：寬宏的德行不是別的，乃是施給而不期待報酬，但只是為了施給而施給，專為愛尚施給，以施給為樂、為善。然則，按上面（第八十一章）的證明，天主願造生萬物，給每物分施自己的美好良善，祂的終極目的，完全不是依賴任何外物，而得本體的生存和美善，也不是增進自己的福利，而純是願意將自己的美善，傳播給萬物。惟一的理由是因為給每一外物傳播自己的美善，適合於自己的本性。依照本性，天主是美善的泉源。美善是美好良善，包括萬善萬美和萬福。天主的本性是源源不絕的樂善好施，為施給而施給，不圖任何報酬。故此，天主是寬宏至極，大方至極的。並且，按亞維新《形上學》卷六，五章所說：「依名辭的本義，只有天主可以說是寬宏大方的。」因為天主以外，凡是物體有所動作，都以掙取自己的某某福利為目的。在利他以外，包含著利己的作用和心思。只有天主不是如此，**造生萬物時，只利他，不利己**。《聖經》證明天主的寬宏大方，在《聖詠》第十三，二十八節曾說：「禰展開禰的手，萬物便滿被恩澤的美善」。《聖雅閣伯書信》一章，五節也說：「天主豐富施給，澤及萬物，而無嗟聲厲色」。

又證：按大哲《道德論》卷四，七章的名論，顯然真誠的德性，在效用上，是引人在言語、行動和作為上，表裡如一。然而天主是表裡如一的，因為按上面（第四十及五十四章）的證明，天主所造生的萬物，從天主領受生存，因有生存，而各是其所是，在生存和美善上肖似天主，發顯天主的美善，實現天主神智的理想和意志。天主所作所為都表現天主本體生存的美善及其真心實意。故此，天主有真誠的德性。《聖經》裡《聖保祿致羅馬人書》三章：「天主卻是真誠的」，《聖詠》第一一八，一五一節：「禰的千徯萬徑，都是真理至實」。這些話，明證天主是真誠的。

此外，有些善德，是下級服務上級所必備的，但非天主所能有。例如服從命令，恭敬天主及其他類此的德行。（神或人恭敬叩拜天主，但天主不自己叩拜自己）。

上述諸德，能有某些不完善的動作，暗含主體的不完善，故非天主所能有。例如「開會磋商，詢問大眾意見」是一個明智的行動。天主固然有明智，但不開會磋商，因為磋商，有詢問的意思。按大哲《道德論》（卷六，九章），磋商或顧問，都是追尋真理或計畫的意思。（暗示其主體知識不完善）。然而，按上面（第五十七章）的證明，天主的知識，不是推究追尋的理性知識，（而是洞見萬物萬理，永遠現實，全知無遺的）。如此，磋商、諮詢、顧問、會議等等行動，都不適合天主的全知，故非天主所宜有。《聖經》裡也有多處佐證此點。《若伯傳》二十六章，三節：「禰給誰出了主意？難道不是給那沒有聰明的人嗎？」沒有聰明，才需要依靠別人來給出主意。天主不是沒有聰明，故不向誰問主意。《依撒意亞先知》

四十章，十四節：「祂同誰開過會議？並且曾有誰給他出過主意、指導祂呢？」

明智的另一動作，是判斷會議所談諸事的是非優劣，這樣的判斷，是議決，是天主所應有的，本此意義，可以說天主有果決的明智，例如說祂有當機立斷的神智。

主意或計劃（盤算、謀略），有時沒有磋商或諮詢的意思，而有密祕或開導的意思。計劃或主意，是密祕行動的謀略。天主上智主宰萬物，有高深奧妙的計劃，這是可以言之成理的。《聖經》裡《依撒意亞先知》二十五章，一節，曾說：「求爾實現爾祕密的計劃！」（另版異文：「求爾實現爾古初的計劃」）此外，天主神智，不用理智的推究，也能給詢問的人出主意，啟示計劃：滿足人的要求，開導人的愚悶。本此意義，也可以說：天主有計劃或有謀略。

依同理，人間公平交易的正義，就其公買公賣，施受相償的道理而論，不能說是天主所宜有，因為天主只施不受。因此，《聖保祿致羅馬人書》十一章，三十五節曾說：「誰曾先將什麼施給祂？又有誰能報酬祂的恩惠呢？」《若伯傳》四十一章，二節也說：「誰先施給我，待我償還呢？」

至於吾人說天主嘉納吾人的獻禮，這裡的「嘉納」，只有嘉悅愛賞的意思，沒有「按納」的本義：是擬似的象徵說法。如此說來，正義分兩種：一是交易的正義，二是分施的正義。人類兩種兼有。天主卻只有其二，沒有其一，因為天主只有分施的正義，賞善罰惡，公平正義，但無交易的正義。因為天主只施不受，故無交易之可言。因此，狄耀尼《天主諸名論》，八章，曾說：吾人讚揚天主，稱祂是正義：是指示祂依照每物的性分和名義，給萬物分施（生存、能力）和各種美善。《瑪竇福音》二十五章，十五節說：「依照每物本有的效能，配給每物宜有的美善。」

注意上述諸德所管制的行為，不限於人類，而泛屬於一切有智力的主體：或神或人。例如：判決議案，決定應行的事項，施給某某恩惠或美善，或分配施給，或交易施受，都不是人類所獨有的行為。故此，這些行為的本質及定義，不成立於人類的事物。但如將它們收縮到人類範圍以內來，它們的種名定義，便取源於人間的事物：以人間的事物某種作種別的因素，猶如「形狀的彎曲」，是鷹鼻和其他鼻形，種別不同的原因：以物質形狀，作種別的特徵：參考《物理學》卷一，三章。

如此說來，上述諸德有廣狹兩種意義。狹義專指人事。本質及名理，皆限於人事。本此限止，皆非天主所能有：不能給天主作賓辭。廣義超越人類的限止，故能適合天主及神界的事物。神人相較，有平行對照的比例。物類不同，而比例相對，猶如人能分施人間的事物，例如錢財、榮譽等等。如此，依同比例，天主分施宇宙萬物所有的各種美善和福利。猶如人的正義是齊家或治國，如此，依同比例，天主的正義是主宰全宇宙。依此比例和關係的較量，可知上述諸德，在天主以內，有更寬廣的範圍：超越人類的限止。因此吾人推崇天主的那些善德，稱它們是我們人類道德所應效法的模範，為什麼理由呢？因為物類中，一有無限和有限的分別，有限者，範圍收縮，受特殊的局限，奉無限者為絕對至善的標準極則，竭力模仿效法，以求近似。例如燭光對於日光，爭光賽明，雖不能及，仍求近似之極至。

然而，對於按名辭本義天主不宜有的那些善德，天主性體以內，不包含它們的模範；但是天主上智以內，卻包含它們本名固有的定義和純理。因為天主的上智，包含萬事萬物本體固有的實理。例如形界的一切事物：如此，依同比例，那些善德的實理，也包含在天主上智以內。純理、實理、定義或簡說理，都有標準極則的意思，都是天主上智之所俱備。

第九十四章　靜思的善德

靜思的善德，一上智，二明達，三聰敏，都是智性的善德。極是天主所應有。這是無可置疑的。

上智在於知最高原因；根據大哲《形上學》卷首。然而按（第四十七及以下數章）已有的證明，天主極知最高原因。故此天主極有上智。最高原因是天主知識的首要對象：因知首要對象，而兼知萬物。天主全知萬物：故首先全知第一原因。萬物的第一原因，乃是天主的本體自身：靈明自照，知識明瞭至極。因此，《聖經》裡《若伯傳》九章，四節曾說：「天主有心，故有上智。」《德訓篇》一章，一節：「凡是上智的知識，都是生自上主天主，並且永遠未曾離開祂。」大哲《形上學》卷首也說：上智是天主所固有，不是人類之所固有（人類的上智是從天主上智分領而得的秉賦）。

又證：明達，例如專科知識，是懂清某種事物切近本身的原因（參考大哲《分析學後編》：卷一，二章）。天主既認識宇宙萬物因果關係的秩序，便因此也認識每個事務切近本身的一切原因。詳證於上面（第六十四及其下數章）。從此可以明見，天主有本義的專科知識：即是有本義的「明達」（明白事理，通達因果）。

但須理會，吾人明達是按理推究：生於理性的論證。天主的明達，卻是通明直達，不用理性的追尋或

推證。參考第五十七章。因此《聖經》裡《撒慕爾紀》上卷，二章，三節曾說：「天主是明達百科的上主。」（百科學識的天主）

再證：**聰敏，是靈敏的智見**：用不含物質的知識，知某些事物，而不用理性的推證或追尋，直明洞見，超物超形，洞曉實理真情。既然如此，同時天主，按上面（第五十七章）的證明，又有這樣的知識，全知萬物，故此天主是有靈明的（靈明就是聰敏，直明洞見，聰慧銳敏）。因此，《聖經》裡《若伯傳》，十二章曾說：「天主有計劃、（謀畧）和聰敏。」（這樣的聰敏也叫作單純的神智或智慧）

附誌：天主本體實有的以上這些善德，是吾人所有同樣善德的模範。將吾人和天主相較，有不完善對於完善的關係和比例（完善者是不完善者的原因、泉源和模範。不完善者是完善者的效果、流行、分賦和肖像）。

第九十五章 惡劣的願心

從上文的定論，可以證明：天主不能願愛惡劣。

理證：善德是行善的能力或原因（參考大哲《道德論》：卷二，六章）。天主的一切動作或行為，都是善德的動作。因為祂的善德是祂的本體，純粹至善。詳證見於上面（第九十二章）。故此，天主不能有惡劣的願心。

又證：除非理智有錯誤的見解，意志不趨向惡劣。因為意志的對像是意識所知的美善，知則求之，不知則不求也；故此意志向惡的原因，只可是意識認惡為善，此乃知識的錯誤所致，或錯在誤認本體，或至少在選擇失當。特殊的事物，優劣不齊，認劣為優，乃是錯誤。選擇不可不先加明辨。知識有錯，必致選擇之時，竟棄優美而取惡劣。然而，按上面（第六十一章）的證明，天主的知識不能有錯誤。故此祂的意志不能有惡劣的傾向。

加證：上面（第四十一章）證明瞭天主是至善。然則，至善不容惡，猶如至熱不容寒冷。足見天主的意志正直不能彎向惡劣。

另證：「善」有目的之理。惡劣的心願，非背棄目的不能發生。然而天主的心願，不能背棄目的。因為天主的目的，乃是天主自身。按上面（第八十四及其下數章）的證明：除非由於願愛自己，天主不願愛任何其他。故此，天主不能願意惡劣。

如此看來，也可明見天主意志的自由，只是向善，不能向惡：本性堅定於善不能動搖。

《聖經》上《申命紀》，三十二章，四節：天主誠信，心無邪惡。何巴谷先知，一章，十三節：「主！你的眼睛潔淨，不能顧盼邪惡。」

用本章的定論，足以駁退猶太人和路濟弗爾派的錯誤。猶太人在塔而木經典內，主張天主有時也能犯罪作惡，並且也能洗滌自己的罪汙。路濟弗爾派恭敬路濟弗爾（Lucifer）大天神（可譯作秉明派，恭敬秉明。秉明是秉持光明的大天神。這位大天神背叛天主，因而受罰，被天主逐出天堂以外）。秉明派的人卻主張天主驅逐秉明天神，是天主犯了罪（秉明天神相當於神話裡的太陽神，巡行天際，照耀世界，參看《若伯傳》十一章；《依撒意亞先知》十四章）。

第九十六章　恨情

從此可見說「天主恨某某事物」這類的話是不能適宜的。天主沒有憎恨的心情。

理證：恨對於惡和愛對於善，有相同的關係和比例。吾人經驗足證確是如此：對於人或物，吾人既愛之，則必願其善，恨則祝以惡。然而，按上面（前章）的證明，天主不能有惡意。故此，天主不能恨任何事物。

又證：每個事物，有每個事物的優點，不是別的，乃是分領天主美善的秉賦，肖似天主的美善。天主的美善是第一美善：是萬物美善的原因。按上面（第八十五章）的證明，天主的意志愛及自身以外的萬物萬事，無非是願愛自己的生存和美善，因而竭盡可能，將自己生存的美善，流行到外面，用模仿擬似的方式，廣施於萬物。在萬事萬物之中，天主別無所願，惟願每物每事以內，呈現出自己美善的肖像。天主的意願和仁愛，是萬物生，萬事出的原因（參看第四十章）。萬物生生，千變萬化，都是天主愛意的流行。故此，天主所願，惟在每件事物的美善。既願其善，必不恨之。天主不恨任何事物。

再證：萬物的生存，取源於天主。天主，第一實有，是萬物生存的元始。如果天主恨某一物，必不願它得到善美。故此，必不願它生存。因為所謂美善，非他，乃是生存。上面（第八十三章）證明瞭，如有某物，天主願之，必也願其所需一切。為此（依反比例，說回去），如果天主不願有某物，必也不願發出動作，直接或間接造生那某物。然而既有的事物，都是天主直接或間接自願造生的，既然如此，故不能又不願意造生它。縱令假設天主造生事物，不是出於自願，而是出於本性的必然，結論仍和上面相同：天主既按自己本性的必然願有某物，必也按自己本性的必然願有那某物所需的一切。那某物最需要的美善，乃是依賴天主的造生而得的生存。故此，天主按本性的必然願意那某物生入實有界。萬物萬事，都是天主所造生保存的：或自願，或必然，或直接，或間接，無一事一物是例外。故此天主不恨任何事物。

另證：一切動作原因，性體自然必備的動力，（在各級原因的系統中，既有於下級，必有於上級），首先必有於至高無上的第一原因。然則，凡是作者，根據它性體的自然和本然，都在某些固有的方式和限度下，喜愛自己的作品。例如父母親愛子女，詩人愛詩，藝術家愛自己的藝術品。

經證：《聖經》裡《智慧篇》，十一章，二十五節：「爾鍾愛現有的萬物，也不憎恨爾所作成了的任何事物」。《聖經》裡這樣的話和本章的意思相合：依名辭的本義「恨」不能是天主的賓辭或形容辭。天主是純愛而無恨（參看第七十九及八十三章）。

（本義和似義）：然而「恨某些事物」，這類的話，（有本義和似義。似義或是寓義，或是借義，或是引物喻神，喻指法的象徵意義）。方才說，依名辭的本義，天主不能恨任何事物。然而，依名辭的似義，《聖經》裡有時說天主憎恨某些事物。這樣的說法（用似義，擬似天主對某些事物的關係，在效果上，和人間的恨情，有相近似之點），又分兩種：第一種，專指天主對於萬物，既然是愛則欲其生，並欲其善，故此不欲其喪生或失善，不願所愛的事物受禍遭殃或有任何惡劣的事物。對於惡劣的事物，天不願意它們發生，這便是恨惡劣事物。因為恨情的自然效果，是願望某事或某物不生出或不存在。在吾人言語以內，「恨」的本義正是如此：恨則欲其死。生死互相衝突。善惡亦然。天主既然願愛物之生與善，必恨物之死與惡。因此，《聖經》裡《匝加利亞先知》卷八，十七章曾說：「你們親善和睦，彼此相待，各自心中，勿生歹意，勿發虛誓，互相欺騙。上主說了：我厭恨這類的一切事情。」證明天主好善惡惡。所謂的「惡惡」，便是厭恨惡事。說天主「恨惡事」，這裡的「恨」字，只有似義，沒有本義。因為「恨惡事」，在天主心內的本義，純是「愛好事」。至純的一個好意，有正反兩個方面：好善而惡惡。換另一個觀點，從對象方面看，愛或恨等等情誼，依其本義，是獨立生存的物體，主體與客體兩者之間發生的關係（或交互，或單方）。在這樣的關係以外，說「愛或恨」，都不能有本義。天主為愛所造生的萬物，而恨與萬物不利的惡劣事情，這些惡劣事情，既然不是獨立生存的物體，故此不是本義的愛恨之對象。這些惡劣事情是萬物相攻而生的效果，是消極的破壞，沒有積極的建設和內容，無資格成為愛或恨本義的對象。對於非本義的對象，不能有本義的愛或恨。至於說恨惡事（如恨仇敵，嫉惡如仇，是將惡事，比擬成仇人，獨立而對立的客體，先客體化之，而後恨之；猶如喜好好事，「如好好色」），也是將事情位格化，實體化，而後發生移情作用的愛憎等等情感；並在語言裡，描寫敘述出來。這樣的移情作用和形容方法，顯然都是擬似的說法，象徵法，不指言辭的本義。（在吾人尚是如此，何況是天主呢？）故此，《聖經》上說天主恨惡事，不是指恨字的本義。

第二種擬似法，說天主愛此恨彼，是說祂在優劣不同的獨立實體間，擇優而去劣。擇取是愛。捨去是恨。天主願愛人間正義秩序的精明，並且願愛宇宙間秩序的公益；或為愛正義，或為愛秩序，不能不願意罰惡而除害，擇優而去劣，既欲除之，去之，便（有時）必欲敗亡之。本此意義，《聖經》裡瑪拉基亞先知，一章，三節曾記載天主說：「我憎恨了厄撒烏。」《聖詠》，第五，詠讚天主說：「爾憎恨了作惡的人，爾要敗亡撒謊的人。上主憎棄兇殘和欺詐的人」。這裡的憎恨等等字樣，在天主心裡的本義，只有愛宇宙間人類和萬物的意思，沒有「敗亡人類和萬物」的真義。故此，依名辭的本義和真義，「敗亡人類和萬物」的恨情，非天主真心之所能有（因為這裡憎恨的本義，是極不願意人類作惡相害的意思，出於天主的至仁至愛）。

生活：生存的自動

第九十七章 生活與生存

從上面證明瞭的一切，必然生出另一結論，就是：天主是有生活的。

理證一：天主是有智力和意力的。智力的和意力的動作，非活物不能有。活物乃是有生活的。故此，天主是有生活的（回看第四十四及七十二章，證明瞭天主有智力和意力）。

再證：吾人用「生活」二字作賓辭，形容某些物體，說「它們是生活的主體」，簡稱：生物、活物或類此其他形容辭；吾人語言的根據，是因為那些物體，依吾人看來，有自動的能力：它們的行動不是被動於外物。為了這個理由，有些被外在動力推動而後動的物體，吾人凡俗的見識，看不見它們外在的動力，於是認為它們有自動的能力；例如河水自流，水銀自動升降、伸縮等等。吾人便用擬似的方法（象徵法），說它們是活物，例如活水，是泉源湧流成河的水。反之，池中不流的止水，不叫作活水（拉丁文也不叫止水為死水，中國文卻叫它是死水；止水坑叫作死水坑）。水銀（拉丁文內），叫作活銀（中文不叫作活銀，英文叫作快銀：象徵活動快速。化學稱「水銀」為「汞」）。

「生活」二字的本義，專指那些自身有內在動力，足以自動的物體之活動。這樣的物體，是主動者和被動者合構而成的實體。例如動物是身體和靈魂結合為一而構成的實體（靈魂是主動者，身體是被動者，兩者都是內在於實體以內）。在有形的世界，人間的語言，依名辭的本義，生活的物體，只可以說是有靈魂的生物（包括植物自動生長，和動物及人類的自力活動）；其餘一切形體的活動，被動於外在的原因，不是本義的活動或生活，而是似義的活動。外在的原因，變動某某物體，發生的動作，有許多不同的形式，或生發（例如火生熱，冰發寒）；或疏通，除去阻礙及約束；或強迫，用物質的迫力促使物體運動；或推，或拉，或激，或吸等等。

器官感覺的知識情慾等等動作，同時也伴隨著物質的活動。因為器官的官感活動，叫作生活，吾人便用生活二字，輾轉引伸，指示一切自動物體之動作，不拘這些動作是否同時伴隨著物質的活動。本此意義，智力的知識，思想，意力的愛憎，也和感官的知覺一樣，雖然同時沒有物質的活動伴隨發生，吾人也將它們叫作活動：指示生物自力的生活動作。生活的本義，依此說來，專指自力活動，和物質活動沒有名理上的連繫。

然而，天主極有自己活動的能力。祂的一切動作，都是自動而動，極不能被動於外物。因為（按第十三章）已有的證明，天主是第一原因，又是第一作者。故此，極應肯定天主是有生活的。

又證：按上面（第七十八章）的證明，天主的生存，包含生存之理所能含蘊的萬萬美善。然則，「生活」二字的本義所指，乃是一種完善的生存。因此，比較物類品級，生物高於無生物，（生物優於死物）。如此比較，足見天主的生存乃是生活。故此，天主是生活的天主。

經證：《聖經》的權威，也可佐證這個結論。《申命紀》，三十二章，四十節：紀載天主親口（借先知代表發言說：我舉手指天），給你們聲明：我永遠生活！（永遠不死，無始無終）。《聖詠》，第八十三，三節：「我的心腔和身體，歡欣踴躍，讚揚生活的天主」。

第九十八章 生活與本體

從此進步推究，明見天主是自己的生活（在天主以內，生活便是本體）。

理證：生物的生命，即是性命，乃是抽象公名泛指的生活，是活物活動的現實，猶如在事實上，跑路就是在路上跑步的現實。按大哲《靈魂論》，卷二，四章的說明，生物的生活，乃是生物的生存。因為吾人的語言說動物是生物，是由於動物有靈魂，並因有靈魂而有生存；動物生存必備的本體性理乃是靈魂。為此理由，動物的生活不是別的，只乃是從這某某類的性理，得來的這某某類的生存（並且因有此類生存，而是此類事物本體之所是）。如此說來，依同比例，天主的生活也必須是天主的生存。然則，按上面（第二十二章）的證明，天主的生存乃是天主的本體。故此，天主的生活和性命，也是天主的本體。反說亦然：天主的本體，乃是自己的生活，並是自己的性命。

又證：靈性智力的活動是生活的一種，明證於大哲《靈魂論》卷二，二章：因為生活是生物的生存之現實；靈性智力的活動也是靈性智力生存的現實。然則，按上面（第四十五章）的證明，天主靈智的活動（知識、思想、意願），乃是天主的本體。故此祂的生活和性命，也是祂的本體。反說亦然：天主的本體乃是天主智性的生活和生命。

加證：按（前章）已有的證明，天主是有生活的。那麼，今如假設天主的本體不是祂的生活或性命，從此隨之而生的結論，應是祂在本體以上，分領生命的秉賦、因之而有生活。用反本追原的逆溯法去推究根源，可知凡是因分領生存的秉賦而有生存的物體，自身乃是效果，必須溯歸本體即是生存的生存之源，以此為先備的原因（猶如被燒熱的物體，從本體純熱的火裡，分領一部分熱度）。依同理，天主也應溯歸到某某先備的生活之源。這卻是不可能的。因為天主是至先無比的第一原因，詳證見前（第十三章）。用反證法反回去，結論既不可能，故前提的假設是不可能的：天主的生活，不能不是祂自己的本體。

還證：既然按（前章）已有的證明，天主是有生活的，今如假設天主的本體不是祂自己所有的生活，在祂以內，便有某某因素，不是祂的本體。祂的整體便應是本體加另某因素而構成的組合。這是上面（第十八章）證明瞭的一個錯誤。故此，天主（的本體）乃是自己的生活，也即是自己的生命。

經證：《若望福音》十四章，六節，所說的「我是生命」那句話，便有本章結論內的含義（因為「我是生命」這句話，分析起來，意義乃是：「我本體之所是，不是別的，乃是生命」：我之所是，和我的生命之所是，在本體上是一個）。

第九十九章　永壽無疆

從此，可見天主的生命是永遠的。祂的生活永壽無疆。

理證：生物不離開生活，便不停止生活。然而無任何物能離開自己的本體。因為離開，是兩物彼此分離。一個物體，不會自己離開自己。天主的生活乃是自己的本體，證見前章。故此，天主不可能因衰老而死亡。

又證：時有時無的事物，都是由某某原因產生的效果。因為無物能將自己從虛無之境，引入實有之界，本體尚未實有的物體，尚是虛無，不會動作。故此不會發出動作，自己產生自己。然而，天主的生命，和天主的生存是一樣，不是由任何原因產生的效果。故此，天主不是時而生活，時而不生活，而是永生永活，沒有生死變化。故此、天主的生命是永遠的長生。

還證：在任何動作中，主體常存，歷程卻分開段落，前後相繼的逝過。因此，物體變動時，在整個變動的歷程中，主體常存，始終如一。變動的情況卻逐段改易：是主體與動作、本體互異所致。這是形體界變動的公例。假設在某主體內，本體和動作同是一事，互無分別；它的動作乃必須也是常存如一的：全體合一、同在常存：沒有段落的分別和前後相繼逝過的歷程。然則，按（第四十五及九十八章）已有的證明，天主的靈智活動和生活，乃是天主的本體。所以，天主的生命，沒有段落流逝的變遷，而是全體合聚，同一常存的。為此理由，天主的生命是永遠的。

加證：按上面（第十三章）的證明，天主是完全不受變動的。生活有始有終，或遭受段落變遷的物體，都是變化無常的：生命的開始是新生，生命的終止是敗亡。段落的相繼流逝，是變動的效果，並且是變動的歷程自身，至少有始終兩個階段。天主是常靜不動的，不受變動。故此天主的生活，既無始終，又無年齡老少的變遷。照此說來，天主的生活，乃是永常如一的。

經證：《聖經》裡《申命紀》三十二章，四十節，紀載天主親口說：「我永遠生活。」若望書信第一，末章，二十節：「祂是真天主，並是永遠的生命。」（天主的生活無始無終，現實盈極，永壽無疆）

真福：生存的至善妙境

第一〇〇章　真福與智力動作

用上面已證的定理作前提，尚應進一步證明：天主是有真福的。

理證一：任何智性的本善，乃是真福。既然天主有智力，故此祂的本善有真福（參閱第四十四章）。天主對於本性應有的美善，不是現無而追求，而是本體所固有。故此天主不但如同吾人一樣，願慕真福，而且實享真福。故此祂是有真福的。補證天主不追求美善：因為（按第十三及二十六章），追求是能變動的物體，潛能尚未實現時的生存，非天主之所宜有。天主是純現實、純盈極。

加證：智力的本性極喜愛的對象，是智性界的至善。這就是它的真福。每個物體內的至善，乃是它至善的動作。因為能力、德能、技能等等，因完成動作，而得至善的實現：因此，大哲《道德論》卷十、七章曾說：幸福是完成了的動作。

動作的完善，有四個必備的條件：第一條件、從類名所指的本質方面，完善的動作，應存留在主體以內，在動作自身以外，不產生另某效果，它應是「內成動作」。例如眼看、耳聽。它和外成動作不同。外成動作，在動作以外，產生另某效果。它的完善，不是完成動作者主體自身的美善，而是完成外在效果的美善，以外在效果為目的。這樣的動作，不是智力本性的幸福、或真福（例如聰明的醫生，用自己的醫科智巧，治好病人，效果和目的是恢復病人的健康。健康在病人以內，是病人的幸福，不在醫生以內。故算不得是醫生本性固有的本善、或真福）。

第二條件：從動作能力方面看，完善的動作，應是至高能力的動作。在吾人至高的能力，不是感官的覺力，而是靈性的智力。故此吾人的真福，不是覺力的知覺、情慾等等動作，而是智力的動作，並且需有動作完善的學術，技能或智巧。

第三條件：從對象方面看，完善的動作，應有完善的對象。為此在吾人最後至極的幸福，全在於智力認識至高的對象。

第四條件：從動作的精彩方面看，完善的動作應完善美好，巧妙容易，剛強穩妥，快活喜樂。

滿足了以上四個條件，便有完善的動作。然則，天主的動作，正是如此：祂有智力。祂的智力是一切能力中至高無上的，並不需要另有才能或技能來補充。因為按上面（第四十五章）的證明，祂的智力是自身完備的。祂智力的對像是祂自己的本體：是智力可知的對象中，至高至大的；祂全知自己，完善無缺，全無任何困難，並且快活喜樂，不含任何苦津。故此，祂是有真福的。

還證：真福是至大的終極目的。既得以後，再無餘物值得想望。故此，一切願望，皆因有真福而完全滿足。真福是安樂的原因。完全心滿意足而享安樂的人，必是真福的人。因此，鮑也西（Boethius）《論哲學之慰》三章，二節，曾說：「真福是萬善咸聚的境況」。然而，按上面（第八十一及八十二章）的證明，天主的美善，在純粹精一的本體，包含一切美善。故此，天主真是有真福的。

又證：缺一所需，尚非真福。願未滿足，心必不安。一無所缺，應有盡有，自滿自足，始為真福。然而，按上面（第八十一及八十二章）的證明，天主全善，不依賴外物，不需要外物，既不以外物為目的，又不以外物為工具或條件。天主願愛外物，不是為了需要外物，而純是因為發愛施仁，適合自己全善的本性。本身全善。自足自安，故乃真福。

另證：上面（第八十四章）證明瞭，天主不能願意不可能的事物。然而，又按上面（第十六章）的證明，天主生存的境況，完全沒有潛能及虧虛。故此給天主附加祂尚沒有的任何事物，乃是一件不可能的事，必非天主所能願意。可見天主所願意的一切，天主現實都有。並且，按（第九十五章）已有的證明，天主不能有歹意或惡願。故此沒有惡劣事，在自身以內，萬善鹹備，纖惡毫無，願有都有，故是真福。

經證：《聖經》嘗明證天主真福。聖保祿致弟茂德前書，末章，十五節：「真福的全能天主，待到相當時期，將要顯示祂（救世者第二次降來）。」

第一〇一章 真福、本體、生存

從此還可明見，天主的真福是天主的本體。

理證一：前者證明瞭天主的真福，是天主智力的動作。然而上面（第四十五章）也證明瞭，天主智力的動作，乃是天主的實體。故此天主的實體乃是天主的真福。

又證：真福既是終極目的，便是每個主體生來之所應有或既有以後，首先之所願愛。但上面（第七十四章）證明瞭，天主首先願愛自己的本體。所以，祂的本體乃是祂的真福。

加證：每一主體，將自己所願一切，無不附屬於自己的真福。因為真福是最後的終極目的，真福以外，沒有別的目的。願為真福而愛一切，不為他物而愛真福。物之可愛，高下相屬，為彼而愛此，逐級上溯，必至於最後所為的目的而後止。不能逐級上溯永無止境。既然天主願愛宇宙萬物，全是為了自己的美善；足見天主的本體，必須是自己的真福。因為天主的本體是自己的生存，又是自己的美善，依同樣的理由和比例，也必定是自己的真福。

另證：至善惟一，不能有二。假設有二，一之所有、二之所無，兩者互異，均非至善，各有所缺。上面（第四十一章）證明瞭天主乃是至善。真福，由於它是最後目的，足證也是至善。故此，真福和天主是一體。天主的本體，便是自己的真福。

第一〇二章 真福的程度

用上面的定理作前提，更進一步，尚能看到天主真福的優越。

理證一：距離真福越近，真福的優越程度便越高。某人因有得真福的希望，而感到的真福，遠不如另某人因現實已得真福，安享其樂，而感到的真福。前後相較，一有一無，不成比例。自身本體是自己的真福，兩者互無分別的主體，距離真福最近：因為完全沒為距離。前者（第一〇一章）證明瞭天主正是如此。所以天主單獨的有特別完善的真福。

又證：按（第九十一章）已有的證明，福樂是愛情產生的效果。愛情越殷切，實享所愛時的福樂，便也越深厚。愛情，依物性的自然，分親疏遠近。關係越親近，愛情便越殷切。從此徵驗可知，在同等條件下，物體自愛的殷切，甚於愛他。將天主和他物相較，他物以內，它的真福不是它們的本體；天主的真福卻是祂自己的本體。天主愛真福是愛自己的本體。他物愛真福，是愛本體以外附加的恩賦。天主自愛，情意殷切，甚於他物之愛附性。故此，天主安享真福，心滿意足的程度，也便優良美好，超越萬物。

另證：比較效能的程度，本體之所固有，強於附性之所秉賦；例如火本性固有的純熱，強於他物被燒而有的熱度。天主的真福，是天主本性本體之所固有。（證明前章）。任何他物，既非至善，故非真福的本體。回看前證。（參閱第四十一章）。天主以外，物之真福，都是得自秉賦。秉賦是從外在的原因，領取其效能的一部分。天主的真福不是外來的秉賦。故此，天主的真福，超越萬物的真福。

加證：按（第一〇〇章）已有的證明，真福在於智力的完善工作。天主智力的工作完善美好，非任何他物所能比。故此天主的真福優越，也非他物所能相比於萬一。附加詳說如下：

天主的智力工作，不但是天主自立生存的本體，而且是只用精純單一的動作，既全知自己客觀的本體，深明自已本體的實況，又同時全知身外所現有和現無而能有的一切萬事萬物，善惡兼知，遠近無遺，天主以外，無一物能有這樣完善的知識。萬物受造於天主。它們的智力工作不是自立的本體，而是自立本體以外，附性能力的實現。它們無能力完全認識至上對象，天主本體，客觀生存的實況，因為它們本體的生存及實況，是它們智力工作的依憑，美善的程度低於天主，故此，它們工作的完善程度，既超不過實體生存完善的程度，便也無力完全認識天主的本體及全能，所能造成的一切。它們認識許多事物，是用許多知識，不是用精純單一的智見。如此比較，可知萬物的真福，都低於天主，不能相比。

又證：物的本體越合一，它的能力和優美，便越完善。時間段落相繼流逝的工作，不是合一的。它的完善和那無時間流逝而全體合一的工作相較量，完全不能相比。一個生效緩慢，另一個生效神速。天主的工作，不但全體合一，實效神速，而且永遠長存，不是一閃即過。萬物和吾人的工作，緩慢費時，受時間和空間的限制和分化。一切工作，都是如此。智力的工作，雖然本質超越時空，但在吾人由於藉形物以悟認真理，附帶著也受形界時間空間、體積、面積等等的限止。故此，天主的真福超越人類的真福無限倍，猶如無始無終的永遠綿長，遠勝於時間內逝去如流的現今。

還證：人類在現世，如有真福，首在智力的靜思。徧察人生實況，工作繁忙，疲乏勞頓，或阻人靜思，或不讓人平安不輟，再加上愚昧、猶疑、錯誤等等，明證人智力的靜思，特別在現世，完全不能和天主相比。靜思的完善，天主遠勝世人。真福的優越亦然。

加證：天主真福的完美，包括所有一切真福的最高程度。（回頭參閱第九十三及九十四章）。從此可見天主的優越。天主的真福包括靜思和動作兩方面。靜思方面，天主知己知物，有永遠現實，至極完善的知識。動作方面，天主不但是治理一人、一家、一城或一國，而且是治理全宇宙，作萬物的真主宰。可見靜思、或動作，天主的真福遠勝於現世的人類。

地上塵世的虛福，是天主至善真福的幻影。按鮑也西《哲學之慰》卷三，二節，虛福有五種：慾樂、財富、權勢、爵位、名聲。天主至樂：樂己、樂物，不雜憂苦。天主至富：內有萬善，完全自足。天主權勢，有無限的全能和效力。天主的爵位：第一實體，位佔極尊，統禦萬物。天主的名聲，馳名於天上地下。凡有智力的神類或人類，稍知天主者，無不奇妙驚絕而欽敬之。謹撰短頌，結束本卷。其辭曰：

天主真福，獨一無二！

尊顯，顯之！

光榮，榮之！

至於萬世無窮。亞孟。

附錄：中西對照表

重要名辭（名辭下數目，指本卷章數）

為確懂名辭實義，首先應注意本卷各章的上下文，及全書本旨；不可依賴名辭對照表或任何字典。專靠字典，是訓詁學之所大戒，免陷於其言愈繁，其說益亂的迷途。西文圖書目錄，為通西文者所共知，此間為節省篇福，恕不備載。

拉華法德英五文對照，所用名辭均有書據，恕不備載。

Accidens——附性，附品，附加品，附加的事物或情況。二十一，二十三，二十五，三十二，三十三，四十二，六十五。

Accident, Accidenz, Hinzukommendes, Zukommendes,（ausserwesentlich, accidental）.

Actus——1.行為，動作。2.現實（對潛能），盈極（對虧虛）。盈極是充盈圓滿至極。積極。虧虛是空虛缺乏而能領受或容納。參看虧虛和潛能條（Potentia）十六，一七，二十，二十二，二十八，三十七，三十八，四十三，四十五，五十二，七十一，七十三，七十八，八十三，八十九。

1. Acte, Act, That, Thätigkei, Handlung, Action.
2. Actualité, Actuality Entelechy, Wirklichkeit, Vollendung, Vollkommenheit,（Perfectio,「Perfectihabea」）

Demonstratio——明證法，明證性的三段論法。三，十二，五十七。

Syllogismus Demonstrativus, Beweis.Wissenschaftliche Schluss, Apodiktischer Schluss, Demonstrative syllogism.

Deus——天主（無處不見）。

Dieu, Gott. God.

Differentia（specifica）——分別，異點，種別，種別特徵，區別，分異，分異因素，種別因素。十四，十七，二十五，四十二。

Difference（spécifique）. die（eine Gattutng zerteilende Verschiedenheit）Specific Difference.

Effectus——效果，果，成果，成品，產品。八，十二，二十八，二十九，三十二，四十三，四十九，五十，六十六——六十八，八十五。

Effet, Résultat d'une cause, Bewirktes, Wirkung, Verursachtes, Effect, Product, Result.

Ens——物，物體，事物，生存的主體（生存比生活意思深廣。萬物，萬彙，萬類，萬有，萬事萬物，事事物物，不是純無，便是事物：或長生而有生存，或既生而有生存）。一，十，十二——一四，二十五，四十二，五十，五十二，六十五，六十九，七十，七十二，八十，八十四。

L'être. Seiend, Seiendes. Das Seiende imallgemeinen. Being.

Non-Ens——無，沒有生存的，不存在的事物，無物。（章數同上，特別參考第八十四章）。

Néant. Nicht-seiendes. Nothing, Nothingness, Non-entity.

Esse——生存，實存，內有的成就（有、實有、或存在的內有因素）。章數同上，參考二十，二十三，二十八，三七——三十九，四十三，六十六，六十八，八十一。全書隨處可見。加看三十一。生存和生活不同，和存在也不同。

L'esse. La réalité foncière de l'être. Das Sein（Das Dasein）. The essc. Der Grundzugdes Wesens.

Eseentia——性體，本體，本質，本性本體，真性本體或實體，實質。（名理定義之所指：實義，真義）。三，十至一四，二十一——二七，三十八，四十五，六十一——六十二，七十三，九十八，十一——十二。隨處可見。

L'essence. Wesenheit.

Exemplar（Imitabile）——模範，標準，極則，樣本，藍本，本。十三，二十九，三十六——四十一，四十六——四十九，五十——五十五，六十一——七十一，九十二——九十四。L'exemplaire（imitable）.

Vorbtld. Model. Standard.

Existentia——存在，現有，實有於自然界，在，有，實有，實存。一，十——十三，六十六——六十八，八十一，八十四。

Existence. Exitenz. Vorhandensein. Exitence in nature.

Felicitas——幸福，安樂，舒適，福樂，福。五六，八十——八十五，九十，九十六，一〇〇——一〇二。

Félicité. Bonheur Gliickseligkeit. Happiness. Fides——信德，信仰，信依，信賴，信任，信。三——八。

La Foi .Glaube. Glauben. Treue. Faith. Fidelity.

Finis——目的，終向，歸宿，極止，止點，終點，止，終。一，十三，二十八——二十九，三十七——四十一，四十三，四十四，七十二——七十六，八十——八十六，一〇〇——一〇二。

Lafin. Le but. Ende. Grenze. Ziel. Zweck. End. Purpose.

Forma——性理，條理，理，性體必備的實理。形狀，狀貌，相貌。一七，二十，二十一，二十六——二十七，三十，四十——四十四，四十六——四十八，五十——五十四，六十五，七十二。

La forme. L'ordre structural de l'essence. Formgebendes Prinzip. Form.

Generatio（via adesse）——生，出生，生出，化生，從無入有。（和敗亡相對。敗亡是從有入無：變出而生，化無遂亡。生字的意義，廣於生物生育的生，深於出現而為有的有）。二十六，六十九。

Génération（changement substantiei）. Hervorbringung.Entstehenmachung.（Erzeugung）.

Generation.

Genus——類，類名，類性，類界，類級，類群，（和種相對。類下分種，類廣於種。類名是種名的賓辭，種名是類名的主辭。但有時種類連用：泛指種或類，或泛指群）。二四——二十五，二十八，三十二——三十五，四十二，五二，五六，六十五。

Genre. Gattung. Geschlecht.

I dea（intention）——觀念，理念，理想，理，名理的理，純理或理則的理。種名的名理。理想的典型。二十四，二十九，四十四，四十六，五十四，五十五。

L'idée. Iintcntion.

Imaginatio（phantasia）——想像，想像力，覺像力，造像力。五十三，五十五，六十五，六十九，七十二。

Imagination. La faculté imaginative. Einbildung. Einbildungs-kraft. Imaginative powor.

Individuum——個體，單立體，單位。二十一，三十二，四十二，六十三，六十五，七十八。Intellectus——智力，靈智，心智，神智，覺悟，明悟。三，七，十一，二十，三十，三一，三十五，四十四，四十七，五一，五三，五十五，五十七——五十九，六十一，六十五，六十六，六九，七十一，七十二，七十九，八十，八十一，九十，九十四，一〇〇。

Intcllecte.Intellect.（Vernunft.Verstand）

Intentio——意，意識，意思，意像，意象，意念，概念，指義，宗旨，意旨，志趣，注意，留神，意識之傾注。三十五——三十六，四十四，四十六——四十八，五十一——五十五，五十七。

L'intention. L'incntionalité. Nocmatique. Auffassung. Absicht. Attention.

Awarcness. Intention.

Lumen——光，光明。十，七十六。

Luniêre. Licht.Light.

Materia——物質，質，材料，資料。一七，二十，二十一，二十六，二七，四十三，六十五，七十一，八十九，九十九。

Matière. Urstoff. Matter. Material.

Metaphoricum（Similitudinarium）——喻指辭：同名喻指：寓言，象徵，似義的異類相喻，借物之一類，以喻指另一類，僅有移情作用的比擬方法。三十，八十九——九十，九十六。

Métaphorique. Metaphorisch. Bildlich. Gleichniss. Metaphorical. Figurative.

Metaphysica——形上學，第一哲學，形上的。一，四，五，七十。

La M, aphysique. Philosophia Prima. Metaahysik. Metaphysics.

Motor——發動者，施動者，動力，主動。十三——十五，二十，四十二，五十七。

Le moteur. Beweger. Motor. Mover.

Multitudo——多，眾，繁，分多，眾多，繁多，廣眾。十八，四十二，五十。

Multitude.Pluralité.Vielheit. Menge. Multitude, Pluraity.Number greater than one.

Natura——性，本性，性體，自然，天然，自然界。七，九，三十九，四十四，五十，五十四。

Nature. Essenee.（Quiddité）.Natur.Nature.Natural.

Necessarium——必然，必需，必須，不能不然。十三，十五，十六，十九，四十二，六十七，八十——八十一。

Nécessaire. Notwendig. Necessary. Indsipensable.

Objectum——客體，對象，事物，事體或物體（能力之所司或所向）。

L'objet.des choses. Objekt. Gengenstand. Object. Hetengeneous element.（Aliquid Alienum in subjecto）：寓居於主體內的物體。十九，四十四，四十八，四十九，五十三，六十三——六十七，七十四——七十

七。

Participatio（participare）——分取，分領，分賦，秉賦，領取一部分。十三，二十三，三十二，三十八，四十，四十三，六二，九十八。

Partiicpaion. Partager. Teilnahme. Endowment.

Passoo——受，感受，感動，情慾，受變化，受刺激。二十五，八十九，九十，九十一，九十六。

Passion. Leiden. Affiziert-werden. Affiziertsein. Leidenschaft.

Perfectio——美善，美備，完善，成全，圓滿，盈極。十三，十六，二十八，三七，三十九，四十二——四十四，四十七，八十，一〇〇。

Perfection. Vollendung. Vollkommenhheft. Entelechie.

Possibile——可能。十三，十五，六七，七十九，八十一，八十二，八十五。

Possible. Möglich.

Poeentia——潛能，能力，虧虛，容受力。十三，十七，十八，二十，十三，四十三，四十五，六十一，六十二，六十七，六十九，七十，七十三，七十六，九十八，一〇二。

Puissance. Potentialité. Möglichkeit zu Sein. Kraft. Macht. Potency, Potentiality.

Rezeptivität. Receptive capacity. Capability.

Praedicabilia——賓類，公名的總類，賓稱關係的總類五，賓類。三十二。

Prédicables. Five kinds of Subject-Predicate relationships. Aus-sagbar.

Praedicamema——範疇，大類，最高類，總類，賓辭的總類（十範疇）。二十四，二十五，八十九，九十二。

Categories. Genres Suprêmes. Die oberste Gattungen des Seins und der Aussage.

Praeddicare——賓稱，賓辭對於主辭的稱指，稱謂，描寫，形容。二十四——二十五。三十——三十五。隨處可見。

énoncer un prédicat d'un sujet. attribuer un prédicat àunsujet. aussagen. say something about a subject.

Praedicatum——賓辭，稱謂辭，謂語，形容辭，隨辭（常常跟隨主辭的名辭。主辭是引辭，主辭引於前，賓辭必隨於後：有必然的引隨關係）。十，三十，三十五，五十九，七十二，餘處同上兩條。

Le prédicat. l'énoncé. das Ausgesagte. das Nachfolgend

Principium——因素，元始，原理，原則。隨處可見。

Principle. Ursache. Ursprung. Prinzip. Grund. Ground.

Probabile （verosimile）——近真，大約真，辯證性的可能。隨處可見。

Probable. Wahrscheinlich. Dialectical conclusion or statement.

Propsitio（thema）——命題：重要的論題；論句：論說文所用的論說句。五十八。隨處可見。

Thème. These. das Themna：（Grundgedanke）. Proposition（Sentence）. Theoretical statement.

Res——事物，物體和事體。隨處可見。

Choses. Dinge. Things.

Revelatio——啟示，默啟。四，五，六，七。

Rèvèlation. Offenbarung. Revelation.

Sapientia——上智，智慧。一，六，九十四。

Sagosse. Weisheit. Wisdom.

Scientia——明達，知識，學識，專科技術的知識。一，三，六十一，九十四。

Science. Conaoissance Scientifique. Wissenschaft. Science.

Sensus（sensation）——覺識，覺知，器官感覺，官感，識。（意義）。五，四十四，五一，五十八，七十二。

Le Sens. Connaissance sensible. Sinn. sinlich Erkentnisvermögen.

Sensus Communis——中心覺力，中樞覺力，總領覺力，公覺。五十三——五十五，六十一。

Le Sens Commun. Conscience sensible. der Gmeinsirnn.（Commorn sense）, Central sense. synthetic sense.

Species——種，種名，種性，種界，（和類相對，類分而成種。回看類字條，章數相同）。象，物象，印像，名理，定義。參看下條：

L'espèce. Nature spècifique. Art. Species.

Species intentionalis——意像，意象，意識內之印像，藉以認識事物。象。三十六，四十六，五十三——五十五，五十六，五十七，六十。

L'espèce cognitionnel（determinant cognitionnel）

Impression cognitionnelle. Erkenntnisform. Erkenntnisbild.

Species sensibilis——覺像，覺象，覺識意像。器官感覺以內的印像。四十六。

L'esPèce sensible. sinlich Erkenntnisbild. Sensible Species. sense-image. phantasm. senseimnpression

Species inteuigibilis. ——智像，智象，靈智意識內的印像，靈象，象。四十六。

L'espèce intelligible. Vernunfterkenntnist orm.（Vernunfterkenntnisbild）

Subjectum——主體（對附性），主辭（對賓辭）。五十五，隨處可見。

Lesujet. Subjekt. Träger. Inhaber. Subject.

Substantia——實體（性體與自立生存之合），自立體（對附性）。二十一，二十三，二十五，三十四，四十二，六十八。

Substance（comnposé de l'esse et de l'essence）. Substanz.

Synoninum——同義辭：異名同指。名異實同。三十五。

Synonime. die singleiche Wörter. synonim.

Universum（Universitas rerum）——宇宙，萬物的總體、（不包括天主）。一，二十五，六十六，七十，七十一，七十八，八十五。

L'Univers. Weltall. Welt. The（world）Universe.

Unrivocum——同指辭：同名同指。類名指同類。種名指同種。十三——一四，三十二。同名同指的因果。

univoque. gleichnamig undgl eich-artig. univocal.

Verum（Veritas）——真理，真實，真誠。一——四，七，五十九，六十一——六十二，六十七，七十一，九十三。

Vrai. Vérité. Wahr. Wahrheit. True. Truth.

Violentum（hostile）——敵體，毒物，違性強迫。十三，十九，三十九。

Violent, hostile. gewaltsam. erzungen. feindlich.

Virtus——德，善德，品德，品格，德性，德能，才能，效力，效能。五，二十，二十九，三十一，三七，四十三，五十五，六十一，六十三，六十五，六十九，七十，七十一，七十二，七十四，七十五，七十六，八十二，九十二——三，九十五。

Lavertu. Tugend. Tuchtigkeit. Kraft. Macht. Vermögen. Fähigkeit.

Vivre（vita）——生活，生命，性命（參看生存條）九十二——三，九十七——九十九，一〇二。

vivre. La vie. leben. Das Leben. to live. Life.

Volunttas——意力，意志，靈智的愛慾，意願。七十二，七十四——七十六，七十九——八十八，九十——九十一，九十五。

La volonté. L'appetit intellectuel. La volition intellectuelle. Wille. ubersinnliches Begehrungsvermögen Will. Will-power. volition.

專名、書名（名辭下數目，指本卷章數）

Al-Farabi（Alpharabius）——亞法拉比（九五〇年卒於伊拉克巴格達）。二十三。

Al-Kindi——亞金地（生於伊拉克，巴斯拉，巴格達。卒於八七三年著《智力論》）。二十三。

Anaxagoras——亞納撒（詳名：亞納克撒高拉斯。西元前四九九至四二七時期希臘哲人）。二十，四十三，五十。

S. Anselmus Cantaburiensis.——聖安山教父（另名聖安瑟而默）。英國坎特伯利教區總主教，本篤會士。卒於一一〇九年。著《獨論集》及《加論集》。十。

St. Anselm, Arch-Bishop of Canterbury. Monologion. Proslogion.

Anthropomorphisttae（Vadiani）——神人同形派（瓦淀派）。二十。

Anthropomorphistes. Audiens.

Ariani——亞利吾派（另名亞利安派）。四十二。

Ariens. Followers of Arius.

Aritoteles（Aristote. Aristotle.）——亞里斯多德（清朝順治，利類斯《超性學要》，即是《神學大全》，

譯名簡稱：亞里）。西元前三八四至三二二年時代，希臘大哲。著書甚多。本卷稱引者如下：*Categoriae*
——《範疇集》。六十六，七十九。

Les Categories. The Categories.

Analytica Posteriora——《分析學後編》。三，十二，四十九，五十七，九十四。

Les Seconds Analytiques. Zweite Analytik. Posterior Analytics.

Topica——《辯證法》（理庫）。一，七。

Les Topiques. Topik. Topics.（Libri Locorum）

Physica——《物理學》八卷。四，十三，十五，十六，一七，二十，三七，四十二，四十三，五十，五十二，五十五，六十三，六九，七十，八十，八十九，九十二。

Les Physiques. Physik. Physics.

DeCaelo et Mundo——《宇宙論》（詳名：《天體和宇宙論》），四卷。五，二十，七十四。

Du Ciel et du Monde.

Metereologica——氣象學，四卷。三七。

DeAnima——《靈魂論》（另名《心靈論》，或《心理學》），三卷。十三，四十四，五十，五十五，五十九，六十五，六九，七十一，九十八。

DePartibu Animalium——《動物部分論》四卷。五。

Metaphysica——《形上學》十四卷。一，三，十一，十二，十三，十五，十七，十九，二十，二十五，

世）。阿拉伯大哲，一一二六年生於西班牙高而道瓦城。卒於一一九八年，

Ibn Ruschd. The Commentator.

In Libros Physicorum——《物理學註解》。十三。

In Lib. Metaphysicorum——《形上學註解》。二十，二十三，二七。

In Lib. de Anima——《靈魂論註解》。六十一，七十一。

Avicenna——亞維新（另名易本西那），九八〇年生於布哈拉省，布哈拉府，佳而麥潭縣，阿弗瑟納鎮。祖籍阿富汗。歷屬突厥，大食，伊朗。今屬蘇俄。離新彊三百來哩。亞維新西遷至德黑蘭，巴格達等地。卒於一〇三七年。以醫學、哲學，著名於歐洲及阿拉伯。著書一六一部，多已失傳。現存《醫典》及《智法》，最為重要。《智法》分長短兩編。短編是長編的縮本。各分《邏輯》、《物理》、《數理》、《形上》四部。本書稱引者如下：

Avicenne.（Ibn Sina）Buckhara, Karmaiten, Afshena.

Al-Shifa（*Sufficientia*，《智法》）——威尼斯，一五〇八年拉丁版，重印一一四〇年譯本：

Physica（*Sufficientia*）——《物理學》（另名：《充足》）兩卷，十三。

Metaphysica——《形上學》，十卷。十三，六十一，六十一，六十三，九十三。

（Auvergne）：

Guullaumed'Auvergne——威廉·奧維臬（奧外爾臬），巴黎主教，巴黎大學神學教授。卒於一二四九年。著《靈魂論》、《聖三論》。並著《寰有論》（*De Universo*《宇宙論》）。五十九。

William of Auvergne.
Boethius（Ancius Manlius Torquatus Severinus）——鮑也西，四八〇至五二五年，羅馬哲學家，政治家。著《聖三論》，《週期論》，《哲學之慰》，《定言論法》，《假言論法》，《西賽勞辯證法》。翻譯亞里斯多德《範疇集》，《句解》，《分析學前後編》。為歐洲中世以前哲學界一大宗師。
De Trinitate——《聖三論》。三，二十二。
De Consolatione Philosphiae——《哲學之慰》。十，十三。
Clemens philosophus. ——哲士克來孟。五十四。
David Dinandus——狄南德。（達味·狄南德，比國人）。一二〇〇年左右著《分物論》：主張天主是物質。十七。
Davidvon Dinant（Belgien）
Democritus——德謨克利特。三七一年至四六一年間的希臘哲人。四十三。
Dionysius Areopagita——狄耀尼教父（狄耀尼削。狄阿尼削）。五十八。（偽狄耀尼）。
Dénis l'Aréopagite. Denis the Areopagite.（Pseudo-Dionysius）
DeCaelesti Hierarehia——《天上品級論》。二十六，三十。
DeDivinis Nominibus——《天主諸名論》。二十六，二十八，二十九，三十，三十四，三十七，四十九，五十四，五十八，七十七，九十一，九十三。
Le Traité des Noms Divins.

Theologia Mystica——《神秘神學》。五十八。

Empedocles——恩培德（恩培德克來斯），希臘古哲，卒於西元前四八三年左右。六十五。

S. Gregorius Magnus——額我略（大聖額我略），羅馬教宗（教皇）。大約生於五四〇年，卒於六〇四年，是教父之一。

SaintGrégoire le Grand.

Homiliae XL in evangelia——《福音勸語四十講》。六。

S. Hilarius Pictaviensis——聖溪樂流，波瓦迭教區主教。卒於三六七年。壽約五十二歲。

Saint Hialire. l' Evêque de Poitiers.

DeTrinitate——《聖三論》，十二卷。二，八，二十二。聖人是教父之一。

Jamblichos——楊布利科，敘利亞哲學家和神學家。大約在三三〇年去世。五十八。

Johannes Damascenus——達瑪森教父（若望·達瑪森），約於六七五年生於達瑪斯城，卒於七四九年。日路撒淩教區神父。專長神學哲學。著書甚多，希臘教父中集大成之名師。名著：

Fons Scientiae——《知識的井泉》，分上中下三編，原文希臘：

La Source de La Connaissance.

I. *Dialectica*（*Capita philosphica*）——上編：《哲學輯要》（《群哲名論》）

II. *DeHaeresibus*——中編：《神學史通》（《異端彙集》）

III. *Expositio de Fide Orthodoxa*——下編：《正信本義》（《神學大全》），四卷，共一〇〇章。十，十

Tertuianus——德多隣，一五〇——二四〇或二五〇年間，非洲加太基人，羅馬律師。一九五年前後進教。聖熱羅尼莫《公教名人傳》，記載德多隣約在二〇〇年晉鐸，在加太基城內作某總堂神父，晚年率領該堂教眾附合孟潭教派，推行孟潭運動，信孟潭神父及其信徒是天主聖神的活器官，傳達聖神啟示，補充耶穌福音；並信世界末日以前耶穌降來，作萬王之王，世界和平千年。德神父雖死於孟潭異端，但壽高近百年，拉丁文學優美，著作豐富，保衛教會權利，申辯教友正直，終身不遺餘力。教會至今仍敬如教父。二十。（Montanismus）：

S. Thomas de Aquino. ——聖多瑪斯（聖亞坤・多瑪斯），著：

S. Thomas d'Aquin. Hl. Thomas von Aquin. St. Thomas Aquinas.

Summa Theologiae（*Summa Theologica*）——《神學大全》。八十三。

Questiones Disputatae de Veritate——《真理問題辯論集》。十，五十三，八十三，八十五。

Autographa S. Thomae. ——親筆，《聖多瑪斯親筆》，華蒂岡圖書館珍存《多瑪斯親筆殘篇》*Codex Latinus*、*Vaticanus 9850.* ——《拉丁典籍》九八五〇號。本卷一百零二章之中，共有七十二章，尚有多瑪斯的親筆原文。計有以下數處，詳錄於此：章十三，十八，二十，二十七至七十九，八十二至十二。

autographe de S. Thommas——The Vatican Autograph.

Scripturae apocryphae——《聖經偽書》，《聖經演義》，《聖經謠傳》，《民謠聖經》。二十三。廣義說來，凡教律准定本所不採錄的民間《聖經》，都是《聖經》的偽書，冒牌的《聖經》，不真是《聖經》，但和真《聖經》有一些關係，不是全無用途。

Les écritures apocryphes. Die apocryphische Schriften. The Apocryphal scriptures. Bible Legends.

《聖經》書名（名辭下數目，指本卷章數）

（依拉丁通本次序，參閱現行華文各種譯本）

Genesis——《創世紀》。二十九，五十，七十八，九十一。

Exodus——《出谷紀》。二十二，二十八，四十，四十二。

Numeri——《戶籍紀》。十四，六十一。

Deuteronomium——《申命紀》。四十二，九十一，九十四，九十五，九十七，九十九。

Liber primus Regum——《撒慕爾紀》，上。四十一，八十二，九十一，九十二，九十四。

Job——《若伯傳》。三，六，二十七，三十九，四十四，七十，七十一，九十三，九十四。

Psalmi——《聖詠》。十五，二十七，二十九，三七，四十二，四十三，四十四，四十九，五十六，五十八，五十九，六十八，六十九，七十，七十二，八十一，八十八，九十一，九十三，九十六，九十七。

Liber Proverbiorum——《箴言》。一，六十八，七十，九十一。

Liber Sapientiae——《智慧篇》（《智慧書》，《上智書》）。二，二十六，四十，六七，七十，七十一，七十五，九十三，九十六。

Epistola Beati Jacobi Apostoli——《雅各伯書》。十四，五十五，九十三。

Epistola Sancti Petri Apostoli——《聖伯多祿書》。六。

Epistola Joannis canonica——《若望書》，律定本。三十九，六十一，九十九。

聖多瑪斯學歷簡表

（一）一二三九——一二四三年　義國納波里大學畢業。
（二）一二四六——一二四八年　法國巴黎大學聖雅閣書院肄業。
（三）一二四八——一二五二年　德國科倫聖十字書院畢業。（晉陞神父）。
（四）一二五二——一二五四年　法國巴黎大學《聖經》學士任講師。
（五）一二五四——一二五六年　巴黎大學名論學士任講師。
（六）一二五六——一二五九年　巴黎大學神學主講教授。
（七）一二五九——一二六八年　遊教義國中部數城。任羅馬聖撒必納書院主講。
（八）一二六九——一二七二年　巴黎大學神學主講。
（九）一二七二——一二七三年　納波里聖多明我書院主講。
（十）一二七四年三月七日去世。壽僅四十九歲已滿。

譯後靜思錄

「事實是：人類如果愛好真理與仁義，根據亞坤磨而不磷的原理，研討並解決社會道德問題，大有助於推進人間的親睦與團結。這個事實，必能為全世界的和平，產生豐富至極的功效。比約第十一，紀念亞坤列入聖品六百週年，（一九二三），讚揚聖人諸德優越，頒發公函（題名《眾學領袖》），標明任內目的，是促進基督和平……但為能見到吾人熱切的希望，成為事實，第一要務、是用功研讀聖多瑪斯遺著。為此，吾人極願研讀者的人數增加；不但學者，而且人民大眾，凡愛好文教者，都在天神博士遺著內，找到知識的進步和光明。吾人尤望青年人，負起使命，參加公教生活運動的優秀份子，都走上這條路：發掘聖人遺訓的寶庫，日日增加。如能用適合吾人現代精神和脾胃的語言及形式，推廣聖人的遺著，普及到更寬廣的大眾讀者間去，乃是吾人希望的至大幸福！」（教宗若望第廿三世，一九六一年，九月十六日）

「（大眾博士，多瑪斯思想的）原理，揭曉事物的實質，不受時間或空間的局限：貫通各時代，延及各地區；適合所有眾人的理解：不分東方西方，也不分往代和現代。」（教宗保祿第六世，一九六四年，三月七日）

「大哉！聖人之道，洋洋乎！發育萬物，峻極九天。尊德性而道問學。致廣大而盡精微。極高明而道中庸……本諸身，徵諸庶民，考諸三王而不繆，建諸天地而不悖，質諸鬼神而無疑，百世以俟聖人而不惑……知天，知人……聰明睿知……文理密察，溥博如天，淵泉如淵……聲名洋溢乎中國舟車所至，人力所通，天之所覆，地之所載，凡有血氣者，莫不尊親。肫肫其仁！淵淵其淵！浩浩其天！苟不固聰明聖知達天德者，其孰能之？」（《中庸》，秦末漢初）

「多瑪斯博士，用學識的才器，汲取天主上智的活水，……揭曉奧旨，噴射出天主上智的泉水，流成滾滾的江河……辯論著述，講論明透，因天主真子的光照，學習天主默啟的真理，……固守真理的知識與生命……，以受造物為明鏡，反映造物真主……，登峯造極，神悟所得的真理，用去灘溉普世。」（陶高・古廉，一三一八年，著《聖多瑪斯傳》，第十六及十七章）

「東海有聖人出焉，此心同也，此理同也。
西海有聖人出焉，此心同也，此理同也。
南海北海有聖人出焉，此心同也，此理同也。
千百世之上，有聖人出焉，此心同也，此理同也。
千百世之下，有聖人出焉，此心同也，此理同也。」
（宋儒，陸九淵，一一三九－一一九二年）

人同此心，心同此理，天下為公，世界大同。同則能通，故有此譯述之作。尚望眾位讀者，賴人心所同的真理光照，彌補譯述者之愚拙。真理智見，貴在自得，以心體心，眾聖冥合。

出版簽約誌盛

一九七一年五月三十一日，聖多瑪斯《論真原》（《論天主》），出版契約簽字：著譯者：呂穆廸。保證人：聖瑪利大學董事長：寇禮門·博通；校長：麥樂·安德生；教務主任：費嘉祥。（Brother Bertram Coleman, Chairman, Board of Trustees，Brother Mel Anderson, President，Brother Cassian Frye, F. S. C., Dean of Studies, St. Mary's College of California）。印刷發行者：臺灣商務印書館；代表人總經理：周道濟。原著者：聖多瑪斯亞坤，一二二五年前後，生於義國亞坤郡盧涸石鎮；一二七四年病逝於岡巴尼亞省馬鞍砦鎮新溝市本篤會院。週遊德法義，講學著書終身。天賦絕人，蓋世無雙。拉丁原著書名：Liber de Veritate Catholicae Fidei（alias：Summa Contra Gentiles）, volumen I：De Deo, Capitula 1-102, explicit.

論真原／聖多瑪斯. 阿奎納（St. Thomas Aquinas）
原著；呂穆迪譯述. -- 三版. -- 臺北市：臺
灣商務, 2010.12
面； 公分
ISBN 978-957-05-2574-8（平裝）

1. 上帝 2. 神學 3. 本體論

242.1 99022665

論真原

作者◆聖多瑪斯・阿奎納
譯述◆呂穆迪
審校◆高凌霞
主編◆王雲五
重編◆王學哲
發行人◆王學哲
總編輯◆方鵬程

出版發行：臺灣商務印書館股份有限公司
台北市重慶南路一段三十七號
電話：(02)2371-3712
讀者服務專線：0800056196
郵撥：0000165-1
網路書店：www.cptw.com.tw
E-mail：ecptw@cptw.com.tw
網址：www.cptw.com.tw

局版北市業字第 993 號
初版一刷：1972 年 1 月
二版一刷：2009 年 2 月(POD)
三版一刷：2010 年 12 月
定價：新台幣 540 元

ISBN 978-957-05-2574-8